제10판

카지노산업의 이해

- 원리와 실제 -

UNDERSTANDING THE CASINO INDUSTRY

- Principles & Practices -

이충기 · 권경상 · 김기엽 지음

대 왕 사

카지노 산업의 이 해

UNDERSTANDING THE CASINO INDUSTRY

제10판 머리말

카지노산업의 추세, 그리고 복합리조트(Integrated Resort)

아시아 지역 카지노산업의 중심 추세는 단연 '복합리조트(Integrated Resort)'로의 전환이다. 마카오는 비(非)게임(Non-gaming) 부문을 확장하며, '엔터테인먼트 시티'를 기반으로 대중시장(Mass Market) 유치를 적극 추진하고 있다. 싱가포르는 두 개의 복합리조트－마리나베이 샌즈와 리조트 월드 센토사－에 대해 카지노 라이선스 독점 기간을 2030년 말까지 연장하는 조건으로, 약 S$90억 규모의 비게임 부문 투자 프로젝트를 추진한다.

또한 2030년 개장을 목표로 추진 중인 오사카 복합리조트의 경우, 전체 면적 중 단 3%만을 카지노 시설로 제한하고, 나머지 97%는 숙박, 컨벤션센터, 극장, 공연장, 박물관, 미술관 등 비게임 콘텐츠로 구성될 예정이다. 이는 복합리조트가 단순한 카지노 중심의 사업 모델을 넘어 관광과 문화가 융합된 새로운 형태의 도시 개발로 자리잡아가고 있음을 보여준다.

이번 개정판에서는 국내외 카지노산업의 이러한 국제적 흐름을 반영하고, 방문객 수와 매출액 등 주요 통계자료를 최신화하였다. 본 교재는 오랜 기간의 해외 카지노 현장답사, 카지노산업 연구프로젝트, 그리고 다양한 학술 자료를 토대로 집필되었으며, 카지노 관련 이론은 물론 실무 및 정책적 측면까지 포괄하고 있다.

본서는 총 3부 13장으로 구성되어 있다. 제1부에서는 카지노산업의 국제적인 추세를 개관하고, 제2부에서는 게임 실무와 마케팅 전략을 다루며, 제3부에서는 정책 및 법규, 경제·사회적 영향, 그리고 책임도박 등에 대해 심층적으로 논의한다.

이 책이 카지노산업에 종사하는 실무자, 정책입안자, 그리고 관련 학문을 공부하는 학생들에게 유용한 지침서가 되기를 희망한다. 아울러, 이 책이 나오기까지 많은 도움을 주신 분들께 이 자리를 빌려 감사의 말씀을 전하고자 한다.

먼저, 귀중한 자료 제공에 협조해주신 한국카지노업관광협회에 감사드린다. 초판 제작 당시 감각적인 편집을 도와준 박연선 양, 본서 발간 초기 단계에서 기여해주신 박창규 교수, 일본 카지노산업 현황자료를 공유해주신 양형은 교수께도 깊이 감사드린다. 매년 이 교재를 강의에 활용해주신 각 대학의 담당 교수진, 그리고 출판을 허락해주신 대왕사의 박성진 사장과 직원 여러분의 노고에도 진심 어린 감사를 표한다.

2025년 9월

경희대학교 캠퍼스에서

공동 집필자를 대신하여 이충기 씀

(e-mail: cklee@khu.ac.kr)

제1부 카지노산업의 기본적 이해

3장 우리나라의 카지노산업 현황

제2부 카지노산업의 경영

4장 테이블게임

Understanding the **Casino Industry**

제1부

카지노산업의 기본적 이해

1장

카지노산업의 개념 및 특징

UNDERSTANDING THE CASINO INDUSTRY

제1절 카지노산업의 개념

1. 게임의 역사

게임의 역사를 더듬어보면, 미국 원주민들은 게임과 용어를 개발했고, 그들의 신들이 운명과 요행을 결정해준다고 믿었다(www.americangaming.org). 또한 오늘날 복권의 역사를 살펴보면 17세기 초로 거슬러 올라간다(www.americangaming.org). 1607년부터 미국을 식민지로 통치하기 시작한 영국은 복권발행을 통해 부분적으로 재정을 충당하기 시작했는데, 그 이유는 영국에서 복권은 자발적으로 세수를 확보할 수 있는 매우 인기 있는 수단이었기 때문이다. 그 후 복권은 여러 프로젝트를 수행하기 위해 13개 주(식민지)에 걸쳐 운영되었고, 1765년과 1806년 사이에 매사추세츠주(州)에서는 하버드대학의 기숙사와 장비를 공급해주기 위해 복권을 허가했다.

오늘날 게임산업은 크게 경마, 카지노, 경륜 · 경정, 복권, 스포츠토토 · 프로토와 같은 스포츠게임, 그리고 최근에 나타난 컴퓨터게임으로 구분할 수 있다. 클라크(Clark, 1987)가 저술한 『게임사전』(*The Dictionary of Gambling & Gaming*)에서는 게임산업을 기분전환을 위해 카지노와 게임기구 및 게임장비와 같은 다양한 게임시설과 장소를 제공하고, 레스토랑 · 라운지 · 공연장을 포함한 유흥시설을 제공하는 사업으로 정의한다.

2. 카지노산업

이러한 게임산업 중 유희와 사교적 행사의 대명사로 인식되어온 것이 바로 카지노이다. 카지노의 어원은 게임 · 음악 · 쇼 · 댄스 등 여러 가지 오락시설을 갖춘 연회장이라는 의미의 라틴어 'Casa'에서 나왔다. 카사는 르네상스시대의 귀족이 소유했던 사교 · 오락용의 별관을 뜻했으나, 지금은 해변 · 온천 · 휴양지 등에 있는 게임장을 의미한다. 이러한 의미에서 카지노는 일반적으로 사교나 여가선용을 위한 공간을 뜻한다. 게임의 역사를 살펴보면, 카지노게임 중 하나인 다이스(Dice)는 이집트인의 무덤에서 복구되었으며, 중국인 · 일본인 · 그리스인 · 로마인들도 BC 2300년경에 유흥차원에서 기술과 요행의 게임을 즐겼던 것으로 나타났다(www.americangaming.org).

최근 카지노산업은 단순히 게임만을 제공하는 차원에서 벗어나 가족여행객을 포함한 대중관광객을 유치하기 위해 다양한 볼거리를 제공하는 리조트 형태로 바뀌어가고 있다. 또한 카지노는 자연관광자원의 대체상품이나 보완상품으로서 여가활동을 하기 힘든 계절이나 시간(야간)에 주로 여흥을 돋우고 소비를 촉진시키는 중요한 관광활동으로 이용되고 있다.

게임산업을 연구하는 학자들은 성서의 아담과 이브 이야기를 게임의 기원으로 본다. 그래서인지 서양에서는 게임산업에 대한 인식이 유교문화권과 이슬람문화권에 비해 비교적 관대한 편이다. 『성서』에 '내기'를 하지 말라는 내용이 없다는 것이 바로 이와 같은 문화적 토양을 갖게 했다. 그러나 유교문화권에 속한 우리나라는 전통적으로 도박 · 술 · 마약 · 매춘 등을 바람직하지 못한 것으로 보고 금기시해 왔다. 미국 라스베이거스는 테마파크형 카지노를 건설함으로써 연간 약 4,000만 명 이상이 방문하는 관광의 도시로 변모하여 미국인들이 휴가를 가장 가고 싶어 하는 도시로 뉴욕을 제치고 선정되었다. 따라서 게임산업을 무조건 부정적인 시각으로 볼 것이 아니라, 어떻게 하면 건전한 여가활동의 일환으로 발전시킬 것인가에 대해 새로운 관심을 기울일 필요가 있다.

게임의 기원은?

게임의 기원에 대해서는 다음의 4가지 견해가 있다(한국첨단게임산업협회, 1999).

첫째, 게임의 기원은 생계수단에서 놀이로 발전했다. 현대의 대표적인 게임과 스포츠 중에서 95가지 종목에 관한 기원을 조사했던 엘러(Eyler)에 따르면, 그중 약 50%는 삶을 유지하기 위한 수단, 즉 커뮤니케이션 수단과 운송수단, 또는 전쟁에 사용되었던 수단들이 일상생활에서 벗어나 여가를 즐기는 레크리에이션 활동으로 발전되었다고 한다. 그러나 종교적 제례의식에서 기원된 놀이는 약 10% 정도에 불과하며, 15% 정도는 여가활동을 위해 고안된 것이라고 한다.

둘째, 전쟁을 위한 군사훈련에서 유래되었다. 이와 관련한 증거로는 석전・궁술・창던지기・투포환・격구・검도・사격・폴로 등과 같은 게임이나 스포츠가 있는데, 이는 전쟁과 관련해 나타났다는 사실을 뒷받침해 주고 있다. 또한 운동경기를 뜻하는 영어의 'Athletics'가 파생된 그리스어 'Athlos'는 경기장뿐만 아니라 전쟁터에서 행하는 전투를 의미한다.

셋째, 종교의식에서 유래되었다. 고대 올림픽게임은 다름 아닌 제우스신을 위한 제전이었으며, 이때 던지기・달리기 및 각종 구기 종목뿐만 아니라 주사위와 게임판을 이용한 놀이도 행해졌다.

넷째, 운이나 요행을 통한 승패에서 유래되었다. 초기의 놀이참가자들은 목표물에 돌이나 창을 던져 맞히는 게임보다 돈이나 조개 따위를 공중에 힘껏 던짐으로써 기술적인 면보다는 운이나 요행이 작용하는 게임을 추구했다. 후에 돈이나 조개를 대신해서 주사위가 개발되었다는 설은 진위를 떠나서 나름대로 타당성이 있어 보인다.

게임판을 이용한 놀이역사 분야의 권위자인 영국의 역사학자 머리(Murray)는 그의 저서 『*History of Board-game Other than Chess*』에서 게임의 기원에 대해 "만일 게임의 기원을 알고자 한다면, 문명이 시작되었을 당시로 거슬러 올라가야 한다"고 주장한다.

3. 카지노산업의 개념

산업이란 인간의 생활에 필요한 여러 종류의 재화를 생산・판매하는 경제분야를 총칭하는 말로 이들 산업은 영리를 목적으로 한다. 카지노는 단순한 게임제공 차원에서 벗어나 볼거리・즐길거리 등 다양한 여가활동을 제공함에 따라 산업체제를 갖추기 시작했다. 카지노산업은 "관광객의 게임욕구와 다양한 여가욕구를 충족시켜줄 유・무형의 서비스를 제공하는 사업과 이를 간접적으로 지원해주는 카지노관련 사업"으로 정의될 수 있다. 이러한 카지노산업은 관광・레저산업에서 중요한 부분을 차지하며, 특히 매출액을 살펴볼 때 단일항목으로는 가장 많은 부분을 차지한다.

[그림 1-1]에서 보는 바와 같이, 카지노는 관광지에서 호텔 · 여행사 · 교통 · 쇼핑 · 이벤트 등과 마찬가지로 독립된 사업의 위치에 있다. 카지노산업은 관광객의 게임욕구와 다양한 여가활동을 고려해볼 때, [그림 1-2]와 같이 카지노 핵심부문과 카지노 연관부문으로 구성되어 있다. 카지노 핵심부문(Gaming)은 관광객의 게임욕구를 직접 충족시켜 주는 테이블게임 및 머신게임(슬롯 및 비디오 머신)과 같은 카지노시설과 딜러와 같은 인적 서비스를 포함한다. 그리고 연관부문(Non-gaming)은 관광객의 게임욕구와 여가욕구를 극대화할 수 있도록 보조해주는 숙박시설, 테마파크, 이벤트 및 쇼 프로그램, 카지노정보 서비스, 교통수단, 컨벤션시설, 카지노기구의 제작 · 공급 · 판매사업 등을 포함한다.

오늘날 주요 관광선진국에서 카지노산업을 보는 관점은 크게 경제적 측면과 관광시설 다양화의 측면이 있다. 전자는 외화획득, 지역경제 활성화, 세수확보, 자국민의 외화유출 방지 등을 위해 카지노산업을 고부가가치 관광산업으로 육성하는 경우이다. 후자는 카지노산업을 국내외 관광객에게 다양한 여가활동을 제공하는 레저산업의 일환으로 보고 도박이 아닌 게임산업으로 인식하는 경우이다.

우리나라에서 카지노산업은 관광산업의 발전과 크게 연관되어 있다. 특히 카지노는 특급 호텔 내에 위치해 외래관광객에게 게임 · 오락 · 유흥 등 야간관광활동을 제공함으로써 체류기간을 연장시키고, 관광객의 소비를 증가시키는 주요한 관광산업 중의 하나로 발전되어 왔다. 지금까지 우리나라 카지노산업은 외래관광객으로부터 외화를 벌어들여 국제수지를 개선하는 데 기여해 왔으며, 국가 재정수입의 확대와 소득 · 고용 창출 등 긍정적인 경제적 효과를 가져온 주요 수출산업이라 할 수 있다.

[그림 1-3]에서 보는 바와 같이, 과거의 카지노는 테이블게임과 시설관리에만 중점을 두었다. 따라서 고객층도 넓지 않았으며, 카지노에 대한 인식이 그리 긍정적이지 못했다. 그러나 오늘날 카지노는 일반대중 고객을 좀 더 폭넓게 유치하기 위해 다양한 여가시설을 제공한다. 즉 대중관광객을 위한 엔터테인먼트센터나 테마파크를 건설하고, 부담 없이 즐길 수 있는 슬롯머신이나 비디오게임을 도입했으며, 회의참가자들을 위한 컨벤션센터를 건립하는 등 복합리조트(IR: Integrated Resort)로 발전하고 있다. 이처럼 현대의 카지노는 고객층을 특수계층에서 일반대중 관광객 계층으로 확대했을 뿐만 아니라, 이를 통해 과거의 '도박'이란 개념에서 '여가활동'이란 개념으로 사람들의 인식을 전환하는 데 중요한 역할을 했다.

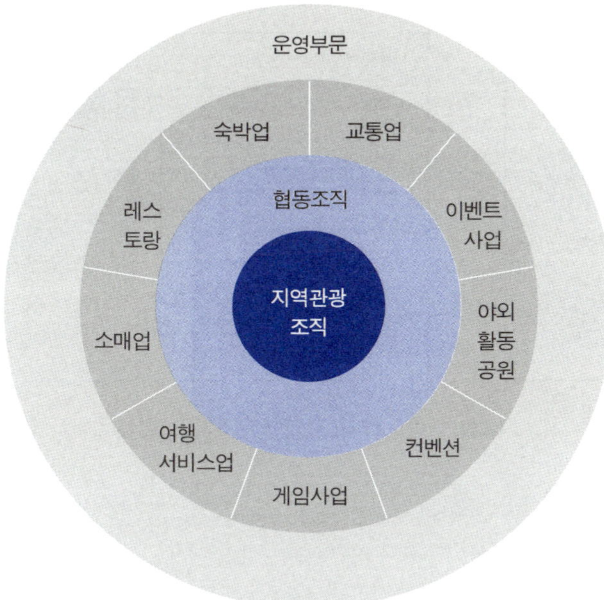

자료: Boger, C. A.(1994). The Effects of Native American Gaming on Other Tourist Business. *Gaming Research & Review Journal*, 1(2), 25~35.

[그림 1-1] **관광지의 다양한 관광사업 유형**

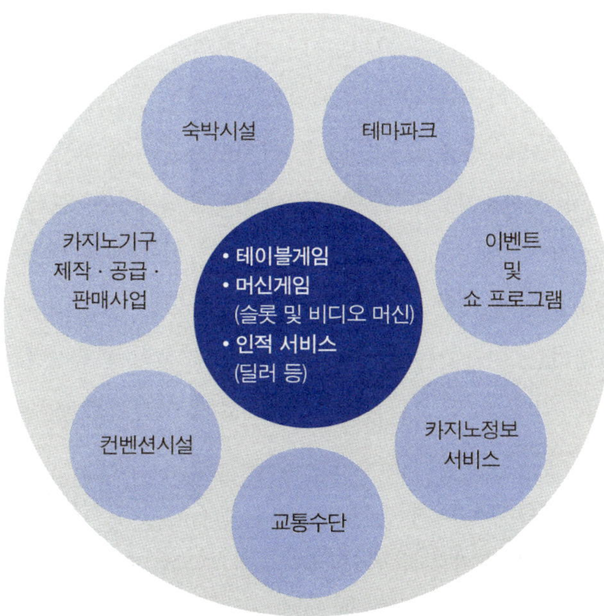

[그림 1-2] **카지노 핵심부문과 연관부문**

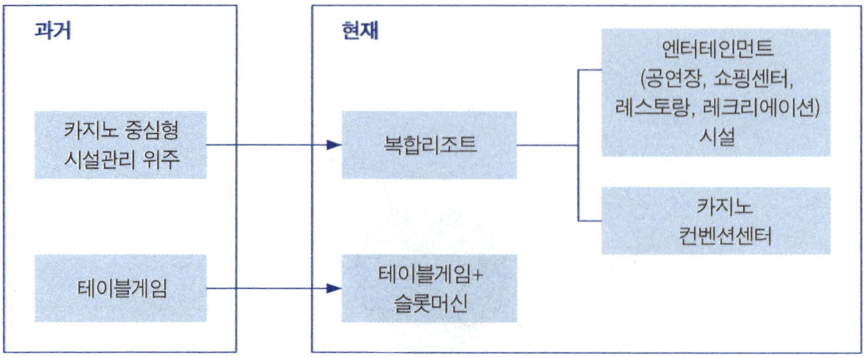

[그림 1-3] 카지노산업의 과거와 현재

제2절 카지노산업의 특징

카지노산업은 우선 외래관광객을 위한 게임장소와 오락시설을 제공한다. 게임과 오락시설의 제공이라는 두 가지 서비스는 우리나라 카지노산업의 기본적 기능이라고 할 수 있다. 이러한 카지노산업의 특징을 살펴보면 다음과 같다.

첫째, 다른 산업에 비해 고용 창출효과가 높다. 카지노산업은 일정한 시설만 갖추고 연중무휴로 영업하는 순수한 인적 서비스상품이다. 카지노산업의 고용승수를 분석해보면, 고용효과가 수출산업인 섬유·가죽업, TV부문, 반도체산업, 승용차산업에 비해 훨씬 높은 것으로 나타났다.

둘째, 자연관광자원의 기후에 대한 한계성을 극복할 수 있는 좋은 대체관광상품이다. 카지노산업은 실내공간에서 행하는 여가활동이므로 악천후일 때 옥외 관광상품의 대체상품으로서 거의 한계가 없다고 할 수 있다. 또한 24시간 영업함으로써 야간관광상품으로도 이용될 수 있다는 장점이 있다.

셋째, 카지노산업의 경제적 파급효과는 매우 크다. 카지노로 벌어들인 외화가 우리나라 경제에 투입되어 직·간접 및 유발효과로 발생시키는 경제적 파급효과는 매우 크다. 즉 연관산업에 대한 생산 및 부가가치 창출효과, 지역주민에 대한 소득 및 고용 창출효과, 중앙 및 지방자치단체에 대한 재정수입 창출효과 등 다양한 경제적 파급효과를 발생시킨다.

넷째, 카지노산업의 외화가득효과는 매우 높다. 카지노산업의 외화가득률은 약 80%로 주요 수출산업의 외화가득률(반도체 49%, 휴대폰 52%, TV 47%, 승용차 62%)보다 높다.

다섯째, 카지노는 외래관광객 1인당 지출액을 늘리고 체류기간을 연장시킨다. 카지노이용객 1인당 지출액은 외래관광객 1인당 지출액의 절반 이상을 차지할 정도로 단일 지출항목으로는 매우 높은 비중을 차지한다. 또한 카지노호텔에서 카지노이용객의 숙박 및 레스토랑 지출비용이 차지하는 비중은 매우 높으며, 라스베이거스와 같은 리조트 카지노에서는 쇼핑과 테마상품 지출비용이 매우 크다.

여섯째, 카지노는 양면성이 있다. 카지노는 긍정적인 경제적 효과를 가져올 뿐만 아니라, 사회적 부작용을 일으킨다. 카지노로 인한 사회적 부작용으로는 도박중독, 재산탕진, 패가망신, 과소비, 사행심 조장, 폭력조직과의 연루, 불법고리대금, 돈세탁 등을 들 수 있다. 대부분의 국가에서는 이러한 부작용들을 최소화하기 위해서 카지노감독위원회를 두고 관리·감독을 하고 있다.

게이밍과 갬블링의 차이는?

게이밍(Gaming)과 갬블링(Gambling)은 다음과 같은 차이가 있다(www.americangaming.org). 게이밍이란 단어는 내기를 위해 요행의 게임을 하는 행위나 습관으로 정의되며, 갬블링이란 용어보다 265년이 앞선 1510년부터 사용되었다. 반면에 갬블링이란 단어는 18세기에 처음 사용되었을 때 속어로 사용되었으며, 과도한 내기게임을 하는 사람을 지칭했다. 따라서 『옥스퍼드 영어사전』에 의하면, "단지 돈을 가지고 내기게임을 하는 행위를 비난하는 사람들에 의해 사용되었다"고 한다.

오늘날 게이밍과 갬블링이란 단어는 혼용된다. 특히 갬블링이란 단어는 실제 활동적인 게임에 주로 사용되며, 라스베이거스의 카지노산업에서 이 단어를 많이 사용한다. 그러나 현재는 경마·복권 등을 포함한 레저개념으로 게이밍이란 단어를 사용하는 추세이다.

2장

외국의 카지노산업 현황

UNDERSTANDING THE CASINO INDUSTRY

제1절

카지노산업의 발전과정

역사적으로 카지노는 중세유럽의 귀족사회에서 사교의 한 수단으로 태동했으며, 17～18세기에 걸쳐 유럽 각지에서 소규모 카지노가 개설된 것이 근대 카지노의 시작이었다. 19세기에는 클럽 스타일(회원제)의 카지노가 유럽 각국에서 출현했고, 유럽인들의 활동이 활발해지면서 카지노가 전 세계로 확산되기 시작했다. 이처럼 20세기 초까지는 카지노의 모태인 중유럽지역이 카지노의 중심지였다. 그러나 1931년 미국 네바다주에 카지노 운영이 합법화된 후 1929년 주식시장의 붕괴로 시작된 대공황을 극복하기 위한 경제대책 및 광부들의 여가활동수단으로 카지노를 본격적으로 육성하면서 상업적 성격의 카지노로 발전했고, 라스베이거스가 새로운 카지노의 메카로 등장하게 되었다.

미국에 도입된 카지노는 유럽지역의 소규모 클럽형태를 과감히 탈피해 거대한 기업형태로 발돋움했다. 네바다주에서 시작된 카지노가 1988년 이후 미국 전역으로 확산되고 있는 추세로, 유타(Utah)주와 하와이(Hawaii)주를 제외한 48개 주에서 카지노·경마·경륜·경정·복권 등의 게임산업을 1개 이상 운영 중이다.

또한 카지노산업은 1980년대 이후 세계적으로 급속히 확산되어 도박을 금기시하는 사회주의 국가에서도 가속화되는 추세이다. 특히 1989년 베를린장벽 붕괴 이후 헝가리·폴란드·체코·

러시아 등 동유럽 국가들의 카지노 확산이 두드러진다. 또한 아시아에서는 마카오가 40여 년간 지속된 Stanley Ho의 독점권을 폐지하고 신규허가를 외국인에게도 부여해 2004년에 최초로 미국자본의 카지노가 개장되었으며, 현재는 미국의 메이저 카지노 운영업체인 MGM, Wynn, Las Vegas Sands 등이 마카오에서 카지노를 대규모로 운영하고 있다.

세계적인 도덕국가를 자부하는 싱가포르도 2005년 카지노를 합법화해 Marina Bay Sands와 Resorts World Sentosa를 2010년 상반기부터 운영하기 시작했다. 말레이시아 겐팅이 운영하는 리조트월드 센토사 카지노는 Universal Studio, 아쿠아리움, 초특급 호텔 등이 들어서고, 라스베이거스 샌즈사가 운영하는 마리나베이 샌즈 카지노에는 호텔 55층 지붕에 Sky Park라 불리는 150m 길이의 수영장이 위치하고 있다. 또한 이들 두 카지노에는 MICE(Meeting, Incentive, Convention, Exhibition)산업을 겨냥한 대규모의 컨벤션센터가 들어서 있다. 일본은 2018년 IR정비법을 통과시켜 카지노가 합법화되었고, 미국 MGM사와 일본 오릭스(Orix)사가 미화 89억 달러(약 12조 원)를 투자하여 첫 번째 카지노를 오사카시에 2030년 완공할 예정으로 2025년 4월 공사를 시작했다. 또한 일본카지노규제위원회(Japan Casino Regulatory Commission)는 향후 2개의 카지노 운영권을 추가로 허가할 예정이다.

인터넷 기술의 발전과 보급으로 이제 온라인 갬블링은 국경 없이 급격히 확산되고 있으며, 영국·캐나다·미국 등이 온라인 갬블링을 허가해 운영하고 있다.[1] 영국이 온라인 갬블링을 합법화한 주요 목적은 신뢰성 있는 IT 인프라를 구축하고 세수를 확보하며, 자본시장을 활성화하는 데 있다. 캐나다는 온라인 갬블링 사이트에 대한 엄격한 규제를 통해 건전하게 육성하고, 이를 통해 해외 사이트에 대한 경쟁력을 키우고 있다. 미국은 2013년 최초 합법화 이후 2024년 12월말 현재 델라웨어, 미시간, 로드 아일랜드, 뉴저지, 코네티컷, 팬실베니아, 웨스트 버지니아 총 7개 주에서만 온라인 갬블링이 합법화되어 운영중이며, 네바다주를 포함한 10여 개 주에서 포커, 스포츠베팅 등 제한적인 온라인 갬블링이 가능하다. 온라인 갬블링이 건전하게 육성되기 위해서는 엄격하게 규제되어야 하는데, 이를 위해서는 미성년자를 허용하지 않도록 크레딧카드 결제 및 연령조회 시스템을 갖추고, 한도설정(시간·베팅액수) 옵션을 제공해야 하며, 도박을 끊기 어려운 사람들을 위해 본인출입금지제도인 Self-Exclusion 프로그램을 제공해야 한다. 그러나 인터넷 갬블링은 혼자서 24시간 동안 할 수 있기 때문에 도박중독자가 증가할 수밖에 없는 역기능이 존재할 수 있다. 따라서 IT산업의 발전으로 온라인 갬블링은 꾸준히 증가할 것으로 전망되지만, 어떻게 이를 건전하게 유도할 것인지에 관한 정책과 규제 시스템이 주요 이슈로 부상할 것이다.

1 온라인 갬블링에 관한 다음 논문을 참고해 설명함: 이충기·이봉구(2009). 인터넷 갬블러에 대한 갬블링열정척도(GPS)의 적용. 『관광학연구』, 33(2): 53~72.

[표 2-1] 외국 카지노산업의 발전과정

연대	발전과정
17~18세기	• 중세유럽 귀족사회의 사교수단으로 태동
19세기	• 회원제 형태로 유럽 각국에 소개되어 전 세계로 확산
1930년대	• 1931년 미국 네바다주에서 최초로 합법화: 라스베이거스를 중심으로 상업화해 전 세계 카지노산업의 중심지로 부각
1960년대	• 1962년 Stanley Ho의 마카오 카지노 독점운영권 획득
1970년대	• 1971년 말레이시아 겐팅하일랜드 리조트(現, 리조트월드겐팅) 카지노 개장 • 1976년 미국 뉴저지주 애틀랜틱시티 카지노 합법화: 1978년 네바다주 이외의 미국지역에서 최초로 카지노 설립(Resort Int'l Hotel & Casino)
1980년대	• 미국 사우스다코다와 콜로라도주에 카지노 합법화, 아이오와주에 선상 카지노 허가 • 인디언보호구역에 카지노 확산
1990년대	• 카지노 리조트화로 대형화 · 고급화 추세 • 인터넷을 이용한 '온라인 카지노' 등장
2000년대	• 2004년 마카오에 라스베이거스 카지노업체 진출 • 2010년 싱가포르 복합리조트 개장 • 2018년 일본 카지노 합법화(IR정비법 통과), 2030년경 오사카에 카지노 개장 예정 • 아시아 국가들의 복합리조트 개장(필리핀, 베트남 등)

제2절
세계 주요 카지노

2024년 매출액 기준 세계 10대 카지노 중 6개 업체는 미국, 3개 업체는 홍콩-중국(마카오 운영), 그리고 나머지 1개는 말레이시아로 나타났다. 물론 마카오에서 운영되는 카지노업체는 많지만, 매출액은 소유국인 미국으로 잡히기 때문에 세계 10대 카지노는 미국이 많은 것으로 판단된다. 한편 카지노 매출액 세계 1위는 MGM Resorts로 매출액은 161.6억 달러이며, 2위는 Caesar's Entertainment, 3위는 Las Vegas Sands, 4위는 Wynn Resorts, 5위는 Penn National Gaming으로 나타났다. 마카오에서 운영하는 Galaxy Entertainment Group(45.8억 달러)은 6위, Melco Crown Entertainment는 7위, SJM Holdings는 9위를 차지했다. 마지막 10위는 Genting Malaysia(22.2억 달러)로 나타났다.

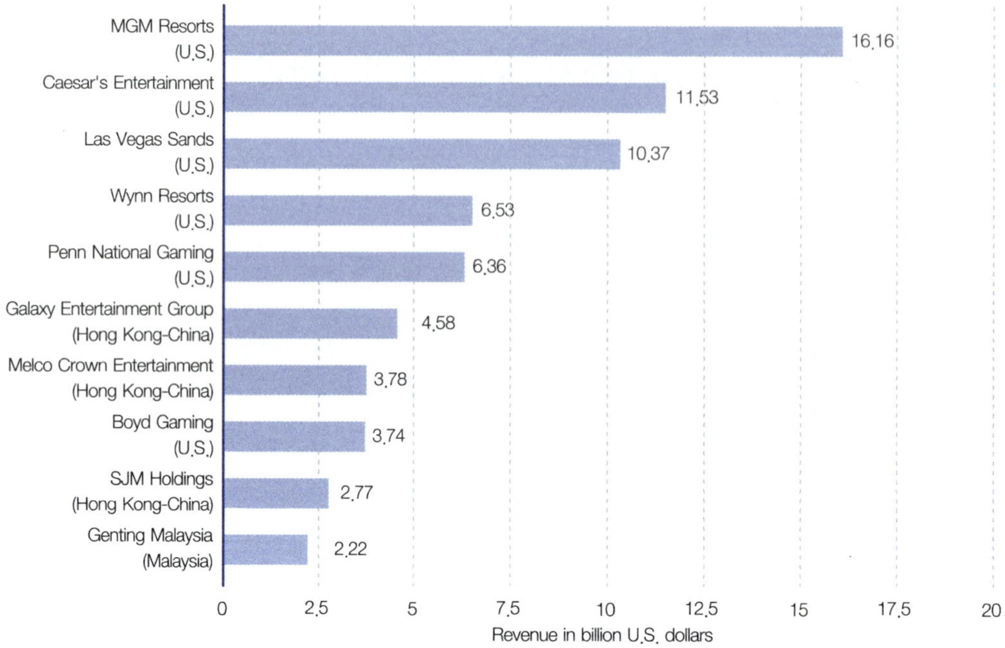

자료: https://www.statista.com/statistics/257531/leading-casino-companies-worldwide-by-revenue/

[그림 2-1] 매출액 기준 세계 Top 10 카지노(2024)

제3절
카지노산업의 국제적인 추세

21세기에 들어 카지노산업은 크게 변하고 있다. 우선 국제적으로 볼 때, 리조트 형태의 카지노가 두드러지고 있는데, 이는 카지노의 대중화를 선언하고 있다는 것을 의미한다. 주지하는 바와 같이 카지노 리조트를 처음 발전시킨 곳은 Las Vegas이다. New York New York Casino의 자유여신상과 Empire State 축소빌딩, Bellagio Hotel Casino의 춤추는 분수대 등은 대중관광객을 끌어들이기에 충분한 대규모 테마파크들이다. 연간 라스베이거스를 방문한 관광객 수는 약 4천만 명 이상으로 코로나 이후 미국인들이 가장 많이 방문하고 싶은 도시로 등극했다.

아시아에서는 말레이시아 겐팅하일랜드가 리조트형태의 카지노를 처음 건설했는데, 추후 리조트월드겐팅(Resorts World Genting)으로 명칭을 변경했다. 해발 1,800m 고지에 위치한 리조트월드겐팅은 실내외 테마파크, 골프장, 9개 호텔, 고객수송용 케이블카 등을 갖추고 있으며, First World Hotel은 7,351실 규모의 객실을 보유하고 있다.

마카오는 라스베이거스에 기반을 둔 대형 카지노업체에게 허가권을 부여한 결과, 2006년 최초로 라스베이거스 매출액을 추월하여 가장 큰 카지노시장으로 등극했다. 대규모 라스베이거스 스타일 카지노로는 2004년 'Sands' 카지노가 처음 개장했으며, 이어서 Venetian, MGM Grand, Wynn 등이 잇달아 개장했다. 싱가포르에서는 카지노의 사회적 부작용에 대한 우려에도 불구하고 관광객 유치를 위해 2개의 복합리조트를 운영하고 있다.

이러한 리조트형 카지노의 특징은 가족동반객을 포함한 대중관광객들을 유치함으로써 테이블게임 위주의 한정된 시장을 극복하고, 관광인프라 구축을 통한 새로운 대중관광시장을 개척하기 위한 시도라고 볼 수 있다. 이러한 측면에서 복합리조트 카지노에 대한 국제적인 추세는 가속화될 것으로 전망된다. 결국 아시아 국가들은 관광객 유치와 지역경제 활성화를 목적으로 카지노를 합법화하거나 확대하고 있으며, 복합리조트 카지노를 계획하고 있다.

1. 국제적인 추세: 복합리조트

카지노산업의 국제적인 추세는 복합리조트(IR: Integrated Resort) 카지노의 개발이다. 복합리조트라는 용어는 2004년 싱가포르 정부에서 허가를 신청하는 카지노기업들에 요구한 개발개념 요청서(RFC: Request For Concept)에 처음 등장한 이후 아시아지역을 중심으로 많은 국가들이 복합리조트 개발에 박차를 가하고 있다. [그림 2-2]에서 보는 바와 같이 IR은 카지노뿐만 아니라 테마파크·숙박시설·컨벤션·엔터테인먼트·쇼핑·레스토랑 등이 통합된 리조트라고 할 수 있다(이충기, 2010). 아시아에서는 싱가포르가 2개의 복합리조트(Resorts World Sentosa, Marina Bay Sands)를 건설했는데, 여기에는 카지노뿐만 아니라 호텔, 컨벤션센터, 테마파크(Universal Studio), 공연장, 레크리에이션 시설, 레스토랑, 쇼핑센터 등을 복합적으로 갖추고 있다(이충기·김남현, 2015). 이렇게 복합리조트를 도입한 목적은 IR을 통해 호텔 및 컨벤션센터와 같은 기반시설을 확충하여 침체된 국가경제 및 관광산업을 활성화시키고 관광객을 유치하는 데 목적이 있었다.

우리나라에서도 영종도에 3개의 외국인전용 복합리조트가 개장 또는 개장 예정이다. 하나는 (주)파라다이스&세가사미(Sega Sammy)로 사업비 약 1조 5,000억 원을 투자해 카지노시설, 호텔, 쇼핑시설, 다목적 공연장 등을 갖춘 Paradise City를 건설했는데, 1단계로 2017년 4월 호텔과

[그림 2-2] **복합리조트 카지노 구성요소**

카지노를 개장했고, 2018년 9월 엔터테인먼트시설을 개장했다. 다른 하나는 광저우 R&F 프로퍼티스(부동산기업)와 미국 시저스 엔터테인먼트(Caesars Entertainment)의 컨소시엄으로 이루어진 RFCZ Korea(시저스 코리아)로 카지노·호텔·엔터테인먼트 컨벤션시설 등을 2021년 개장할 예정이었지만, 공사가 중단된 상태이며, 사업기간 연장도 불투명한 상황이다. 또한 미국 Mohegan Sun은 Inspire IR을 허가받아 약 1조 5,000억 원을 투자해 숙박시설, 아레나, 오로라, 야외파크 등을 2023년 완공하고, 카지노는 2024년 3월 5일 개장했다. 그러나 개장 첫해에 약 1,500억 원의 적자를 기록한 후 재무약정 위반으로 주채권사인 글로벌 사모펀드사 베인캐피탈로 운영사가 변경되었으며, 매각절차를 밟을 예정으로 알려졌다.

2. 복합리조트 개발의 성공요인

복합리조트가 중요한 카지노 개발추세로 부각됨에 따라 이충기·김남현(2015)은 복합리조트의 성공전략으로 [그림 2-3]과 같이 3단계 계층구조모형을 제시했다. 이 계층구조모형에서 〈계층 2〉는 대분류로 게임시설, 카지노 서비스/마케팅, 테마시설, 호텔/컨벤션시설, 책임경영의 5가지

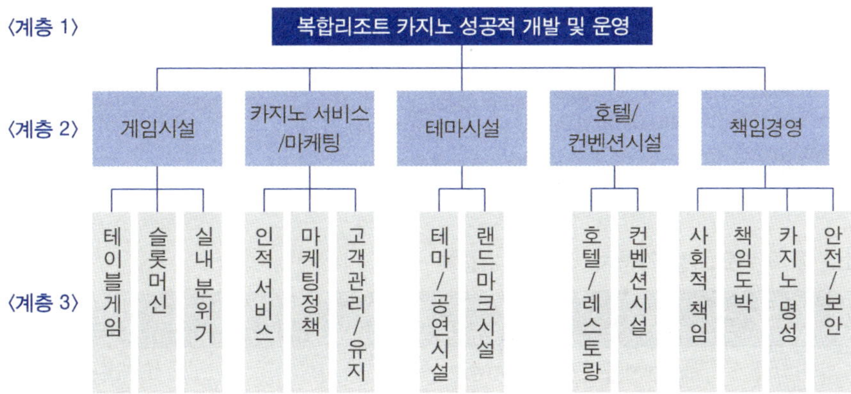

자료: 이충기 · 김남현(2015). AHP를 활용한 복합리조트 카지노의 개발전략 요인과 우선순위 분석. 『관광학연구』, 39(2), 69~84.

[그림 2-3] 복합리조트 카지노의 개발전략 요인 계층구조모형

영역으로 설정했으며, 〈계층 3〉은 총 14개의 하위요소로 구성했다.

계층분석적 의사결정(AHP: Analytic Hierarchy Process)방법을 통한 분석결과, 복합리조트의 성공적인 개발전략 요인은 '카지노 서비스/마케팅'으로 나타났으며, 다음으로 '테마시설,' '호텔/컨벤션시설,' '게임시설,' '책임경영'의 순으로 나타났다([그림 2-3] 참조). 이는 복합리조트 카지노의 특성상 카지노 자체만의 서비스나 게임시설 이외에 공연장 · 테마파크 · 랜드마크 등과 같은 테마시설, 호텔/컨벤션시설이 중요한 것으로 평가되었다.

한편 〈계층 2〉와 〈계층 3〉에서 도출된 가중치를 종합하여 최종적으로 각 하위요소의 상대적 중요도 및 최종 우선순위를 도출한 결과는 [표 2-2]의 Global 중요도 및 순위와 같다. 전체 하위요소 중 성공적인 복합리조트 카지노의 개발과 운영에 있어 가장 중요한 전략요소는 테마/공연

[표 2-2] 대분류 개발전략 요인별 상대적 중요도 및 우선순위

대분류	상대적 중요도	순위
게임시설	0.161	3
카지노 서비스/마케팅	0.285	1
테마시설	0.235	2
호텔/컨벤션시설	0.161	3
책임경영	0.158	5
계	1	(CR=0.0047)

자료: 이충기 · 김남현(2015). AHP를 활용한 복합리조트 카지노의 개발전략 요인과 우선순위 분석. 『관광학연구』, 39(2), 69~84.

시설(0.121)로 나타났으며, 다음으로는 랜드마크시설(0.114)로 나타났다. 이는 테마시설이 복합리조트 카지노의 성공에 있어서 가장 핵심요소인 것으로 전문가들은 평가했다. 다음으로는 마케팅정책(0.097), 인적 서비스(0.096), 고객관리/유치(0.092)의 순으로 나타나 카지노의 서비스/마케팅 요소들도 역시 중요한 것으로 평가되었다.

[표 2-3] **소분류 하위요소별 가중치 및 종합가중치 결과**

대분류	소분류	Local		CR	Global	
		중요도	순위		중요도	순위
게임시설	테이블게임	0.412	1	0.02	0.066	8
	슬롯머신	0.261	3		0.042	11
	실내 분위기	0.326	2		0.053	9
카지노 서비스/마케팅	인적 서비스	0.337	2	0.01	0.096	4
	마케팅정책	0.339	1		0.097	3
	고객관리/유치	0.324	3		0.092	5
테마시설	테마/공연시설	0.514	1	0.00	0.121	1
	랜드마크시설	0.486	2		0.114	2
호텔/컨벤션시설	호텔/레스토랑	0.526	1	0.00	0.085	6
	컨벤션시설	0.474	2		0.076	7
책임경영	사회적 책임(CSR)	0.329	1	0.00	0.052	10
	책임도박	0.258	3		0.041	12
	카지노 명성	0.158	4		0.024	14
	안전/보안	0.260	2		0.041	13

자료: 이충기·김남현(2015). AHP를 활용한 복합리조트 카지노의 개발전략 요인과 우선순위 분석. 『관광학연구』, 39(2), 69~84.

제4절
지역별 카지노 현황

전 세계적으로 갬블링업체는 총 9,630개로, 여기에는 카지노가 주류를 이루고 나머지는 경마, 경견, Racinos(경마+카지노 복합시설), 크루즈 선상 카지노를 포함한다(https://www.casinocity.com/casinos/). 이 중에서 북미(3,770)와 유럽(3,701)이 가장 많고, 다음으로는 오세아니아(732), 중앙 및 남아메리카(559), 아시아(362), 아프리카(308), 캐리비안(198)의 순이다. 국가별로는 미국이 3,126개로 가장 많은 것으로 나타났다.

1. 북미지역

1) 캐나다

캐나다에는 200개 이상의 카지노가 운영 중인데, 온타리오에 가장 많고 다음으로는 앨버타, 브리티시컬럼비아, 노바스코샤, 퀘백의 순이다. 카지노시설은 일반적으로 테이블 40여 대, 머신 1,200여 대지만 미국 국경도시 디트로이트에 인접한 Caesars Windsor, 나이아가라 폭포에 인접한 Fallsview 카지노의 경우에는 테이블 100여 대, 머신 2,500여 대 이상으로 규모가 비교적 큰 편이다. 캐나다 카지노의 매출액 구조는 매우 독특하다. 매출액 중 일부는 자선단체와 지방정부에 할당된다. 특히 카지노장의 머신게임은 지방정부의 소유이며, 그렇기 때문에 매출액 중 대부분은 지방정부의 수입으로 돌아간다. 테이블게임 매출액의 50%는 카지노업체, 나머지 50%는 자선단체의 몫이다. 또한 머신게임 매출액의 70%는 정부, 나머지 15%는 자선단체의 몫이다. 카지노매출액 중 약 60%는 슬롯머신에서, 나머지 40%는 테이블게임에서 발생하는데, 슬롯머신의 배당률은 90% 정도이다.

▲캐나다 에드먼턴의 한 카지노

2) 미국

1990년대 들어 미국의 카지노산업은 다른 모든 산업을 능가하는 고도성장을 이룩했다. 이러한 고도성장은 전통적인 내륙 카지노(Land-Based Casino)의 팽창과 아울러 새로운 선상 카지노 및 인디언보호구역 카지노의 출현에 기인한다.

(1) 카지노산업의 발전과정

미국의 카지노산업은 1990년대 들어 폭발적으로 성장했다. 미국에서 카지노산업은 지역개발을 도모하고, 지역경제를 활성화하며, 세수를 확보하는 데 기여한다. 예를 들면, 네바다주 라스베이거스는 불모의 사막에다 세계적인 카지노산업을 건설하여 지역개발은 물론, 지역경제를 활성화시켰다. 또한 콜로라도주에서는 폐광지역을 활성화하고자 카지노를 도입했다. 카지노에 대한 인식도 대부분의 미국인들은 과거의 도박개념에서 벗어나 여가나 레크리에이션 활동의 일환으로 간주한다. 카지노가 지역경제에 미치는 효과가 중요해짐에 따라 미국에서는 카지노의 합법화가 확산되고 있는 추세이다. 이제 카지노는 미국 제1의 오락산업으로 자리를 잡아가고 있으며, 복권 발행수입보다 많은 수입을 창출해내는 산업이 되었다.

이러한 카지노산업이 완전한 형태를 갖추고 처음 시작된 곳은 1931년 네바다주의 라스베이거스이다. 라스베이거스의 카지노는 당시 경제공황에서 지역경제를 촉진하고 은광 근로자들에게 여가활동을 부여할 목적으로 도입되었다. 오늘날 네바다주는 미국 50개 주 중에서 가장 빠른 인구증가율을 기록하고 있는데, 라스베이거스는 이러한 네바다주 인구집중의 중심역할을 한 도시이다. 세계에서 상위 10위를 차지하는 대규모 호텔 10개 중 5개가 라스베이거스에 있으며, 이들 모두가 카지노호텔이다. 또한 라스베이거스에는 카지노와 더불어 각종 쇼·공연 등 다양한 관광매력물이 있으며, 전 세계적으로 유명한 컨벤션도시로서의 명성도 함께 얻고 있다.

1970년대 중반까지 미국에서 카지노가 합법화된 지역은 네바다주에 불과했다. 그 후 1976년에 카지노를 합법화하여 1978년에 첫 카지노를 개설한 뉴저지주 애틀랜틱시티를 시작으로 동부해안지역에 새로운 카지노시대가 개막되었다. 이처럼 라스베이거스와 애틀랜틱시티를 제외하고는 1978년부터 1988년까지 카지노를 제도적으로 인정하려는 시도가 미국 전역에서 줄곧 있었지만, 모두 실패하고 말았다. 그러다가 1988년에 라스베이거스 및 애틀랜틱시티와는 달리 변형된 형태로 운영되는 독특한 3가지 형태의 카지노가 나타났다. 첫째는 격리된 낙후지역에 도입된 카

지노,[2] 둘째는 선상 카지노,[3] 셋째는 인디언보호구역 내의 카지노이다.[4]

이렇게 미국에서 카지노산업이 성공하게 된 요인을 다음의 5가지로 요약할 수 있다. 첫째, 입법가와 지역사회가 새로운 세원과 지역개발을 도모할 목적으로 카지노사업장 도입을 지지해왔다. 둘째, 카지노게임을 합법적인 여가활동으로 인식하며, 어른 4명 중 3명은 카지노게임을 '흥겨운 저녁나들이'로 간주하고 있다. 셋째, 카지노를 주로 이용하는 은퇴자들의 수가 점차 증가하고 있다. 넷째, 카지노사업자들은 일반 관광객인 저액베팅자(Grind Player)를 유치하기 위한 마케팅활동을 지속적으로 전개해왔다. 다섯째, 미국에서는 카지노게임을 즐길 수 있는 기회가 증가하여 많은 초보자를 유인하는 계기가 되었다.

(2) 주요 카지노지역

가) 캘리포니아

캘리포니아에서는 카지노시설과 유사한 카드룸(Card Room)을 운영하고 있으며, 캘리포니아법에 의해 합법화되었다. 그러나 게임운영자는 카드게임으로 직접 수익을 올릴 수 없다. 다시 말하면 고객이 칩(Chips)을 구입하여 카지노를 상대로 게임하는 것은 불법이며, 대신 게임을 즐기는 것에 대한 일정요금을 부과한다. 그러나 1998년 11월에 실시한 미국 중간선거에서 캘리포니아 주민들은 주정부의 허가 없이 인디언보호구역에 카지노를 신설하고, 칩을 사용하여 실제 게임을 할 수 있도록 법안을 통과시켜 로스앤젤레스 · 샌디에이고 등 대도시 주변에서 정식 카지노를 운영 중이다.

나) 콜로라도

콜로라도에서는 옛 탄광촌의 경제를 회복하기 위한 목적으로 카지노게임을 허용했다. 1990년 11월 9일 콜로라도에서는 주헌법을 수정하여 블랙호크 · 센트럴시티 · 크리플크리크에 제한된 게임을 승인했다. 1991년 7월 1일 콜로라도 게임위원회가 설립되었고, 같은 해 10월 게임운영이 본격적으로 시작되었다. 게임에 관한 법률은 블랙잭 · 포커 · 슬롯머신만을 허용하며, 각 게임당 최고 베팅액은 5달러로 제한했으나, 2009년 7월 2일 최고 베팅금액을 100달러로 인상하고, 룰렛과 기타 테이블게임들을 추가했으며, 24시간 영업이 가능하게 되었다. 그러나 2021년 5월부터는

2 사우스다코타주의 Deadwood, 콜로라도주의 폐광지역에 도입된 Black Hawk, Central City, Cripple Creek.
3 아이오와, 일리노이, 루이지애나, 미시시피.
4 코네티컷, 위스콘신, 미시건, 미네소타, 워싱턴, 캘리포니아, 애리조나 등.

▲카지노마을 전경

▲슬롯머신

▲작은 카지노시설

▲큰 카지노시설

최고 베팅금액을 2,500달러까지 허용하는 카지노도 운영중에 있다. 콜로라도주의 카지노는 21세 이상만 입장이 가능하다. 콜로라도에서는 총매출액의 40%를 세금으로 부과하며, 게임세 중 49.8%는 주정부 일반기금, 0.2%는 관광진흥기금, 28%는 사적지 보존기금, 22%는 카지노지역의 보조금으로 할당된다.

다) 루이지애나

1991년 7월 31일 루이지애나 입법부에서는 선상 카지노에 관한 법안을 통과시켰다. 베팅액수에 대한 제한은 없으며, 선상에서 판매된 주류의 25%는 루이지애나에서 생산된 것이어야 한다. 주정부는 게임수입의 15%를 가맹료로 받고, 경찰청은 게임감시 용도로 3.5%의 치안세를 부과하며, 지방정부는 선박정박에 대해 승객당 2.5달러를 부과한다.

루이지애나법에 의하면 모든 선박은 새로 건조되어야 하고, 3~8시간 동안 크루즈여행을 제공해야 하는데, 1993년 9월에 최초의 선박이 영업을 시작했다. 1992년 루이지애나 입법부에서는 뉴올리언스에 내륙 카지노를 승인했는데, 게임만 제공할 뿐 쇼를 보여주거나 레스토랑을 설치하지 못하도록 했다.

라) 미시시피

미시시피 게임법이 효력을 발휘한 것은 1990년 4월이며, 미시시피강이나 해협에 있는 항구도시에만 이 법이 적용된다. 게임을 할 수 있는 선박은 길이가 최소 150피트 이상이어야 하고, 적어도 250명의 승객을 태울 수 있어야 하며, 선박이 이동할 필요는 없지만 항해가 가능해야 한다. 게임자격은 21세 이상으로 제한한다. 세금은 게임수입의 최고 8%를 부과하는데, 세율은 다른 주에 비해 비교적 낮은 편이다.

마) 뉴저지 애틀랜틱시티

1976년 뉴저지주에서는 쇠퇴하고 있는 애틀랜틱시티의 재건과 고용증대를 목적으로 카지노를 승인했다. 그 결과 조그마한 해안 리조트와 낚시마을이었던 이곳은 필라델피아・뉴욕・보스턴 등 동부지역 대도시 주변의 많은 인구를 바탕으로 고속성장을 하여 1990년대 초반에는 연간 3천만 명 이상이 방문했다. 그러나 1990년대 후반부터 메릴랜드・뉴욕・코넷티컷・펜실베니아 등 주변 지역에서 카지노를 합법화하는 바람에 방문객이 감소하기 시작하여 2014년에는 4개의 카지노가 폐업을 하기도 하였으며, 폐장과 재개장을 반복하고 업체 간의 지속적인 인수합병을 통해 현재는 9개의 카지노가 운영 중에 있지만 고전을 면치 못하고 있으며, 향후 전망도 매우 어두운 편이다. 이러한 상황 때문에 애틀랜틱시티에는 온라인카지노가 허가되어 운영되고 있다.

▲ 뉴저지 애틀랜틱시티 카지노 전경

[표 2-4] 애틀랜틱시티 주요 카지노업체의 시설 현황

카지노명	객실 수	카지노 면적	카지노 시설
하라스 리조트 애틀랜틱시티 (Harrah's Resort A.C.)	2,588실	13,656m^2	• 슬롯머신: 2,000대 • 테이블게임: 100대
오션 카지노 리조트 (Ocean Casino Resort)	1,399실	12,820m^2	• 슬롯머신: 2,000대 • 테이블게임: 125대
리조트 카지노 호텔 (Resorts Casino Hotel)	942실	7,432m^2	• 슬롯머신: 1,500대 • 테이블게임: 70대
밸리즈 애틀랜틱시티 (Bally's Atlantic City)	1,214실	20,961m^2	• 슬롯머신: 1,773대 • 테이블게임: 167대
보가타 (Borgata)	2,802실	14,950m^2	• 슬롯머신: 2,825대 • 테이블게임: 259대

자료: www.casinocity.com

바) 네바다 라스베이거스

1980년대 후반에서 1990년대 초반에 라스베이거스의 신규 카지노 건설 붐이 한창일 때 개장된 화산폭발 쇼로 유명한 미라지(Mirage), 아서왕 기사들의 결투를 재현한 엑스칼리버(Excalibur), 이집트 피라미드를 본뜬 럭소(Luxor), 그리고 영국해군과 해적이 바다에서 전투하는 장면을 재현한 트레저 아일랜드(Treasure Island) 카지노들은 라스베이거스가 대박을 꿈꾸며 카드게임에 열광하는 꾼들로 가득 찬 도박의 도시에서 가족이 함께 게임과 오락을 즐기는 휴양의 도시로 명성을 쌓아가게 만든 공신들이었다.

스페인 말로 초원을 의미하는 라스베이거스는 그 의미와는 달리 미국 네바다주 동남쪽의 모하비사막 한가운데 있다. 그 면적이 서울의 3분의 1 정도로 이 도시에 진입하기 전까지는 그야말로 끝없이 펼쳐지는 사막 그대로이다. 라스베이거스는 미국의 3대 국립공원인 요세미티나 그랜드 캐니언 국립공원에 하루나 이틀쯤 머물렀다가 오는 관광객이 많을 정도로 미국 서부관광의 핵심코스로 자리 잡았다.

사막 한가운데에 있는 황량한 이 지역이 어떻게 오늘날 세계 최대의 카지노 메카이자 미국인들이 가장 많이 방문하는 도시로 탈바꿈했을까? 오늘날의 라스베이거스를 만든 요인은 카지노의 합법화와 도박도시에서 복합관광도시로 전환의 전기를 마련한 테마파크의 도입이라고 할 수 있다.

네바다주에서 세 번째로 큰 도시인 리노(Reno)는 오래전부터 은광으로 유명했다. 수많은 은광 기술자 · 광부 · 노동자가 상주했지만, 광대한 사막지역에는 이들을 위한 마땅한 여가시설이 없었다. 이러한 상황에서 불법도박이 성행했고, 도박을 합법화할 것인가는 주지사의 선거 때마다 계

속 등장하는 이슈가 되었다. 이 논란은 1870년대부터 계속되다가 1931년 네바다주 의회 초선의원인 필 토빈(Phil Tobin)이 입안한 "The Wide Open Gambling Bill of 1931" 법안에 의해 마침내 네바다주가 도박을 합법화하는 중대한 결정을 내림으로써 끝을 맺는다. 도박의 합법화는 도박중독자를 양산하거나 사행심을 조장하는 등 부정적인 측면도 있었지만, 주민의 교육과 행정을 맡은 주정부로서는 피할 수 없는 선택이었다. 도박의 합법화는 사막도시 라스베이거스를 서부의 주요 중심도시로 부상시켰고, 라스베이거스의 성공은 여러 가지 해악에도 불구하고 정책에서 나오는 이익이 공익으로 환원될 수 있다는 미국 특권산업정책의 대표적인 사례로 꼽히게 되었다.

오늘날의 면모를 갖추기까지 라스베이거스가 순탄한 길만을 걸어온 것은 아니다. 영화 '벅시'(Bugsy)에 묘사되어 있듯이 초창기에는 검은 돈이 오가고 마피아가 카지노와 연결되어 사회적 부작용이 심각한 상태에 이른 적도 있었다. 마피아가 딜러와 짜고 사기를 치거나 주류거래를 장악하는 등 불법적인 거래가 성행한 것이 그 예이다. 그 때문에 미국의회에서는 도박산업을 폐지하려는 움직임까지 있었다. 힐튼과 같은 명성 있는 호텔들이 카지노를 인수하여 도시의 성격을 바꾸지 않았더라면 라스베이거스는 이러한 위기에서 탈출할 수 없었을 것이다. 아직도 흥미로운 눈초리로 "라스베이거스에는 마피아가 있다면서요?"라고 묻는 사람들이 가끔 있지만, 라스베이거스에서 마피아가 사라진 것은 오래전의 일이다. 대신 게임감독위원회(Gaming Control Board)가 있다. 여기에는 전직경찰·행정가·공인회계사 등 3명의 위원을 필두로 약 500여 명의 직원이 상주하면서 카지노 인·허가심사부터 기존 업체에 대한 관리·감독까지 철저하게 하고 있어 마피아가 발을 들여놓지 못한다. 또한 카지노장 내에는 안전요원이 배치되고, 수많은 감시카메라가 설치되어 있을 뿐 아니라, 도시 전체에 대해서도 철저하게 치안을 유지함으로써 라스베이거스는 세계에서 가장 안전한 곳으로 알려져 있다.

그러나 라스베이거스에는 또 다른 고민거리가 있었다. 즉 전문도박이라고 할 수 있는 테이블게임만으로 관광수요가 더 이상 늘어나지 않았기 때문이다. 이러한 한계점을 극복하기 위해서 도입한 것이 테마파크였으며, 이를 통해 라스베이거스는 도박을 하러 오는 전통적인 방문객뿐만 아니라, 가족동반객을 포함한 대중관광객을 유치하는 데 성공했다. 또한 특별한 기술이 없거나 게임의 규칙을 모르는 사람이라도 누구나 쉽게 할 수 있는 각종 슬롯머신의 도입도 일반 관광객을 끌어들이는 데 한몫했다. 미국사람들은 라스베이거스에서 자고 먹고 실컷 즐겨도 다른 관광지에 비해 싸다고 말한다. 운이 좋아 슬롯머신에서 잭팟이라도 터지는 날이면 애인이나 아내에게 아름다운 목걸이를 선물해줄 수도 있다는 환상이 가능하다는 점도 사람들이 라스베이거스를 선호하는 이유 중의 하나이다. 라스베이거스를 비롯한 카지노도시에는 예외 없이 명품과 보석상

점들이 존재하는 것도 이런 이유이다.

이처럼 라스베이거스는 단순히 도박이나 게임만을 위한 장소가 아니라, 다양한 볼거리와 저렴한 먹거리 및 휴식공간 · 오락게임 등을 제공하는 종합엔터테인먼트센터로 발전해왔다. 특히

[표 2-5] **라스베이거스 주요 카지노업체의 시설 현황**

카지노명	객실 수	카지노 면적 및 시설	엔터테인먼트
시저스 팰리스	4,270실	• 슬롯머신: 1,370대 • 테이블게임: 240대 • 카지노면적: 15,442m^2	• 고급 쇼핑센터(forum shop) • 콜로세움 Theater
서커스 서커스	3,773실	• 슬롯머신: 2,578대 • 테이블게임: 105대 • 카지노면적: 11,513m^2	• 스카이 셔틀 • 어린이 게임시설 • 그랜드 슬램 캐니언 스릴타기
MGM 그랜드	6,852실	• 슬롯머신: 2,523대 • 테이블게임: 178대 • 카지노면적: 15,785m^2	• 대형 극장 • 대형 실내체육관 • 흰색 호랑이
트레저 아일랜드	2,885실	• 슬롯머신: 1,796대 • 테이블게임: 60대 • 카지노면적: 8,357m^2	• 해적선 공연으로 유명했으나 현재는 중단됨.
뉴욕뉴욕	2,024실	• 슬롯머신: 1,944대 • 테이블게임: 78대 • 카지노면적: 7,799m^2	• 1,000실의 브로드웨이극장 • 브로드웨이 쇼 • 스카이 롤러코스터 • 다양한 레스토랑 · 카페
벨라지오	3,933실	• 슬롯머신: 2,449대 • 테이블게임: 207대 • 카지노면적: 10,800m^2	• 춤추는 분수대 • 최고급 호텔, 식당 • O쇼(수중 서커스) • 명품쇼핑센터
베네시안	4027실	• 슬롯머신: 3,086대 • 테이블게임: 122대 • 카지노면적: 11,142m^2	• 곤돌라 유람 • 대단위 쇼핑센터
팔라초(Palazzo)	3,000실	• 슬롯머신: 1,550대 • 테이블게임: 120대 • 카지노면적: 9,800m^2	• 최고급 빌라 • 베네시안과 연결된 쇼핑센터
윈(Wynn)	2,716실	• 슬롯머신: 2,600대 • 테이블게임: 295대 • 카지노면적: 10,214m^2	• 최고층 호텔(50층 이상) • 골프장(18홀) • 박물관(피카소 등 유명화가 그림)
아리아	4,004실	• 슬롯머신: 2,000대 • 테이블게임: 224대 • 카지노면적: 7,400m^2	• 컨벤션센터 • 스파

자료: www.casinocity.com; http://en.wikipedia.org

어린이들이 즐길 수 있는 각종 놀이시설과 테마파크는 가족동반객을 유치하는 중요한 매력 포인트이다. 또한 대형 컨벤션센터를 건립하여 전 세계 사회지도층들이 참여하는 국제회의를 유치함으로써 사회적 · 정치적 · 문화적 교류의 중심지로서 위치를 확실히 하고 있다. 이제 라스베이거스는 도박의 도시라기보다는 휴양의 도시로 불린다.

2024년 한 해 동안 라스베이거스를 방문한 관광객 수는 약 4,168만 명으로 타났다(www.lvcva.com). 이처럼 많은 관광객을 유치하는 데에는 라스베이거스가 끊임없이 변모하고 있기 때문이다. 지금도 한쪽에서는 오래된 건물들이 부서지는 반면, 다른 한쪽에서는 참신한 테마를 가진 대규모 카지노 리조트가 건설되고 있다. 무한한 상상을 사업으로 연결시키는 곳이 바로 라스베이거스이다. 라스베이거스에는 200개 이상의 카지노가 있는데, 어느 곳에서도 동일한 테마를 발견할 수 없다. 또한 라스베이거스는 미국의 4대 프로스포츠인 Las Vegas Golden Knights 아이스하키팀, Las Vegas Raiders 미식축구팀을 유치했으며, 2028년 메이저리그팀인 Oakland A's를 유치할 예정으로, 이로 인한 인구 유입 및 관광객 증대에도 크게 기여할 수 있다.

라스베이거스 카지노의 '테마' 연출 장면

▌MGM Grand

▲ MGM Grand Hotel Casino 전경

스스로 도시라고 부를 만큼 MGM 그랜드는 규모 면에서 웅장함을 자랑한다. 6,852개에 달하는 객실, 각종 스포츠를 즐길 수 있는 실내체육관, 극장 · 카지노 · 컨벤션센터 등 이루 헤아릴 수 없이 많은 시설이 MGM 그랜드라는 하나의 거대한 도시를 형성한다.

객실은 크게 딜럭스 룸과 스위트 룸으로 구분된다. 딜럭스 룸의 경우 오즈의 마법사, 할리우드, 남부, 카사블랑카가 있고, 스위트룸의 경우 플레이어, 비스타, 파티오, 로비, 글래머 등이 있다. 이렇듯 종류가 다양하게 나뉘어져 있어 가격과 내부시설에 따라 선택할 수 있다. MGM 그랜드호텔 카지노는 어떤 곳일까?

MGM 그랜드의 카지노장은 풋볼 경기장 4개를 합친 것과 같은 크기로 라스베이거스에서는 최대 규모이다. 어마어마한 크기도 그렇지만, 그 안의 각종 시설 또한 만만치 않다. 총 2,500여 대에 달하는 슬롯머신과 비디오게임 기계들이 갖추어져 있다. 또한 제임스 본드가 가장 좋아한다는 바카라, 숫자 맞추기 게임의 일종인 키노, 포커, 블랙잭, 룰렛, 크랩, 빠이가우, 빠이가우 포커, 캐리비안 스터드 포커, 렛잇라이드 등 다양한 게임들을 호화롭게 장식된 카지노에서 즐길 수 있다. 또한 그랜드 가든이라 불리는 원형경기장이 있어서 복싱과 테니스경기 및 로데오를 비롯한 많은 운동경기를 관람할 수 있을 뿐만 아니라, 직접 참가할 수도 있다.

▌Caesars Palace

시저스 팰리스 호텔 카지노는 말 그대로 고풍스러움을 자랑한다. 고대 로마의 분위기를 그대로 느낄 수 있는 시저스 팰리스는 라스베이거스, 인디애나, 애틀랜틱시티, 그리고 레이크 타호(Lake Tahoe)에서 각각 그 지방의 특색을 살리며 운영되고 있다. 먼저 게임의 도시 라스베이거스에 위치한 시저스 팰리스는 4개 지역에 위치한 다른 어떤 호텔보다 큰 카지노를 자랑한다. 애틀랜틱시티의 시저스 팰리스는 공연에 중점을 두고 있는데, 이곳에서는 시저와 클레오파트라의 사랑 이야기는 물론이고, 고대 로마의 전쟁·격투 이야기 등을 흥미진진하게 엮어나가고 있다.

지역에 상관없이 모든 시저스 팰리스는 로마풍의 실내 인테리어와 원형경기장의 격투공연을 볼 수 있다. 이 카지노 지하에는 라스베이거스에서 가장 큰 쇼핑몰이 있어 세계 유명 브랜드가 모두 출동해 있다. 또한 쇼핑몰 거리는 천장을 밤하늘과 거의 똑같이 만들어 놓았으며, '아틀란티스'와 같은 공연들을 정규적으로 연출한다.

시저스 팰리스에서는 게임의 룰이나 계산방법은 물론이고, 게임에서 이길 수 있는 요령에 대해서도 인터넷을 통해 알려준다. 시저스 팰리스 카지노의 서비스는 여기서 끝나지 않는다. 카지노장에서 도움을 청하기만 하면 언제든지 개인 레슨을 해주기도 한다. 거의 매년 '최고의 카지노'의 영예를 차지하는 시저스 팰리스 카지노에서는 블랙잭, 캐리비안 스터드 포커, 룰렛, 크랩, 휠오브포천(Wheel of Fortune), 바카라, 빠이가우, 슬롯 등 10여 개에 달하는 종류의 게임을 즐길 수 있다.

▲아틀란티스 공연장면

▲지하의 최대 쇼핑거리

▌Circus Circus

라스베이거스에 있는 대부분의 호텔들이 성인들을 위한 것이라면, 서커스 서커스 호텔은 어른이나 어린이 모두에게 만족을 줄 수 있는 호텔이다. 서커스 하면 떠오르는 모든 것, 즉 팝콘의 냄새, 광대의 웃음소리, 스릴 넘치는 공중묘기 등이 바로 이 서커스 서커스 호텔 안에 있다. 365일 무료로 보여주며, 서커스에 대한 아련한 향수를 가지고 있는 중·노년층이나 스릴과 박진감을 즐기는 청년들, 그리고 호기심 많은 어린이 모두에게 인기가 있어 자녀를 동반한 관광객들이 특히 많이 찾는다. 서커스 서커스 호텔이 다양한 연령층에게서 사랑받는 또 하나의 이유는 바로 어드벤처 돔 때문이다.

미국에서 가장 크다는 분홍유리 돔이 1년 365일 동안 쾌적한 날씨를 유지해주고, 5에이커나 되는 넓은 땅에 산봉우리·절벽·폭포 등의 아름다운 풍경이 펼쳐진다. 그냥 보는 데서 그치는 것이 아니라 롤러코스터를 타고 깎아지를 듯이 늘어선 절벽을 오르는 재미와 함께 아이맥스영화도 관람할 수 있다.

서커스공연이나 테마공원은 어른과 어린이 모두에게 기쁨을 주는 것이지만, 어른들에게는 카지노라는 또 다른 즐거움이 있다. 서커스 서커스 카지노는 메인 카지노와 웨스트 카지노 및 스카이라이즈(Skyrise) 카지노 3개의 카지노로 나누어져 있다. 3곳 모두 다 블랙잭, 캐리비안 스터드 포커, 룰렛, 크랩, 바카라, 빠이가우, 슬롯, 카지노워, 렛잇라이드 등의 게임시설을 갖추고 있으며, 레이스·스포츠북도 즐길 수 있다.

▲실내 테마파크: 어드벤처 돔

▲서커스 장면

▮New York New York

이 카지노는 세계 최대 도시인 뉴욕의 상징물인 엠파이어 스테이트 빌딩과 자유의 여신상 등을 축소하여 재현해 놓았다. 따라서 이곳에 오면 마치 뉴욕 중심가 대로에 서 있다고 착각할지도 모른다. 또한 여기에는 홍콩을 방불케 하는 다양한 음식들이 있는데, 서양요리를 비롯해서 이탈리아·프랑스·중국요리 전문점 등이 있고, 게임을 즐기면서 식사할 수 있는 Pop 레스토랑과 바·카페등이 산재해 있다. 이 호텔에는 가족여행객을 위한 놀이공원이 있는데, MGM 그랜드 호텔에서 볼 수 있었던 코니아일랜드 롤러코스터를 비롯해서 범퍼카·사격장·레이저오락실 등이 있다.

▲전경 및 롤러코스터

세계 최대 카지노업체인 MGM 그랜드와 프리마돈나 호텔이 50 : 50으로 합작 투자하여 세운 이곳은 최근 MGM 그랜드가 인수하여 프리마돈나의 지분을 모두 인수함으로써 완전히 소유하게 되었다. 여기에는 약 2,000여 개의 객실에 80여 대의 테이블게임, 그리고 2,000여 대의 슬롯머신이 설치되어 있다.

Bellagio

1998년 10월에 개관한 세계 최고급 VIP 호텔 카지노이다. 지금까지 낮은 객실료를 제공해온 다른 카지노 호텔과는 달리 벨라지오 호텔 카지노에서는 카지노시장을 차별화하기 위해 고가정책으로 호텔을 건설했다. 다시 말하면 고가정책을 이용하여 고급 손님을 유치하겠다는 차별화전략이었다. 다행스럽게도 벨라지오 호텔 카지노의 이 고가정책은 성공을 거두었으며, 라스베이거스를 찾는 방문객 중에는 저렴한 객실만을 선호하는 것이 아니라, 고가시장도 존재하고 있다는 사실을 입증해 주었다. 벨라지오 호텔 카지노에는 유명 브랜드만 모아놓은 쇼핑센터와 음악의 선율에 맞춰 연출하는 '춤추는 분수대'(Dancing Fountains)는 새로운 명물거리로 등장했다. 또한 수중서커스인 O쇼도 유명한 공연으로 인기를 끌고 있다.

▲ Bellagio

▲ 춤추는 분수대

Venetian

1999년 5월에 건설된 Venetian Hotel & Casino는 이탈리아 베니스풍을 자아내며, 4,000실의 객실과 슬롯머신 3,000여 대, 그리고 테이블게임 120여 대를 보유하고 있다. 또한 베네시안 호텔 카지노는 2004년부터 마카오에서 대형 샌즈(Sands) 카지노와 베네시안 마카오를 운영하고 있다.

▲ 베네시안 카지노

자료: www.venetian.com

2. 유럽

유럽은 일찍부터 카지노가 발달한 지역이지만 미국과 같이 대규모 상업적 카지노로 발전하지 못하고, 비교적 소규모 게임시설에 엄격한 회원제로 관리・운영되어 왔다. 유럽에서 현재 인기 있는 카지노는 포커게임으로 공식적인 광고나 선전을 할 수 없기 때문에 포커대회를 통해 카지노를 홍보하고 있는 실정이다. 일부 동유럽 및 독립국가연합에서도 자유화의 물결을 타고 카지노를 도입하여 활성화하는 추세이다. 이들 국가는 새로운 정치형태와 시장경제체제로 전환하면서 달러의 필요성 때문에 카지노를 승인하는 추세이다.

1) 영국

1968년 카지노산업이 합법화된 이래 영국은 카지노 중심지 중의 하나로 부상했다. 현재 140여 개의 카지노를 운영하고 있으며, 이 중에서 런던에 가장 많이 있고, 나머지는 휴양 리조트나 공업도시 등에서 운영하고 있다. 영국 갬블링위원회(UKGC, United Kingdom Gambling Commission)는 영국의 게임산업을 감독하는 규제기관으로, 2005년 제정된 영국 갬블링법(Gambling Act)에 따라 설립된 독립적인 규제기관이다(https://www.gamblingcommission.gov.uk/). UKGC는 영국 내 모든 게임사업체에 대한 면허 발급 및 규제를 담당하고 있는데 여기에는 온라인 및 오프라인 카지노, 스포츠북(북메이커), 복권, 슬롯머신, 빙고장 등을 모두 포함한다. UKGC는 면허 보유자(라이선스 업체)로부터의 수수료와 국가복권(National Lottery) 기금에서 납부되는 부담금으로 운영자금을 조달한다. UKGC는 이용객 보호, 게임관련 범죄 차단, 공정하고 투명한 게임환경 조성을 목적으로 한다.

또한 2014년에는 2005년 갬블링법을 보완하여 Gambling(Licensing and Advertising) Act(2014)로 개정했는데, 이는 특히 해외에서 운영되는 온라인게임 사업자에 대한 규제를 강화하기 위한 목적이었다. 이 법에서는 해외 게임사이트도 영국 소비자를 대상으로 서비스를 제공하거나 광고를 하려면 영국 갬블링위원회의 라이선스를 받도록 하고 있다. 또한 책임도박, 미성년자 보호, 자금세탁 방지, 수익의 15%를 세금으로 부과하는 규정을 만들었다.

영국법에 따르면 카지노업체는 게임을 장려해서는 안 되며, 현존 수요만을 충족시키는 범위

내에서 허가된다. 카지노 입장은 만 18세 이상이어야 하며, 이를 확인하기 위해 신분증(운전면허증, 여권 등)을 제시해야 한다. 대부분의 영국 카지노는 멤버십 가입 없이도 입장이 가능하지만, 일부 카지노에서는 규정에 따라 신분 확인 및 고객 정보 확인을 위해 회원 가입을 요구할 수 있다. 가입 시 간단한 신청서 작성과 신분증 제출만 필요하며, 별도의 가입비나 추가 비용은 없다. 딜러 등 종사자 모두 갬블링위원회로부터 개인 라이선스를 받아야 한다.

영국은 인터넷 갬블링을 최초로 합법화한 국가로, 안정적이고 신뢰성 있는 인프라를 구축했다(이충기 · 이봉구, 2009). 전문가들은 인터넷 갬블링을 합법화하고 엄격하게 규제하여 청소년 접근금지를 위한 등록절차를 강화하고, 베팅 금액과 횟수를 제한하며, 크레딧카드 인증절차를 강화하고, 도박중독 예방 및 치유정보를 제공하며, 사업자에게는 공정한 게임 룰과 배당률을 유지하도록 규정하는 것이 바람직하다고 주장한다(이충기 · 이봉구, 2009). IT산업의 발전으로 인터넷 갬블링은 꾸준히 증가할 것으로 전망된다. 그러나 인터넷 갬블링의 합법화가 위와 같은 역기능을 최소화하는 장점이 있지만, 합법화로 인하여 도박중독자가 증가되고, 인터넷 갬블링의 특성상 더 많은 역기능을 가져올 수 있기 때문에 합법화에 대한 논란은 계속될 것이며, 인터넷 갬블링을 어떻게 건전하게 유도할 것인지가 주요 이슈로 부상할 것이다.

2) 오스트리아

현재 12개의 카지노가 온천이나 휴양지에서 운영되며, '카지노 오스트리아'라는 회사에서 독점권을 갖고 운영하고 있다. 또한 Casino Austria International이라는 자회사를 통해 전 세계 16개국에 걸쳐 40개 카지노를 운영하고 있다. 카지노 입장은 만 18세 이상이어야 하고, 신분증을 제시해야 한다. 일부 카지노에서는 입장 전 회원가입을 요구할 수 있으며, 복장은 스마트 캐주얼(Smart Casual)을 권장한다. 또한 도박중독자 양산을 막기 위해 월 8회 이상 카지노에 출입하는 자에게는 게임을 자제하도록 설득하는 법령을 마련해 놓았다.

3) 프랑스

프랑스의 카지노는 오랜 전통을 자랑한다. 비록 국제수준보다 낮은 소규모 업체가 대부분이지만, 현재 202개의 카지노가 운영되고 있다. 프랑스는 카지노가 성행하다가 수년 동안 침체상태에 놓여 있는 대표적인 나라이기도 하며, 12개의 유명 카지노업체가 전체 매출액의 60%를 차지한다. 1907년 카지노 관련법은 카지노영업을 온천이나 휴양지에 국한시켰으며, 지역에 따라

지역주민은 거주지에 속한 카지노에 출입이 금지되거나 제한될 수 있다.

프랑스 카지노에는 만 18세 이상부터 입장이 가능하며, 입장 시 신분증을 반드시 제시해야 한다. 대부분의 프랑스 카지노는 입장과 게임 이용을 위해 회원 가입을 요구한다. 프랑스 카지노는 대체로 스마트 캐주얼(Smart Casual) 복장 규정을 따르는데, 일부 고급 카지노는 더욱 엄격한 드레스 코드를 적용할 수 있다.

프랑스에서는 내무부에 게임감독권이 있으며, 경찰청 게임과에서 카지노를 규제한다. 또한 내무부 산하에 게임위원회를 두어 새로운 카지노의 허가 및 갱신에 대한 신청서를 심사한다. 이렇게 가장 오래된 전통을 가지고 있으면서 유명한 카지노가 없는 이유는 게임용 카드를 지정하고 칩스를 테이블에서 구입할 수 없도록 하는 등 정부의 규제가 강하기 때문인 것으로 판단된다.

4) 독일

독일의 카지노는 200년 이상의 역사를 자랑한다. 일찍이 바덴바덴과 비스바덴은 18세기 중엽부터 카지노게임시설이 설치된 도시이기도 하다. 현재 16개 주(州) 중 14개 주에 약 65개 카지노가 운영되고 있으며, 소유권은 완전 주정부 소유에서 개인소유에 이르기까지 다양하다.

독일 카지노에는 만 18세 이상부터 입장이 가능하며, 이를 위해 신분증을 확인한다. 대부분의 독일 카지노는 비교적 자유로운 복장 규정을 따르지만, 고급 카지노에서는 스마트 캐주얼(Smart Casual) 또는 비즈니스 캐주얼 복장이 권장된다. 그러나 일부 카지노에서는 반바지, 운동복, 모자 등의 착용을 제한할 수 있고, 회원 등록을 요구할 수 있다.

독일연방정부의 헌법이 카지노 허가권을 개별 주에 위임함에 따라 카지노 허가권은 각 주의 내무부에서 담당한다. 주정부의 회계감사관은 카지노운영에 어떤 변칙이 있는지를 감시하기 위해 카지노영업 시작에서 마감까지 상주한다. 허가기간은 최초 5년이며, 갱신한 경우 10년간 유효하다.

카지노업체는 매일 주정부에 세금을 납부해야 하는데, 만일 세금을 납부하지 않을 경우에는 납부할 때까지 영업을 할 수 없다. 매출액 중 80~92%를 세금으로 부과하기 때문에 카지노업체들은 적은 이익으로 카지노를 운영하고 있다. 다른 유럽 국가들과 같이 독일의 카지노도 주요 관광지인 온천지역에 위치한다. 바덴바덴 · 비스바덴 · 바드아첸과 같은 오래된 카지노는 우아한 디자인과 분위기로 유명하다. 특히 바덴바덴은 훌륭한 온천도시로 세계적인 명성을 얻었으며, 여기에 있는 궁전 스타일의 카지노는 유럽에서 가장 아름다운 카지노의 하나로 손꼽힌다. 1973년 개정된 독일법은 전통적인 휴양지 이외의 지역에도 카지노를 설립할 수 있도록 했으며, 1993

년에는 마그데부르크에 있는 엘베강에 선상 카지노를 승인했다. 독일 카지노는 사교장을 겸하고 있어 고급 식당과 바(Bar)를 반드시 설치해야 하며, 테이블게임과 머신게임을 별도 건물에 설치해야 한다.

5) 스페인

스페인에서 카지노가 처음으로 합법화된 것은 1977년이다. 그 후 스페인의 카지노산업은 성장과 발전을 계속하여 현재는 약 50개의 카지노가 운영중에 있다. 스페인 법에 따르면 인구 30만 명 이상인 도시에서는 카지노 설립이 금지되어 있다. 따라서 마드리드나 바르셀로나와 같이 게임참가자들을 유도할 수 있는 대도시 외곽지역 또는 휴양지나 옛 귀족의 성(城)과 같은 곳에 설립되었다.

스페인 카지노에는 만 18세 이상만 입장할 수 있으며, 입장 시 반드시 신분증을 제시해야 한다. 또한 카지노 입장 시 등록 또는 간단한 회원 가입이 필요할 수 있으며, 보통 스마트 캐주얼 복장을 요구한다. 그러나 대부분의 카지노에서 슬리퍼, 반바지, 운동복, 모자 등은 제한되며, 일부 고급 카지노에서는 더 엄격한 복장규정을 요구하기도 한다.

3. 아시아

아시아에서 카지노는 강한 종교적 이념과 도덕성 때문에 북미나 유럽에 비해 그다지 활성화되지 못했으나, 최근 들어 외래관광객 유치와 외화획득의 중요성 때문에 점점 활성화되는 추세이다. 마카오는 중국에 반환된 이후 제2의 라스베이거스로 발전하고 있으며, 싱가포르는 2개의 복합리조트를 건설하여 운영하고 있다. 이러한 복합리조트 개발은 우리나라(인천 영종도), 필리핀, 일본에도 영향을 미쳤다.

1) 중국 마카오

홍콩에서 서쪽으로 64km 정도 떨어진 곳에 위치한 작은 섬으로 포르투갈령에서 1999년 중국에 반환되었다. 마카오의 역사를 살펴보면 다음과 같다. 16세기경 포르투갈 해군이 중국 남해에 있는 해적을 격퇴하자 1557년 중국은 포르투갈에게 마카오를 그들의 교역중심지로 허락했는데,

이것이 중국에서 첫 번째 유럽식민지가 되었으며, 1680년 처음으로 총독을 파견하여 지배를 시작했다. 특히 마카오 해상은 수심이 얕아 범선의 출입이 매우 용이하여 1849년 포르투갈은 마카오를 자유무역항으로 선포하고 모든 마카오 영토를 점령했으며, 19세기 중엽까지는 동서무역의 중심지로 번창했다. 그러나 산업의 발달로 범선이 대형 동력선으로 교체되자 오히려 얕은 수심 때문에 동력선들이 부두에 정박할 수 없게 되었다. 이때부터 19세기 말경 교역의 중심지는 마카오에서 홍콩으로 이동하기 시작했다. 그 결과 마카오의 무역산업은 사양길로 접어들었고, 매춘과 마약이 난무하게 되었다.

마카오에서 카지노산업은 이러한 매춘과 마약을 일소하기 위해 도입되었다. 마카오에서 카지노산업이 발전하기 시작한 것은 1934년이었으며, 이때 후탁얌(Fu Tak Yam)의 타이킹(Tai King)사가 특허권을 받아 게임산업(카지노, 경마 및 경견장, 하이알라이[5])을 운영했다. 1962년 후탁얌이 사망하자 게임의 특허권은 마카오 출신 스탠리 호(Stanley Ho)에게 돌아갔으며, 그는 마카오에 유럽식 게임(룰렛 · 블랙잭)을 도입했고, 호텔을 건설하기 시작했다. 스탠리 호의 SJM사(마카오 여유오락유한공사<旅遊娛樂有限公司>)는 독점권을 갖고 운영했다.

1999년 마카오가 포르투갈령에서 중국으로 반환된 후 카지노산업을 자유화하게 되었는데, 그 이유는 경기침체, 정부의 낮은 통화기금(예비기금), 마카오 카지노산업의 경쟁력 약화, 그리고 1국가 2체제(One-country-two system) 정책에 대한 국민들의 확신을 강화하기 위해서였다. 2004년에는 샌즈(Sands) 카지노가 개장되었는데, 이는 마카오가 중국으로 반환된 후 최초의 라스베이거스식 카지노였다.

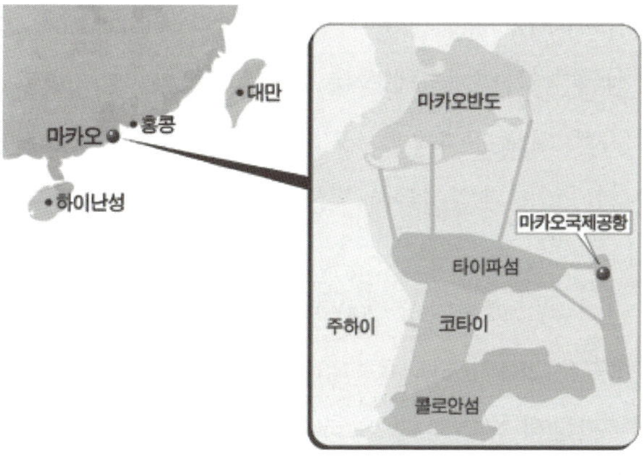

- 홍콩 64km, 광주(廣州) 145km에 위치
- 마카오의 총면적은 27.3km²(마카오반도 8.7km², 타이파섬 6.3km², 콜로안섬 7.6 km², 코타이 4.7km²)로 여의도의 약 3배 크기
- 인구수는 약 70만 명
- 96%는 중국인

[그림 2-4] 마카오 개요

5 하이알라이(Jai Alai)는 스페인 · 중남미에서 유행한 핸드볼과 유사한 실내 공놀이를 의미함.

[표 2-6] 마카오의 카지노 수

CONCESSIONAIRES	2020	2021	2022	2023	2024
S.J.M.	22	23	13	13	13
Galaxy Casino, S.A.	6	6	4	4	4
Venetian Macau, S.A.	5	5	5	5	5
Wynn Resorts(Macau) S.A.	2	2	2	2	2
Melco Crown(Macau) S.A.	4	4	4	4	4
MGM Grand Paradise, S.A.	2	2	2	2	2
Total	41	42	30	30	30

주: S.A.는 Sociedad Anonima의 약자로 유한회사라는 뜻임. 위성카지노(Satellite Casino)는 11개
자료: https://www.dicj.gov.mo/web/en/information/DadosEstat/2024/content.html#n5

한편 마카오 카지노의 License 시스템은 최초의 카지노사업자(1차 영업권자)가 마카오정부의 동의하에 다른 사업자(2차 영업권자)에게 라이선스를 부여할 수 있는 Sub-license System을 갖고 있다. 마카오에서 카지노를 운영하는 1차 영업권자는 3개소(SJM Holdings, Galaxy Entertainment, Wynn Macau), 2차 영업권자는 MGM China, Sands China, Melco Resorts로 모두 6개 업체이며, 이들이 운영하는 카지노는 2024년 현재 총 30개로 이 중에서 SJM사가 가장 많은 13개를 보유하고 있다. 카지노 수가 과거에 비해 줄어든 것은 위성카지노(Satellite casino) 수가 줄었기 때문이다. 한편 이들 미국자본 카지노업체들은 기존 VIP 영업 위주에서 벗어나 가족동반객을 포함한 대중관광객들을 유치하기 위한 대규모 투자로 카지노시설 이외에도 쇼핑센터와 곤돌라 등 가족들이 즐길 수 있는 시설들을 갖추고 있다.

마카오의 게임세 시스템은 특별게임세(Special Gaming Tax), 특별부담금(Special Levies), 연간 게임수수료(Annual Gaming Premiums)로 구성된다. 특별게임세는 총 게임수입의 35%, 특별부담금은 총 게임수입의 2%에 해당하는 공공기금(사회, 경제, 문화개발), 3%에 해당하는 추가세금(도시개발, 관광진흥, 사회보장)을 부과한다. 또한 이러한 40% 게임세와는 별도로 연간 고정 및 변동 수수료(영업권, 테이블게임, 머신게임)를 부과한다.

한편, 마카오의 카지노 매출액은 2006년에 라스베이거스, 2008년에는 네바다주 전체의 매출액을 추월했다. 2024년 마카오의 카지노 매출은 284억 달러로, 네바다주 매출액(156억 달러)의 약 1.8배에 달한다. 2024년 마카오를 방문한 관광객 수는 34,928,650명으로 나타났으며, 이 중에서 중국 본토 관광객이 약 2,449만 명으로 가장 많이 방문했고, 이어서 홍콩이 약 718만 명으로 2위를 차지했다(Macao Tourism Data plus). 다음으로는 대만, 필리핀, 한국, 인도네시아, 말레이시아, 미국, 태국, 일본의 순으로 나타났다.

[표 2-7] 마카오의 주요 카지노업체 및 게임종류별 현황

카지노명	카지노시설	기타 특징
리스보아 (Lisboa)	• 슬롯머신: 107대 • 테이블게임: 146대 • 객실: 927실 • 카지노면적: 17,642m^2	• 1970년에 개장된 Stanley Ho의 대표 카지노 • 다수의 VIP실이 있으며, 일부는 전문모집인에게 임대해줌.
샌즈 (Sands)	• 슬롯머신: 1,390대 • 테이블게임: 1,550대 • 객실: 289실 • 카지노면적: 21,275m^2	• 2004년 5월 개장 • 최초의 라스베이거스 스타일 카지노 • 입장객 수: 1일 45,000명
베네시안 (Venetian)	• 슬롯머신: 3,400대 • 테이블게임: 800대 • 객실: 3,000실 • 카지노면적: 51,000m^2	• 세계 최대의 카지노 • 곤돌라, 쇼핑센터 • 실내체육관
윈 마카오 (Wynn Macau)	• 슬롯머신: 884대 • 테이블게임: 465대 • 객실: 1,008실 • 카지노면적: 19,000m^2	• 2006년 9월 개장 • 춤추는 분수대 • 명품쇼핑센터
엠지엠 그랜드 (MGM Grand)	• 슬롯머신: 1,271대 • 테이블게임: 424대 • 객실: 1,008실 • 카지노면적: 20,620m^2	• 2007년 12월 개장 • 미국 MGM과 Stanley Ho의 딸 Pansy Ho의 50 : 50 공동투자
갤럭시 마카오 (Galaxy Macau)	• 슬롯머신: 1,900대 • 테이블게임: 600대 • 객실: 3,800실 • 카지노면적: 39,019m^2	• 2011년 5월 개장 • 리츠칼튼, 반얀트리, JW 메리어트 등 6개의 최고급 호텔들로 3,800개의 객실 보유 • 전 세계 카지노매출액 1위
시티 오브 드림스 (City of Dreams Macau)	• 슬롯머신: 1,707대 • 테이블게임: 485대 • 객실: 2,189실 • 카지노면적: 39,000m^2	• 2009년 6월 • House of Dancing Water • 호텔: Nüwa, Grand Hyatt Macau, Countdown(Hard Rock), Morpheus
파리지엥 (Parisian Macao)	• 슬롯머신: 2,500대 • 테이블게임: 450대 • 객실: 3,000실 • 카지노면적: 12,550m^2	• 2016년 9월 • 랜드마크: 에펠탑 • 극장(1,200석) • 실내외 풀, 워터파크
윈 팰리스 코타이 (Wynn Palace Cotai)	• 슬롯머신: 1,145대 • 테이블게임: 350대 • 객실: 1,706실 • 카지노면적: 43,500m^2	• 2016년 8월 • 호수와 케이블카 • 극장(1,200석) • 50여 개 럭셔리 브랜드 매장

자료: www.casinocity.com; https://en.wikipedia.org

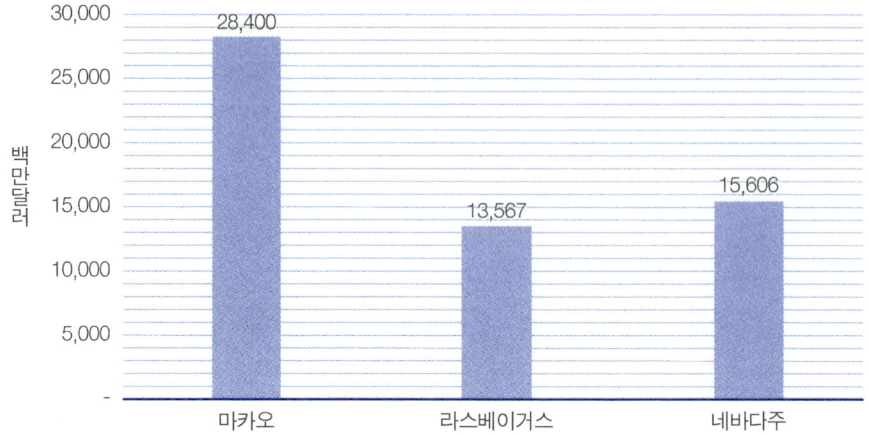

자료: Statista, https://www.statista.com/statistics/253755/gross-revenue-from-gaming-and-gambling-in-macao/
https://www.statista.com/statistics/187926/gross-gaming-revenue-by-state-us/
https://gaming.nv.gov/uploadedFiles/gamingnvgov/content/about/quart-statistical/2024Dec-qsi.pdf

[그림 2-5] 마카오 카지노 매출액

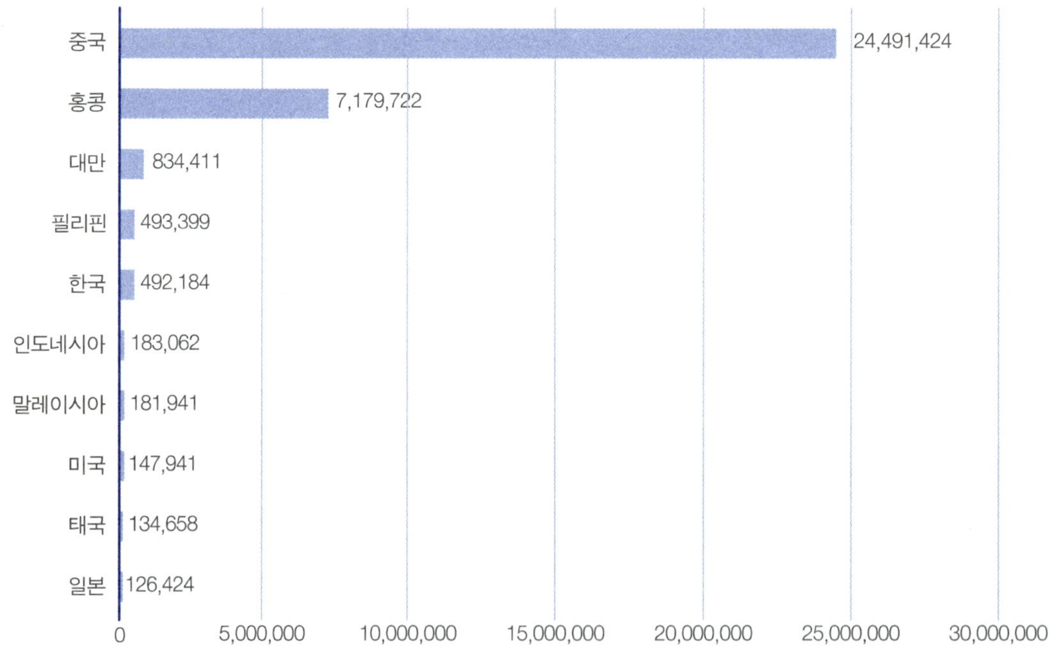

자료: Macao Tourism Data plus,
https://dataplus.macaotourism.gov.mo/Publication/Report/TopTenVisitorSourceMarkets?year=2025&month=5&lang=E

[그림 2-6] 마카오의 주요 10개국 관광객

마카오의 주요 카지노업체

샌즈(Sands Macao)

샌즈는 2004년 5월에 개장한 마카오 최초의 라스베이거스 스타일 카지노로 Las Vegas Sands Corporation에서 개발했다. 역사적으로는 마카오 최초의 대형 외국 투자 카지노이며, Las Vegas Sands 그룹의 첫 해외 진출작이다.

카지노 면적은 21만 2천ft^2(19,700m^2)이며, 객실은 289개의 스위트룸이다. 게임 공간은 대중형부터 VIP, Premium 고객용까지 갖추고 있다. 카지노 실내 분위기는 기존의 전통적인 어두운 분위기와는 달리 마치 비치가에 온 것과 같은 산뜻한 분위기로 단장했다.

리스보아(Lisboa Casino)

1970년 스탠리 호(Stanley Ho) 등 재벌이 설립한 STDM(관광오락유한회사) 소유로 중국 전통적인 카지노 분위기를 그대로 유지하고 있다.

그랜드 리스보아(Grand Lisboa Casino)

2006년에는 기존 단지 바로 옆에 '그랜드 리스보아(Grand Lisboa)'가 추가로 신축되었으며, 이에 따라 2010년 기준 호텔 리스보아는 총 2,362개의 객실을 보유하게 되었다. 이 확장은 바로 옆에 새롭게 문을 연 윈 마카오(Wynn Macau)와의 경쟁 차원에서 진행된 것이기도 하다. 테이블 게임은 800대, 슬롯머신은 1,000대를 보유하고 있다.

(출처: https://en.wikipedia.org/ wiki/Casino_Lisboa_(Macau))

그랜드 리스보아 호텔은 SJM 리조트 유한회사(SJM Resorts, Limited)가 소유하고 있으며, 연꽃을 형상화한 260미터 높이의 독창적인 초고층 건물로 마카오의 스카이라인을 대표하는 명소이다. 호텔 로비에는 세계에서 가장 큰 쿠션 컷 다이아몬드인 '스탠리 호의 별'(The Star of Stanley Ho)이 전시되어 있는데 이 다이아몬드는 218.08캐럿(43.62g)의 무게를 지니며, 미국 보석학회(GIA)로부터 무결점 내부(D 컬러), 최고 수준의 광택과 대칭성을 인정받은 보석이다. 이는 SJM이 고객에게 궁극의 럭셔리함을 제공하겠다는 약속을 상징적으로 보여준다.

(출처: https://www. grandlisboa.com/en/about-us)

베네시안(Venetian Macao)

베네시안은 코타이 스트립(Cotai Strip)에 위치하고 있으며, 2007년 8월에 개장된 세계 최대 규모를 자랑한 복합리조트이다. 베네시안은 미국 라스베이거스 샌즈(Las Vegas Sands) 그룹이 소유하고 있는데, 총 면적이 98만m^2(1,050만ft^2)에 달하는 39층의 건물로 이탈리아 베네치아(Venice)를 테마로 한 건축이다. 호텔 객실은 3,000실로 모두 스위트룸이다.

카지노 면적은 51,000m^2이며, 테이블게임 800대, 슬롯머신 3,400대를 갖추고 있다. 엔터테인먼트로는 코타이 아레나(Cotai Arena, 15,000석 규모)에서 콘서트, 스포츠 경기, 대형 쇼를 개최한다. 또한 관광객들에게 인기 있는 인공 하늘이 있는 실내 운하와 곤돌라, 300개 이상의 고급 브랜드 쇼핑센터, 다양한 글로벌 레스토랑을 운영한다.

(출처: https://en.wikipedia.org/wiki/The_ Venetian_Macao).

▌시티 오브 드림스(City of Dreams Macao)

시티 오브 드림즈는 2009년 6월에 개장했고, 마카오의 코타이 스트립(Cotai Strip)에 위치하고 있으며, Melco Crown Entertainment가 운영하고 있다. 이 리조트에서 가장 눈에 띄는 것은 바로 각기 다른 특색을 가진 호텔들과 공연장(House of Dancing Water)이다. 우선 호텔로는 건축계의 거장 자하 하디드(Zaha Hadid) 여사가 설계한 세계 최초의 자유형태 외골격 구조 건물인 'Morpheus'(772실), 포브스 5성급 호텔 및 스파 어워드를 수상한 'Nüwa'(300실), 세계적으로 명성이 자자한 'Grand Hyatt Macau'(800실), 곧 개장을 앞두고 감각과 상상력을 자극할 '더 리버틴'(The Libertine)이 포함된다.

(출처: https://www.cityofdreamsmacau.com/kr/about-city-dreams).

평생 꼭 한번 보아야 할 워터쇼, House of Dancing Water(2,000석 규모의 극장). 이 쇼를 설명하면 용감한 이방인이 어둠의 여왕에게 잡혀 있는 애니 공주를 구출하기 위해 신비한 왕국에 우연히 발을 들여 놓는다. 이 열정적인 로맨스와 용기의 이야기에서 물은 두 사람을 이

어준다. 장엄한 공연장에서 매혹적이고 드라마틱한 이야기뿐만 아니라 뛰어난 공중 곡예와 최첨단 기술을 선보이며, 수중 엔터테인먼트의 새로운 글로벌 표준을 보여준다.

(출처: https://cityofdreamsmacau.com)

▌윈 팰리스 코타이(Wynn Palace Cotai)

윈 팰리스는 마카오의 코타이 스트립(Cotai Strip)에 위치하고 있으며, 2016년 8월에 개장했다. 28층 규모의 고급 호텔에는 총 1,706개의 객실, 스위트, 빌라가 있으며, 회의장, 약 9,800m^2(약 10만 6천ft^2)의 고급 리테일 공간, 13개의 캐주얼 및 고급 레스토랑, 마카오 최대 규모의 스파, 살롱, 수영장, 그리고 약 39,400m^2(약 42만 4천ft^2)의 카지노 공간을 갖추고 있다.

3.2헥타르(8에이커) 규모의 퍼포먼스 레이크(Performance Lake)에서는 음악과 조명, 분수쇼가 조화를 이루는 공연이 펼쳐지며, 스카이캡(SkyCab)이라는 공중 곤돌라가 호수를 가로질러 운영되고 있다. 즉, 외부에서 스카이캡이라는 케이블카를 타고 호수가를 거쳐 카지노로 들어갈 수 있는데, 이는 마카오의 Non-gaming 정책을 추구하는데 일조하고 있다.

(출처: https://en.wikipedia. org/wiki/Wynn_Palace)

▌갤럭시(Galaxy Macau)

갤럭시는 코타이 스트립(Cotai Strip)에 위치하고 있으며, 2011년 5월 1단계 개발을 통해 공식 개장했다. 3개의 최고급 호텔 브랜드인 Banyan Tree Hotels and Resorts, Okura Hotels & Resorts, Galaxy Hotel에 2,200개 이상의 객실, 스위트, 빌라가 마련되어 있으며, 50개 이상의 식음료 매장을 갖추고 있다. 또한 52,000m^2 규모의 울창한 정원과 4,000m^2 규모의 세계 최대의 스카이톱 웨이브 풀(Skytop Wave Pool)이 조성되어 있다.

2015년 5월 2단계 확장을 통해 마카오 유일의 6개 세계적 호텔 브랜드를 보유한 리조트가 되었는데 여기에는 Ritz-Carlton(스위트룸 250실), JW Marriott(1,000실), Broadway Hotel(320실)

을 포함한다. 레스토랑, 바, 라운지를 포함한 식음료 시설은 총 120여 개로 확장되었고, 이 중 미쉐린급 레스토랑 8곳이 포함되어 있으며, 200개 이상의 고급 브랜드 매장을 갖추고 있다. 갤럭시의 Grand Resort Deck는 새롭게 추가된 Skytop Adventure를 포함하고 있으며, 여기에는 아시아풍 테마정원, 스카이톱 웨이브 풀, 백사장 등 수상시설을 제공한다.
(출처: https://www.linkedin. com/company/galaxymacau)

코로나-19 이전 대부분의 중국관광객들은 인근 주해시와 마카오를 잇는 다리를 통해 입국하며, 그 밖의 관광객들은 홍콩-마카오 간 페리보트, 최근 건설된 홍콩-주하이-마카오 대교, 항공기 등을 이용하는 것으로 나타났다. 방문목적은 대부분 휴가나 카지노게임이며, 일부는 비즈니스나 회의목적, 친지방문 등으로 나타났다.

한편 마카오와 주해시 간 거리는 자동차로 5~10분 정도 소요되므로 주해와 마카오를 연계한 관광상품도 인기를 끌고 있는데, 가령 주해시에서 골프를 치고 마카오에서 카지노를 이용하는 관광상품을 예로 들 수 있다. 이처럼 주해시는 마카오 카지노산업 개발 붐의 가장 큰 수혜지역으로, 마카오보다 상대적으로 땅값이 저렴하고 개발부지가 많아 국토가 좁은 마카오를 대신할 새로운 개발지로 부상하고 있다.

2014년부터 이어지고 있는 중국정부의 부패와의 전쟁으로 매출이 크게 감소한 마카오 카지노 업체들은 카지노 중심에서 가족형 리조트인 복합리조트 카지노로 변신을 시도하고 있는데, 2016년 새로 개장한 Wynn Palace의 케이블카와 인공호수가 좋은 사례라고 할 수 있다. 또한 마카오 정부는 게임도시에서 엔터테인먼트 시티라는 이미지로 변신하기 위해 Non-gaming 부문을 강화하는 카지노정책을 실행하고 있다.

한편 마카오의 주요 관광지로는 성 바오로 성당(Ruins of St. Paul's)이 있으며, 이는 마카오의 대표적인 역사 유산 중 하나로 2005년 유네스코 세계문화유산으로 등재되었다. 성 바오로 성당은 마카오가 포르투갈 식민지였던 시기에 예수회 선교사들이 건립했으며, 유럽 르네상스 양식과 동양적 요소가 결합된 동서양 혼합 양식이다. 1835년 태풍 중 발생한 화재로 성당 대부분이 소실되었고, 현재는 성당 정면 파사드(정면 벽)와 지하 유적만 남아 있다. 정면 파사드(5층 구조의 석조)에는 정교한 부조와 조각이 새겨져 있는데, 여기에는 기독교 상징(성모 마리아, 천사, 십자가 등)과 동아시아 및 포르투갈 상징(용, 해양 무기 등)을 포함한다. 과거 서양 선원들이 이곳을 오가며 성당에서 안전을 기원하면서 기도했다는 이야기도 있다. 현재는 이곳은 마카오의 중요한 관광 명소로 수많은 관광객들이 찾는 필수 관광 코스가 되었다.

또한 마카오의 콜로안 빌리지(Coloane Village)에는 에그타르트(Egg Tart)의 원조가 있어 마카오를 방문하는 관광객들이 꼭 맛보는 디저트 중 하나로 인기가 있다. 에그타르트의 기원은 포르투갈 '파스텔 드 나타'(Pastel de Nata)로 19세기 리스본의 제로니무스 수도원(Mosteiro dos Jeró nimos)에서 수녀들이 남은 달걀노른자와 설탕으로 만든 것이 시작이었다고 한다. 이는 마카오가 포르투갈 식민지였던 시기에 전해졌으며, 현재 에그타르트는 영국 약사 출신의 앤드루 스토우(Andrew Stow)가 마카오에 정착하면서 제과점(Lord Stow's Bakery)을 열어 포르투갈식 에그타르트를 현지인의 입맛에 맞게 개량한 데서 시작되었다고 한다.

2) 필리핀

필리핀은 7,000개 이상의 섬으로 이루어진 군도이다. 일찍이 스페인과 미국의 식민지로 있을 때부터 닭싸움 · 경마 · 복권 · 카지노 등이 불법적으로 성행했었다. 1946년 독립 이후에도 불법적인 게임은 계속되었고, 종종 타락한 지방관리의 비호 아래 운영되었다. 이러한 불법게임은 페르난드 마르코스 대통령이 집권하는 동안에도 계속되었다. 그러나 1972년 마르코스 대통령은 계엄령을 선포하여 이에 위배되는 마닐라의 28개 카지노를 폐쇄시켰다. 1977년 그는 카지노가 정부의 허가를 받아 운영될 수 있다고 선언했다.

정부는 모든 게임활동을 규제하기 위해 필리핀오락게임공사(PAGCOR: Philippine Amusement & Gaming Corporation)를 설립했고, 카지노를 운영하기 위해 마카오의 스탠리 호를 끌어들였다. 그 후 카지노는 마르코스 대통령의 비호 아래 운영되었고, 게임수입에 대한 의혹이 나타나기 시작했다. 1986년 2월 마르코스 대통령이 망명한 후 코라손 아키노 정부에서는 모든 종류의 게임을 반대하는 캠페인을 벌였으며, 가톨릭교회 내부의 지지자들도 도덕적 측면에서 이 캠페인을 지지했다. 모든 카지노는 폐쇄되었으나 아키노 정부는 계속되는 재정위기로 특정사업을 통해 돈을 벌어들일 필요성을 느끼기 시작했고, 정부의 재정적자를 메워줄 사업으로 카지노를 다시 부활시켰다.

카지노게임에 대한 엄청난 수요를 고려해볼 때, 카지노를 정부가 직접 운영할 경우 세수를

자료: https://www.newportworldresorts.com/node/266/

▲Newport World Resorts

▲City of Dreams Manila

▲Solaire Resort & Casino

▲OKADA Manila

극대화할 수 있을 것으로 결론지었다. 또한 정부가 카지노를 직영할 경우 부패에 대한 비난은 거의 없을 것으로 판단했다. 가톨릭교회에서도 카지노에 대한 정부의 관여는 게임에 대한 공정성·정직성을 확보하고 효율적인 통제력을 행사할 수 있을 것으로 판단했다. 이에 따라 아키노 정부는 PAGCOR의 새로운 이사회를 구성했고, PAGCOR는 카지노를 소유하고 운영할 권한을 갖는 국영기업체가 되었다. 현재 PAGCOR는 카지노와 클럽뿐만 아니라 스포츠 및 레크리에이션 시설 등을 소유하여 운영하고 있다.

대부분의 카지노는 PAGCOR에서 직영하고 있는데, 2008년에 민간업자에게 카지노 라이선스를 부여한 후 2009년 Resorts World Manila(RWM)가 개장했다. 그러나 2022년 Newport World Resorts로 바뀌었으며, 이 복합리조트에는 카지노뿐만 아니라, 7개의 호텔(Marriott Hotel Manila, Holiday Inn Express, Belmont Hotel Manila, Savoy Hotel Manila, Hilton Hotel Manila, Sheraton Manila Hotel, Hotel Okura Manila), 컨벤션센터, 공연예술극장, 50개의 레스토랑, 쇼핑센터, 몰(Mall) 등이 있다.

필리핀은 마닐라 해안매립지에 Entertainment City를 계획했고, 그 계획의 일환으로 2013년 Solaire Resort & Casino가 처음 개장되었는데, 이 복합리조트는 800개의 객실에 360대의 테이블게임과 1,620대의 슬롯머신, 그리고 1,740석 규모의 극장을 갖추고 있다. 이 복합리조트는 해변가에 위치해 있으며, 필리핀에서는 규모가 가장 크고 고급스럽다. 2015년에는 City of Dreams Manila가 개장되었는데, 이 카지노는 호주의 Melco Crown사 소유로 365대의 테이블게임과 1,680대의 머신게임을 운영하고 있다. 2016년에는 OKADA Manila가 개장되었는데, 이 복합리조트는 993개의 객실에 500대의 테이블게임과 500대의 슬롯머신(전자게임)을 갖추고 있으며, 대규모 인공호수에서 공연을 하고 있다. 또한 필리핀은 Parañaque City에 추가적인 엔터테인먼트 시티 개발을 추진 중이다. 그 일환으로 Suntrust의 마닐라 호텔 & 카지노 개발이 진행중인데, 완공된다면 마닐라의 Entertainment City에 이어 다섯 번째 복합리조트가 될 것이다. 필리핀 마닐라에 위치한 이들 복합리조트의 특징을 살펴보면, 과거 VIP Market 중심에서 Premium Mass Market 중심으로 변화하고 있다는 것을 알 수 있다.

필리핀에서 카지노산업의 수익금은 도로・학교・병원 등 주요 사회간접자본시설 등의 건설에 쓰인다. 또한 시공무원 급여, 지방학교 어린이들의 교과서 구입, 지방정부 병원의 의료시설 및 약품구입 비용으로도 쓰인다. 그 외에도 PAGCOR의 수입은 시골지역에 식수를 공급하거나 정부의 에너지개발계획을 보조하는 등 필리핀의 문화발전기금으로 쓰이기도 한다. 또한 전문모집인에게 VIP실을 임대해 줌으로써 외국인 카지노 수요 및 임대료 수입을 증가시키고 있다. 카지노 영업수입의 약 95% 중에서 50%는 입장료수입과 함께 정부수입으로 재무성에 납부되고 있다. 위의 재무성 납부금과 자체운영비(25~30%)를 제외한 나머지 영업수입은 스포츠위원회, 카지노 운영도시의 문화예술진흥기금, 자선기금, 사회복지기금 등에 지출된다.

3) 말레이시아

말레이시아에서는 한 개의 카지노만 허가하고 있는데, 리조트월드겐팅(Resorts World Genting) 카지노가 바로 그곳이다. 1965년 림고동(Lim Goh Tong) 회장이 그의 친구인 하지 모하메드 노아빈 오마르(Haji Mohamed Noahbin Omar)와 함께 겐팅하일랜드 베르하드(Genting Highlands Berhad)를 설립하여 겐팅하일랜드 리조트(현재는 리조트월드겐팅으로 명칭이 변경됨)를 건설하기 시작했다. 리조트월드겐팅은 1억 년 전 생긴 밀림에 위치하고 있는 해발 1,800m, 면적은 1만 2천 acres(약 1,469만 평), 지상에서 정상까지의 도로 길이는 약 25km로 세계에서 가장 높은 곳에 위치한 리조트단지이다. 말레이시아 최초 수상이었던 툰쿠 압둘 라만(Tunku Abdule Rahman)은 당시 거대한 프로젝트의 개발을 촉진하기 위해 처음으로 리조트월드겐팅에 카지노를 허가했으며, 초기에는 우리나라 파라다이스 워커힐 카지노에서 운영해준 적이 있다.

리조트월드겐팅에는 연간 최고 2,000만 명까지 방문한 적이 있으나, 주요 표적시장인 싱가포르에 2개의 복합리조트가 개장하면서 방문객 수가 점점 줄어들고 있다. 실내외 테마파크가 있으며, 총 9개 호텔을 보유하고 있다.

세계에서 두 번째로 긴 케이블카(3.4km)가 정상까지 설치되었으며, 100여 대의 케이블카를 운행하고 있다. 이는 정상까지 오르내리면서 발생하는 자동차 사고를 예방하기 위해 새로이 설치했다. 또한 케이블카를 설치함으로써 매연을 줄이고 새로운 관광매력물을 제공하는 계기가 되었다.

말레이시아에서 유일하게 리조트월드겐팅에 카지노를 허가한 것은 리조트건설에 필요한 자금흐름을 촉진하기 위해서였다. 리조트월드겐팅 카지노는 해외 카지노를 계획하거나 경영해주는 회사이기도 하다. 필리핀 경제특구인 수빅(Subic)만에 해외 카지노를 운영한 경험이 있고, 호주에서 가장 큰 Burswood Casino를 계획하고 경영해준 경험이 있으며, 미국 코네티컷주의 인디언 카지노인 Foxwoods 카지노를 계획하고 컨설팅을 제공해준 경험이 있다.

또한 리조트를 운영하는 겐팅그룹은 세계에서 세 번째로 큰 크루즈산업(Star Cruise)을 운영하고 있으며, 우리나라 금강산유람선도 이 회사에서 구입 및 임대해 운영한 적이 있다. 2006년에 싱가포르정부로부터 카지노 허가권을 부여받아 2010년부터 센토사섬(Sentosa Island)에 Resorts World Sentosa 카지노를 운영 중이다.

최근에는 Sky Avenue란 새로운 건물을 건설하여 카지노장뿐만 아니라 레스토랑·쇼핑센터 등 다양한 시설들을 운영하고 있다. 이는 기존에 있는 시설들이 노후화되어 새로운 건물에 최근 추세를 반영하기 위해 다양한 Attraction과 함께 새로운 카지노장을 제공한 것으로 판단된다. 또한 과거에 건설된 낡은 야외 테마파크를 없애고, 새로운 Genting SkyWorlds 테마파크를 건설했다.

▲리조트월드겐팅

▲밀림지역을 다니는 케이블카

리조트월드겐팅에는 겐팅카지노와 스카이카지노가 있다. 두 곳 모두 내국인과 외국인 출입이 가능하지만, 내국인 가운데 이슬람교도(Muslims)는 출입이 불가하다. 예전에는 내국입 입장시 200링기트(약 6만 원)를 예치하게 하였는데 지금은 폐지되었고, 다소 까다로웠던 복장규범도 많이 풀어져서 이제는 반팔과 반바지를 착용해도 일반영업장에는 출입이 가능하게 되었다. 하지만 카메라 및 사진촬영을 할 수 있는 스마트폰은 반입이 불가하며, 선글라스와 모자 착용도 허용되지 않는다. 스카이카지노는 새로 개장한 카지노로 1·2층은 일반카지노이고, 3층은 VIP카지노로 운영이 되고 있다.

리조트월드겐팅에서는 수익의 사회환원 차원에서 여러 가지 사회사업을 벌인다. 예를 들면, 축구협회·하키연맹·배구협회와 같은 스포츠단체를 협찬해주며, 여러 자선기관에도 기금을 전달하고 있다. 그 밖에도 교육 및 리서치기관을 지원해주고, 정규적으로 불우한 어린이들을 리조트월드겐팅에 초청하여 숙식과 시설을 무료로 제공한다.

앞서 설명했듯이, 리조트월드겐팅의 주요 표적시장인 싱가포르에 복합리조트가 개장하면서 이용객이 감소하고 있다. 그러나 겐팅그룹은 싱가포르에서 허가한 2개 복합리조트 중의 하나인 Resorts World Sentosa를 운영하고 있어서 말레이시아에 있는 리조트월드겐팅의 감소분을 만회할 것으로 판단된다. 또한 겐팅그룹은 뉴욕시에 있는 유일한 슬롯머신과 전자 테이블게임 전용 카지노인 Resorts World New York을 운영하고 있으며, 2018년에는 뉴욕주 Catskills에 테이블 112대, 머신 2,150대 규모의 카지노인 Resorts World Catskills를 운영 중에 있다. 또한 2021

▲Sky Avenue & Casino

▲Genting SkyWorlds
(https://www.rwgenting.com)

[표 2-8] 리조트월드겐팅의 시설 현황

시설	종류
호텔 (9개)	• Crockfords • Genting Grand • Highlands Hotel • Resort Hotel • Genting SkyWorlds Hotel • First World Hotel • Resorts World Awana • Resorts World Kijal • Resorts World Langkawi
테마파크	• Skytropolis Indoor Theme Park • Genting SkyWorlds Theme Park
골프장	• Awana Genting Highlands Golf & Country Resort
카지노	• 겐팅카지노 • 스카이카지노
기타	• Attraction(Awana Skyway) • 외국인 및 내국인 입장가능(단, 내국인 중 이슬람교인은 출입금지) • 24시간 운영

자료: https://www.rwgenting.com/

년 6월에는 라스베이거스에 43억 달러(약 5조 원)를 투자하여 3,500여 객실, 117개의 테이블게임, 1,400여 대의 슬롯머신을 구비한 Resorts World, Las Vegas를 개장하여 명실공히 아시아 최고의 카지노 운영 회사임을 입증했다.

4) 싱가포르

싱가포르가 복합리조트를 허가하게 된 배경을 설명하면 다음과 같다. 싱가포르의 핵심산업은 관광임에도 불구하고 새로운 매력거리가 부족하고, 특히 마카오에 라스베이거스 스타일의 대형 카지노들이 개장됨에 따라 싱가포르 관광산업의 경쟁력은 갈수록 잃어가고 있었다. 이러한 상황에서 싱가포르정부는 카지노가 싱가포르의 이미지를 변화시키고, 새로운 관광매력물로 외래관광객을 유치할 수 있다고 판단하였다. 이에 따라 싱가포르는 40년간 유지해온 카지노 금지를 철폐하고, 2006년 새로운 카지노규제법(Casino Control Act)을 통과시켜 카지노를 허가하기 위한 근거법을 만들었다. 이를 통해 2개의 복합리조트를 허가하기에 이르렀다.

이 중 한 곳은 말레이시아 겐팅 카지노에서 운영하는 리조트 월드 센토사(Resorts World Sentosa) 카지노로 미화 49억 달러(약 5조 6천억 원)가 투자되어 특급 호텔 4개(1,840실)와 테마파크인

Universal Studio가 운영되고 있다. 또한 워터파크, 박물관, 세계 최대의 아쿠아리움, 쇼핑센터, 컨벤션센터(7,300석)가 있다. 카지노면적은 약 15,000m^{2}로 500대의 테이블게임과 1,000대의 슬롯머신이 설치되어 있다.

다른 한 곳은 라스베이거스 샌즈사가 운영하는 마리나베이 샌즈(Marina Bay Sands) 카지노로 미화 58억 달러(약 6조 7천억 원)가 투자되었고, 우리나라 쌍용건설이 건설한 기울어진 55층 규모의 3개 호텔(2,560실)이 있으며, 컨벤션센터, 고급 레스토랑, Sky Park라 불리는 지붕 위에 위치한 150m 길이의 수영장・박물관・극장이 들어서 있다. 카지노면적은 전체 리조트면적의 약 3%에 해당하는 17,500m^{2}이며, 500대의 테이블게임과 1,600대의 슬롯머신이 설치되어 있다.

싱가포르정부는 자국민의 무분별한 카지노 출입을 제한하기 위해 자국민과 영주권을 소지한 고객에게 카지노 입장 시 S$150(한화 약 15만 원), 1년 회원권 S$3,000(한화 약 300만 원)을 부과하고 있다. 또한 카지노 내에는 ATM기기 설치를 금지하고, 카지노 출입가능 연령을 21세로 규정하고 있다. 2개의 허가받은 카지노에 설치할 수 있는 게임의 대수를 테이블 500대, 슬롯머신 1,600대로 제한했으며, 도박중독에 빠지거나 위험이 있다고 판단되는 고객들을 출입금지자 명단에 포함시키는 등 도박으로 인한 사회적 부작용을 최소화하고 있다.

▲마리나베이 샌즈 전경

▲마리나베이 샌즈의 Sky Park

▲리조트월드 센토사 전경

▲리조트월드 센토사의 유니버설 스튜디오

싱가포르의 카지노정책을 세 가지로 요약해보면 다음과 같다(이충기 · 황일도, 2010).

첫째, 단순한 카지노시설이 아닌 숙박시설, 컨벤션센터, 쇼핑센터, 레스토랑, 엔터테인먼트(테마파크 · 공연장) 등을 통합한 복합리조트의 개발을 선택했다는 점이다. 이를 통해 대규모 신규투자(한화 약 11조 원)를 유도하여 경제성장을 촉진시키고, 관광산업의 경쟁력을 강화시켜 새로운 비즈니스 및 가족관광객을 유치하는 촉매역할을 할 수 있었다.

둘째, 복합리조트를 건설할 우수한 기업을 유치하기 위해 법제도를 간소화하고, 기업에게 수익성을 보장하기 위해 2030년까지 2개의 카지노만 허용했다. 또한 총투자금액의 50%가 투자되었을 때 카지노 License를 받을 수 있으며, 갱신기간은 3년으로 규정하고 있다. 그러나 카지노를 관리 · 감독하는 갬블링규제위원회(Gambling Regulatory Authority)의 갱신 심사결과에 따라 기간이 단축될 수도 있다. 한 예로 2025년 2월에는 리조트 월드 센토사의 여행객 유치 실적의 저조함을 이유로 허가기간을 2년만 갱신해준 경우가 있다.

셋째, 내국인에 대한 사회적 부작용을 최소화하기 위해 카지노업체와 긴밀하게 협조했다는 점이다. 가령, 마리나베이 샌즈는 직원과 고객의 도박중독을 예방하기 위해 전문기관(하버드의과대학)과 건전게임 프로그램을 개발하여 실행하고 있다.

싱가포르 외래관광객 수는 복합리조트가 개장되기 전인 2009년에는 약 968만 명, 복합리조트

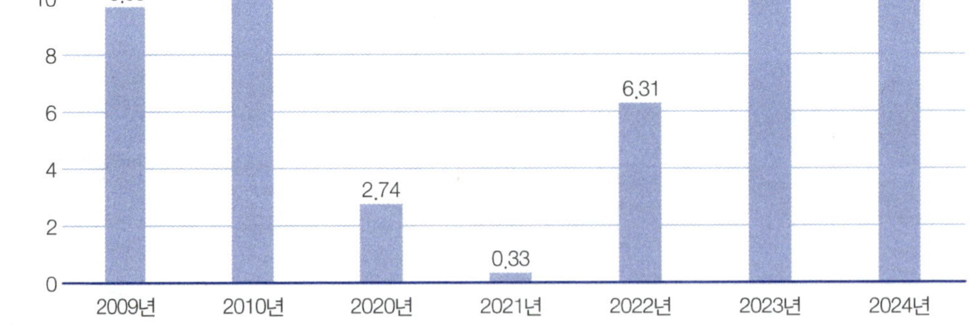

자료: https://stan.stb.gov.sg/public/sense/app/877a079c-e05f-4871-8d87-8e6cc1963b02/sheet/3df3802e-2e5b-4c79-950d-d7265c4c07a9/state/analysis

[그림 2-7] 싱가포르 외래관광객 추이

가 개장된 2010년에는 약 1,164만 명으로 전년 대비 20.2%가 증가했으며, 2024년에는 약 1,653만 명으로 증가했다(Singapore Tourism Analytics Network).

국적별로는 중국이 가장 많고, 다음으로는 인도네시아, 인도, 말레이시아, 호주, 필리핀, 미국, 한국의 순이다.

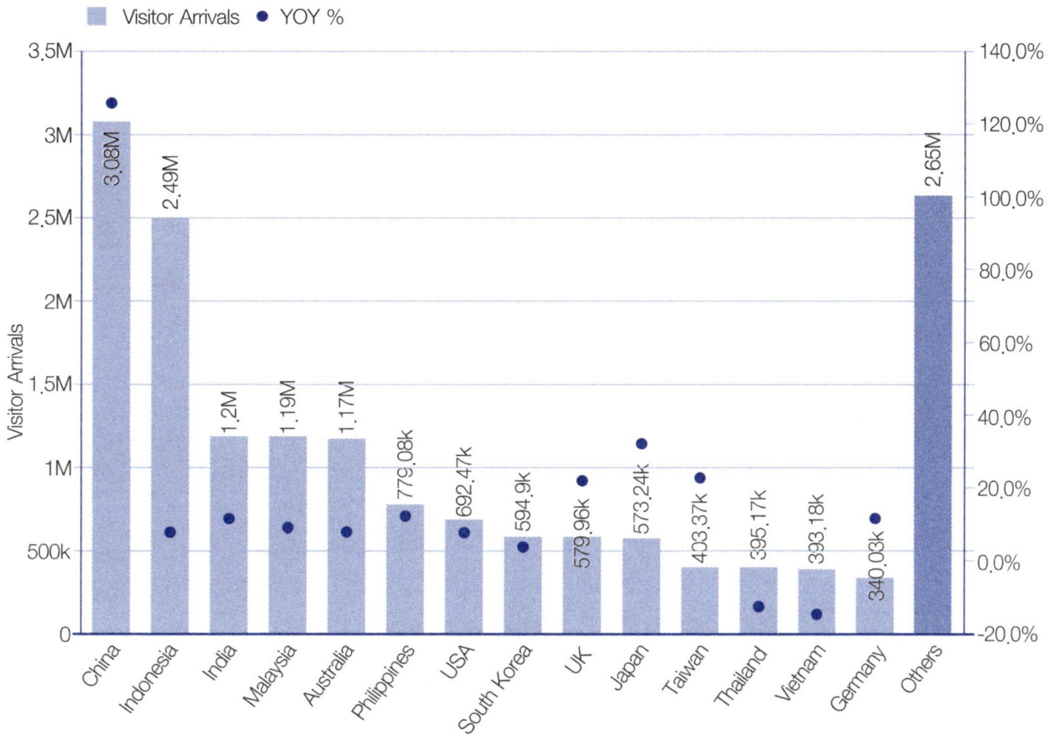

자료: https://stan.stb.gov.sg/public/sense/app/877a079c-e05f-4871-8d87-8e6cc1963b02/sheet/3df3802e-2e5b-4c79-950d-d7265c4c07a9/state/analysis

[그림 2-8] 국적별 입국객

▲Gardens by the Bay

싱가포르에서는 기존에 방문했던 관광객들의 재방문을 유도하기 위해 새로운 관광매력물을 꾸준히 개발하고 있는데, 그 좋은 예가 식물원(Gardens by the Bay)이다. 싱가포르 정부와 2개의 복합리조트(마리나베이 샌즈, 리조트월드 센토사)는 2030년 말까지 카지노 라이선스 독점 기간을 연장하는 대가로 총 S$90억에 해당하는 Non-gaming 부문의 프로젝트에 투자하기로 약속했다(한국카지노업관광협회, 2023). 이 프로젝트의 일환으로 마리나베이 샌즈는 4번째 타워를 추가로 건설할 계획인데, 여기에는 1,000개의 스위트룸, 수영장이 있는 Sky Roof, 15,000석의 Entertainment Arena, 시그니처 레스토랑을 포함한다. 리조트월드 센토사는 2개의 호텔(1,100실)과 Waterfront Lifestyle Complex, Minion Park, Super Nintendo World를 추가로 건설할 계획이다.

5) 일본

(1) 카지노 바

일본에서는 카지노가 공식적으로 인정되지 않는다. 그러나 대중오락으로 룰렛이나 테이블 등을 이용한 영업행위가 증가하면서 카지노 바(Casino Bar)를 승인하게 되었는데, 이는 풍속영업적정화법(風俗營業適正化法) 제5호[6] 영업으로 분류되며, 경찰청 산하 국가공안위원회에서 허가한다. 카지노 바는 파친코와는 달리 상품을 제공할 수 없으며,[7] 영업시간은 밤 10시부터 오전 6시까지로 제한된다.

카지노 바에서는 현금 등을 제공하는 장치를 가진 오락시설과 지폐삽입시설(紙幣插入施設)을 설치하지 못하게 되어 있다. 또한 카지노 바에서는 원칙적으로 현금으로 칩을 살 수는 있으나, 칩을 현금으로 바꿀 수는 없으며, 대신 식음료로 교환하거나 다음 방문 시 사용할 수 있다. 카지노 바가 성행하는 곳은 도쿄와 오사카이며, 한때 1,000여 개 이상이 운영된 적도 있다. 카지노 바는 비교적 좁은 공간에서 소규모의 게임시설(예 블랙잭 1대, 룰렛 1대, 바카라 6대)을 운영하고 있는데, 미국이나 우리나라에 비하면 그 규모가 작은 편이다.

(2) 파친코

일본인들이 가장 많이 즐기는 게임은 파친코(일명 구슬치기)이며, 풍속영업적정화법(風俗營業適正化法) 제4호[8] 영업으로 분류된다. 한 때 파친코 이용객은 3천만 명에 이를 정도로 인기가 있었다. 보통 한점포당 파친코 기기는 130여 대가 있으며, 거의 빈자리가 없을 정도로 성행한다. 최근 매출이 감소하는 추세로 1엔부터 가능한 점포와 커플 전용 혹은 안락한 소파 등을 제공하는 마케팅전략을 구사하고 있다. 여기서 딴 구슬(혹은 메달)은 현금으로 돌려줄 수 없기 때문에 상품이나 특수경품으로 교환해주며, 여기서 특수경품은 노인복지협회와 같은 사회복지단체 등이

6 카지노 바의 설비로 본래 용도와는 달리 사행심을 조장하는 영업.
7 단, 800엔 이하의 음료수는 구입할 수는 있음.
8 파친코의 설비로 사행심을 조장하는 영업.

▲오사카의 파치슬롯 점포

▲파치슬롯

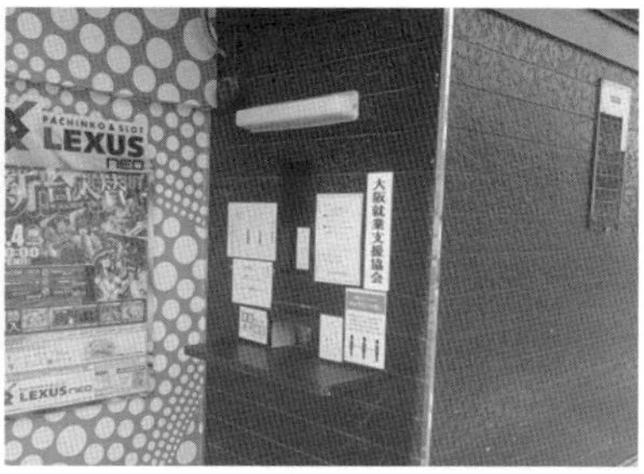

▲오사카 취업지원협회의 특수경품 교환소

운영하는 별도의 시설에서 현금화할 수 있는데, 이를 파친코 삼점방식(三店方式)이라고 한다. 최근에는 파친코와 슬롯머신을 합친 파치슬롯이 인기를 끌고 있다. 파치슬롯은 슬롯머신과 같이 점포의 메달을 구입하여 투입하는데, 파친코에 비하여 빠른 속도로 진행되어 업체로서는 매출액을 증가시키는 데 기여하고 있다.

(3) 일본 IR 합법화 및 정비법

일본은 2018년 7월 20일 복합관광시설구역정비법(이하 IR정비법)을 통과시켜 카지노가 합법화되어 2030년 오사카시에 미국 MGM사와 일본 오릭스(Orix)사의 합작으로 일본 최초의 복합리조트 카지노가 개장될 예정이다. IR정비법의 주요 목적은 국가의 감독과 관리하에 카지노를 건전하게 운영하고 그 수익을 리조트시설에 재투자하며, 이를 통해 국제경쟁력을 갖춘 매력 있는 체류형 관광을 실현하고 지역경제를 활성화하는 데 있는데, IR정비법의 주요 내용은 다음과 같다(https://www.kantei. go.jp/jp/singi/ir_promotion/index.html).

① 카지노관리위원회 설치
② IR 3개소를 개장하고, 7년 후 재검토한 후 추가설치 여부 결정
③ 일본인 입장횟수는 주당 3회, 4주에 10회로 제한
④ 입장료는 6,000엔 부과(정부와 지자체에 각각 3,000엔씩 귀속)
⑤ 본인 및 입장횟수의 확인수단으로 마이넘버 카드 및 개인인증 의무화
⑥ 미성년자, 폭력조직원, 입장횟수 초과자 등은 카지노 출입금지
⑦ 카지노사업자는 게임수입(GGR)의 30%를 납부
⑧ 카지노사업자는 카지노관리위원회로부터 면허취득(유효기간 3년, 3년마다 갱신 가능)
* 복합리조트의 개발운영은 국토교통성이 승인(유효기간 10년, 5년마다 갱신 가능)

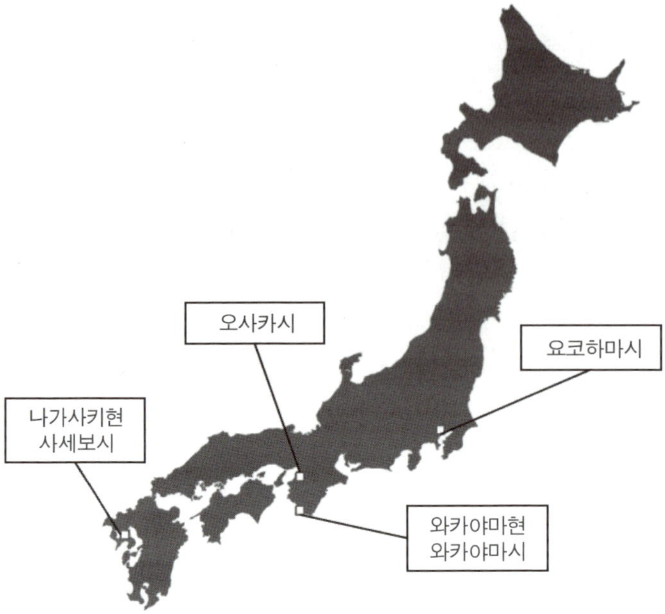

[그림 2-9] 일본의 IR 확정지와 후보지

▲ 오사카 IR 유메시마(MGM 인터내셔널 디자인)
(자료: https://www.asgam.com/index.php/2020/02/13/murren-hints-at-future-role-with-mgms-japan-ir-team/)

▲ 규슈 나가사키 IR(카지노 오스트리아 디자인)
(자료: https://jair.report/article/586/)

또한 복합리조트(IR)는 다음과 같은 시설이나 내용을 의무화하고 있다(Casino Business Review, 2019년 5/6월호).

① 국제행사 유치가 가능한 대형 MICE시설

② 다양한 Non-gaming 시설(극장, 공연장, 박물관, 미술관, 호텔, 레스토랑 등)

③ 카지노면적은 IR시설 바닥면적의 3% 이하로 제한

2030년 복합리조트가 개장될 오사카시의 유메시마는 오사카 최서단 인공섬이며, 2025년 EXPO가 개최되는 곳으로, 이를 위한 시설들이 건설되면 IR로 바로 활용한다는 계획이다. 유메시마는 간사이공항과의 연계 및 종합 관광리조트도 가능하다는 점이며, 항만 공업지대보다 리조트로서의 수요가 높고 평지면적이 넓으며, 민간 토지소유자가 적다는 것이 장점이다. 특히 유메시마 주변 관광지로는 테마파크 USJ, 카이유칸(수족관), WTC(세계무역회관) 등이 있으며, 오사카(우메다)역에서 10km 이내, 승용차 30분, 지하철 10분이 소요되는 교통이 편리한 지역이다. 지하철 쥬오센과 JR사쿠라이선 연장공사를 통해 IR시설의 지하에 설치한다는 계획이다.

오사카 IR의 기본구상은 4개 주요 축으로 오사카 간사이 일본관광의 허브가 될 수 있는 풍부한 독창성을 가진 국제적 엔터테인먼트 거점 형성, 세계 최고 수준의 경쟁력을 가진 All in One MICE 거점 형성, 다른 곳에서 찾아볼 수 없는 매력공간 형성과 최첨단기술의 스마트 리조트 실현, 선진국 사례를 한층 발전시킨 종합적인 사회문제대책을 마련한다는 것이다. 특히 오사카 IR에는 대형 MICE시설, 600실 규모 호텔(22층), 쇼핑센터, 레스토랑, 스포츠레저시설 등이 포함되고, 저명한 아티스트 콘서트와 국제스포츠이벤트를 개최하며, 일본 고유의 랜드마크 브랜드를 개발한다는 계획이다.

이 복합리조트는 내・외국인 출입이 가능한 오픈카지노로, 미국 MGM 인터내셔널과 일본 오릭스의 컨소시엄이 약 89억 달러(12조 원)를 투자하여 2025년 4월 건설을 시작하여 2030년 완공할 예정이다. 한편 일본카지노규제위원회(Japan Casino Regulatory Commission)에서는 나머지 2개의 카지노 허가권 발급을 위한 입찰절차를 새로이 시작한다고 발표했으며 도쿄, 홋카이도, 나가사키 등에서 관심을 보이고 있는 것으로 알려졌다.

[발언대] 일본 카지노 개장에 맞설 대응책 시급하다

이충기 교수(경희대)

최근 한국을 둘러싼 주변 국가들이 카지노를 포함한 복합리조트(IR) 개발에 앞다퉈 나서고 있다. 관광인프라 구축을 통해 외국인 관광객을 유치하고 관광수입을 늘리겠다는 의도에서다. 미・북 정상회담 때 TV에 등장한 싱가포르의 마리나베이 샌즈가 대표적인 복합리조트 카지노다. 이곳에는 카지노는 물론 컨벤션, 공연장, 쇼핑센터, 숙박시설, 레스토랑, 레크리에이션 시설이 있다. 카지노고객 외에 일반 관광객들도 많이 찾아온다.

형법상 도박을 금지하고 있던 일본은 올해 7월 20일에 '복합리조트(IR) 실시법'을 통과시켰다. 카지노 설립의 법적 근거를 만든 것이다. 일본 카지노는 싱가포르 IR 모델을 따를 것으로 보인다. 처음엔 대도시와 리조트에 2~3개를 만들고, 이후 10개 이상으로 확대할 계획으로 알려져 있다.

일본이 IR 카지노를 개장하면, 한국 카지노산업은 큰 충격을 받는다. 일본은 한국에서 비행기로 1시간대의 짧은 거리에 있다. 작년 일본을 방문한 한국인은 700만 명이다. 방일(訪日) 외국인 관광객 중 중국인에 이어 둘째로 많다.

최근 필자가 '일본에 IR 카지노가 개장되면 방문할 의향이 있는가'를 주제로 설문조사한 결과 우리나라 해외여행객의 35.4%, 강원랜드 이용객의 47.9%가 있다고 답했다. 이대로라면 연간 약 760만 명의 한국인이 일본 IR 카지노를 방문해 약 2조 5,800억 원을 쓸 것으로 예상된다. 한국 카지노에 오던 외국인 관광객 감소로, 국내 외국인전용 카지노는 연간 약 1,700억 원의 손실을 입을 것으로 추정된다.

우리는 어떻게 대처해야 할까. 먼저 차별화된 한국형 복합리조트 개발에 초점을 맞춰야 한다. 이를 위해 카지노시설 외에 일반대중 관광객을 유치할 수 있는 한국형 테마시설과 콘텐츠 개발이 시급하다. 외국인전용 카지노에 대한 규제완화, 카지노 독립법 제정 등도 필수적이다. 일확천금은 환상일 뿐이라는 '갬블링 오류'(확률에 대한 오해) 관련교육도 필요하다.

일본의 IR법 통과는 우리나라의 국부유출 가능성과 도박중독문제를 제기한다. 이를 계기로 우리나라 카지노산업 경쟁력 향상과 외국인 관광객 유치를 진지하게 고민해야 한다.

자료: 조선일보(2018.12.10)

6) 오세아니아: 호주

역사적으로 거슬러 올라가면 호주에 처음 정착한 사람들과 광부들은 마땅한 여가활동이 없었기 때문에 카지노게임을 그들의 소일거리로 즐기게 되었고, 그 후 카지노는 호주문화의 일부로 정착되어 왔다. 또한 초등학교에서는 수학이나 자선사업의 목적으로 종종 게임티켓을 구입하게 하거나 특정 기념일에는 부모와 함께 경마장에 가는 등 게임을 어릴 때부터 자연스럽게 접하도록 한다. 따라서 호주인구 중 90%는 어떤 형태로든 게임을 즐길 정도로 카지노게임은 호주문화의 일부로 정착되어 왔다. 현재 호주국민의 가구당 게임소비액은 가처분소득의 2.1%로 미국의 2배, 영국의 3배를 넘는다.

라스베이거스가 쓸모없는 사막에 거대한 카지노도시를 건설했고, 말레이시아 리조트월드겐팅이 해발 1,800m 고산지대에 대규모 리조트를 건설했다면, 호주 카지노의 특징은 대규모 선창가(Water Front)에 지역개발 차원에서 카지노를 건설했다는 점이다. 호주는 시드니나 멜버른과 같이 항구(Harbour)를 중심으로 발전해왔기 때문에 선창가 부근에 카지노가 들어서는 것이 특징이다. 또한 카지노개발은 전통적으로 주정부가 세입을 증대시키고 대규모 지역개발을 도모하는 수단으로 이용해 왔으며, 이를 위해 선정된 카지노업체에게 몇 년간의 독점권과 90년 이상의 장기운영권을 부여해왔다.

현재 호주는 14개의 카지노를 허가해 운영하고 있으며, 그중에서 시드니의 Star City Casino와 멜버른의 Crown Casino가 가장 크다. 호주에서는 카지노로 인한 사회적 부작용을 최소화하기 위한 노력이 돋보인다. 신입사원에게 도박중독에 관한 교육을 실시하고, 카지노장 내에 도박중독에 관한 안내책자를 비치하며, 전담부서와 직원을 배치하고 있다. 그뿐만 아니라 시드니의 Star City Casino의 경우 입구에 다국어로 미성년자 출입금지와 준수사항을 붙여놓고, 현금인출기와 게임기에 도박중독에 관한 경각심을 알리는 문구를 붙여놓았다.

호주의 카지노감독위원회에서는 카지노장에 어린이를 동반할 수 없도록 규정한다. 그 이유는 어린이가 답습을 통해 향후 카지노중독에 빠질 수 있다는 우려 때문이다. 그러나 카지노장에 어린이를 동반할 수 없기 때문에 자동차 내에서의 질식사나 어린이 방치로 인한 미아 발생의 원인이 되고 있다. 만일 이러한 사고를 일으킨 부모는 평생 카지노에 입장할 수 없도록 규정하고 있다. 말하자면 어린이를 집에서 안전하게 보호할 수 있는 방법을 취해놓고 카지노게임을 즐겨야 한다. 이러한 규정은 미국 라스베이거스와는 정반대인데, 라스베이거스의 경우 어린이를 최대한 안전하게 보호할 목적으로 부모는 자녀를 카지노장에 데리고 들어갈 수 있도록 하고 있으며(단, 미성년자는 게임을 못함), 어린이를 위한 오락장이나 테마파크 및 레크리에이션 시설을 제공하고 있다.

호주에서는 카지노에 사회세(Social Tax)를 신설하여 게임세 외에 매출액의 1～2%를 징수하여 사회에 지원하고 있는데, 이러한 기금은 특정 지역단체, 자선단체, 도박중독 예방 및 치유에 힘쓰는 단체에게 지원한다.

(1) 멜버른 Crown Casino

크라운 카지노가 허가받은 배경을 살펴보면, 빅토리아주는 부채와 실업 그리고 금융기관의 도산과 함께 심각한 재정위기에 봉착해 있었으며, 게임산업을 유치하는 것이 경제회생에 도움을 줄 것이라고 믿었다. 호주의 특징은 '선(先) 카지노 허가, 후(後) 카지노감독위원회 설립'이 아니라, '선 카지노감독위원회 설립, 후 카지노 허가' 방식을 채택하고 있다. 따라서 빅토리아 정부는 새로운 카지노를 허가하고 관리·감독할 시스템을 유지 및 집행할 목적으로 법적 독립기관인 카지노감독위원회(Casino Control Authority)를 먼저 설립했다. 이 카지노감독위원회에서는 멜버른 카지노 입찰에 응한 크라운 카지노 컨소시엄과 퍼시픽카지노 그룹 중에서 청렴성 및 재정상태 그리고 건축 디자인을 종합적으로 평가하여 마침내 크라운 카지노 컨소시엄에게 허가권을 주기로 결정했다(Hall & Hamon, 1996). 사실상 카지노 허가는 멜버른 내에 있는 선창가의 광범위한 재개발을 위한 촉매역할을 할 것으로 기대했다.

크라운 카지노 컨소시엄은 1996년 마침내 50만 m^{2}에 이르는 Complex를 건설했으며(카지노 운영은 1994년부터 시작함), 건설비는 호주달러로 18억 달러가 소요되었다. 이렇게 건설된 크라운 카지노는 남반구에서 가장 큰 카지노로 350대의 테이블게임과 2,500대의 머신게임을 운영하고 있다. 야라 강변(Yarra River)을 개발하기 위해 세워진 크라운 카지노는 대규모 Complex로 이루어져 있다. 즉 야라 강변을 따라 호텔타워(객실 484실)와 카지노시설, 다양한 쇼핑시설, 컨벤션시설, 극장, 스포츠시설, 그리고 22개에 이르는 다양한 레스토랑들이 하나의 소규모 타운을 형성하며 7,000여 명의 직원이 종사하고 있다. 쇼핑시설에는 유명 브랜드(Gucci, DKNY 등)들이 입점해 있고, 객실은 매우 화려하고 비싸며, 수영장 · 테니스장 등 부대시설은 매우 고급스럽다.

또한 현재 이러한 Complex와 연결될 새로운 카지노호텔(469실)이 건설되었으며, 여가와 기업 및 컨벤션시장을 주요 표적시장으로 삼고 있다. 카지노시설을 살펴보면, 지하에는 라스베이거스 스타일의 테이블게임, 포커게임, 머신게임, 그리고 일부 Sport · Race 게임을 운영한다. 1층에는 일반 대중형 카지노가 있지만, Maple Room, Oak Room, Teak Room과 같이 소형 VIP 룸이 설치되어 있으며, 특이한 것은 슬롯머신도 멤버십으로 운영되는 VIP 슬롯룸이 설치되어 있다는 것이다. 또한 1층에는 룰렛 비디오머신 섹션이 별도로 설치되어 있고, 2층에는 멤버십으로 운영되는 VIP 룸이 있으며, 3층에는 Ultra VIP Room이 설치되어 있다. 이곳에는 Junket 프로그램이 비교적 잘 활용되는 것으로 나타났다.

운영상의 특징을 살펴보면, 요일별 및 시간에 따라 베팅한도가 조금씩 달라진다는 점이며, 카지노감독위원회의 규정상 베팅한도의 변경은 20분 전에 공고해야 하는 의무가 있다. 베팅한도를 변경하는 이유는 주중과 주말에 따라 수익성이 달라지기 때문이다. 여기에는 다른 나라 카지노에서 찾아볼 수 없는 시계가 설치되어 있고, 조명도 비교적 밝은 편인데, 이는 카지노감독

▲크라운 카지노 전경

▲크라운 카지노 정문

▲야라 강변의 유람선

위원회의 규정에 따른 것이다. 말하자면 일정 시간 동안 게임을 즐기고 귀가할 수 있도록 자신을 통제하라는 의미인 것 같다.

이용객 중 약 85%는 내국인, 나머지 15%는 외국인이며, 주요 인바운드 시장은 홍콩·중국·인도네시아·싱가포르·일본 등이다. 현재 홍콩·대만·싱가포르·인도네시아·말레이시아·태국 등에 판촉사무소가 설치되어 있다. 매출액을 분석해보면, 전체의 50%는 테이블게임, 25%는 슬롯머신, 나머지 25%는 레스토랑에서 나온다. 또한 총매출액의 약 22%를 게임세로 납부하고 있으며, 카지노업체가 자발적으로 매출액의 1%를 Community Benefit 기금으로 할당하여 카지노관련 지역단체나 자선단체를 지원해주고 있다.

호주 카지노의 특징 중 하나는 도박중독과 사회적 부작용을 줄이는 데 아낌없는 지원을 제공한다는 것이다. 도박을 끊기 힘든 사람을 위해 미국이나 캐나다와 같이 'Self-exclusion Program'을 만들어놓고 있다. 이 프로그램에 신청서를 제출하면 카지노업체는 신청자의 카지노출입을 제한해야 할 의무가 있다. 이곳 카지노에서는 카지노 규정을 준수하도록 하는 Compliance Department가 있으며, 여기에는 전직 카지노감독위원회 직원이 근무한다. 법적인 의무 외에 크라운 카지노에서는 'Crown Assistance Program'을 만들어 문제성 도박자(Problem Gamblers)와 그 가족에게 상담서비스를 제공하며, 지역에 기반을 둔 도박중독단체(Gamblers Help)에게 Community Benefit Tax의 일부를 지원한다. 안전요원은 미성년자로 보이는 입장객에 대해서는 수시로 신분증을 요구한다.

또한 크라운 카지노에서는 별도의 자회사가 온라인 카지노를 운영하며, 크라운 카지노 이용객의 약 10% 정도가 이용하는 것으로 나타났다. 현재 호주에서는 온라인 카지노를 허가하지 않기 때문에 주위의 다른 소국가에서 허가를 받아 운영하고 있다. 온라인 카지노는 일반 카지노시설과 모양이나 방식은 거의 동일하다. 가령 슬롯머신의 경우 회전하는 모양이나 소리까지도 거의 실제와 똑같다. 온라인 카지노를 이용하고자 하는 자는 우선 회원으로 등록해야 하는데, 사전에 은행통장사본 등 자신의 재산상태를 입증할 서류를 송부해야 한다. 온라인 카지노상에서는 게임시간·게임지출한도·베팅액수 등 자신을 통제할 수 있는 수준을 사전에 설정할 수 있다.

크라운 카지노는 라스베이거스와 같이 테마파크형 카지노는 아니지만, 크라운 카지노 가까이에는 즐길 수 있는 관광자원들이 많은 편이다. 우선 크라운 카지노를 끼고 있는 아름다운 야라강변을 따라 거닐거나 Harbour Cruise를 즐길 수 있으며, 강변을 따라 즐비하게 늘어서 있는 레스토랑에서 다양한 음식을 맛볼 수 있다. 또한 해양수족관을 관람할 수도 있으며, 라스베이거스와 같이 대형 컨벤션센터가 위치해 있어서 회의참가자를 유치할 수도 있다.

(2) 시드니 Star City Casino

멜버른과 같이 시드니의 Star City Casino도 대규모 워터프런트와 도시개발전략, 그리고 뉴사우스웨일스 주정부의 이미지 개선전략의 일환으로 추진되었다. 이 카지노는 피어몬트(Pyrmont)에 있는 옛 발전소 자리에 세워졌으며, 시드니의 아름다운 항구로 알려진 Darling Harbour 가까이에 위치해 있어서 항구를 한눈에 내려다볼 수 있는 유려한 전망과 다운타운 건물 전체를 조망할 수 있는 장점이 있다.

처음에는 Sydney Harbour Casino Pty라는 회사가 1994년 12월 14일에 시드니정부로부터 입찰경쟁에서 카지노 라이선스를 획득했으며, 주정부에게 허가세로 3억 7,000만 호주달러를 선불로 납부했다. 정부는 이 회사에게 1995년 9월 13일부터 12년간 시드니가 포함된 뉴사우스웨일스주에서의 독점권과 99년 동안 피어몬트에서 영업할 수 있는 권한을 부여했다. 여기서 독점권이란 뉴사우스웨일스 주정부는 12년간 다른 카지노를 추가로 허가할 수 없다는 뜻이다. 또한 12년 후 주정부가 추가로 카지노를 허락하든지 간에 상관없이 이 회사는 99년 동안은 그곳에서 영업할 수 있다.

1998년 Sydney Harbour Casino가 Star City Casino로 그 상호를 개명했으며, 이 회사는 멜버른에 기반을 둔 TAB CORP에서 소유하고 있다. 멜버른과 같이 Sydney Harbour Casino를 허가하기 전에 뉴사우스웨일스 카지노감독위원회(NSW Casino Control Authority)가 먼저 설립되어 모든 신청자에 대한 심사를 거쳐 최종 카지노업체를 선정하고 사전에 관리·감독체계를 갖추었다. 참고로 신청자 중에서 카지노를 최종 선정할 때에는 ① 과거에 범법사실이 있는지의 여부(자본출처 포함), ② 카지노 및 부대시설의 미적·질적 디자인 여부, ③ 주정부에 가장 많은 세금을 납부할 신청자 등에 기초한다.

▲Start City Casino

▲Darling Harbour

Star City Casino는 2,000석 규모의 오페라극장, 1,000석 규모의 국제 쇼룸, 1,300명을 수용할 컨벤션과 연회장을 갖추고 있다. 여기에는 351실 규모의 특급 호텔뿐만 아니라 128실 규모의 아파트형 숙박시설과 헬스클럽 시설이 갖추어져 있다. 그 밖에 14개의 다양한 레스토랑과 바가 있으며, 여기에는 한국식당도 포함되어 있다. 특히 Star City Casino는 자체 부대시설뿐만 아니라, 시드니 항구의 매우 다양한 여가시설(각종 레스토랑, 해양수족관, 해양박물관, Harbour Cruise 등)과 컨벤션센터를 이용할 수 있다는 것이 큰 장점이다. 따라서 자체 테마파크가 존재하지는 않지만 카지노 가까이에 있는 다양한 여가시설들을 이용할 수 있다.

Star City Casino의 운영상 특징 중 하나는 ATOM(Automatic Table Operation Management: 자동화된 테이블 운영관리 시스템)을 사용하고 있다는 점이다. ATOM은 게임테이블 현장업무관리와 Pit-Cam과 연계된 DVR 시스템을 통합한 형태로 Pit 현장의 게임운영, 고객게임 체크, 미스테이크 처리 등 영업 현장업무를 신속하게 처리할 수 있다. 또한 자동화된 컴퓨터정보를 토대로 Surveillance Room에서 전사적인 현장운영 상황을 실시간으로 통제 및 분석해주고 조정을 가능하게 한다. ATOM을 활용하기 위해서는 우선 On-table Top(터치스크린 방식) 컴퓨터를 각 테이블마다 1대씩 설치하고, On-table 모니터 옆에 직원 및 고객 카드를 인식할 수 있는 리더기를 부착한다. 게임체크는 고객이 카드를 제시할 때 이루어지며, 데이터 입력은 Supervisor가 처리하나 바쁠 경우 딜러가 직접 입력할 수도 있다.

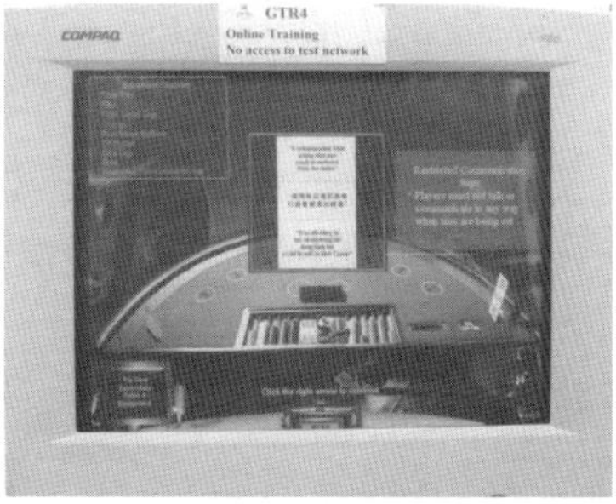

▲온라인 교육 장면

또한 ATOM은 CCTV보다 더 정교하게 카지노 테이블 및 게임진행 상황을 기록해주며, 딜러와 플레이어 간에 논쟁이 생겼을 때 그 테이블에서 즉시 기록을 회전시켜 확인할 수 있다. 그러나 기존 CCTV는 이러한 논쟁이 발생할 경우 확인 작업이 오래 걸리는 단점이 있으며, 기록을 보관하기 위해 많은 테이프와 공간이 필요하다. 말하자면 이러한 CCTV 기능의 단점을 보완한 새로운 시스템의 도입이라고 할 수 있다. 신입사원을 교육할 때에는 1차로 온라인을 통해 게임룰을 교육하고, 그다음 교관이 교육장에서 교육한다. 말레이시아 리조트월드겐팅에서도 호주의 전산시스템을 이용할 정도로 호주는 IT 기술을 카지노 분야에 활용해온 선두주자 중의 하나이다.

Star City Casino의 사회적 부작용을 예방하기 위한 노력도 돋보인다. 카지노장 입구의 기둥과 현금인출기에는 미성년자 출입제한이나 자녀를 방치할 경우 영원히 출입을 금지시킨다는 규정 등을 13개 언어(한국어 포함)로 표시해놓고 있으며, 팸플릿을 비치해놓고 있다. 또한 'Self-exclusion Program'을 13개 언어로 번역하여 작성한 후 안내데스크에 비치해 두었는데, Self-exclusion 기간은 최소 1년이며, Star City Casino에 신청한 사람은 587명에 이른다.

또한 슬롯머신마다 도박중독을 경계하는 문구를 붙여놓았다. 신입사원을 교육할 때에는 게임에 대한 교육뿐만 아니라 4시간에 이르는 도박중독교육을 실시하며, 강사는 카지노실무자와 심리학전공자로 구성되어 있다. 신입사원은 문제성 도박자로서 Role Play를 하게 되며, 카지노감독위원회에서는 2년에 한 번씩 재교육을 받도록 규정하고 있다.

Star City Casino의 딜러들은 팁을 받지 못하도록 규정되어 있다. 카지노장은 1층 대중형 카지노와 2층의 VIP 룸으로 구성되어 있는데, 1층 대중형 카지노의 경우는 전체가 탁 트여서 시원하고 광활한 느낌을 준다. 게임세는 매출액의 20%이며, Community Benefit는 크라운 카지노보다 많은 매출액의 2%를 할당한다. Community Benefit는 특정 지역이나 자선단체 및 도박중독 지원단체에게 제공된다. Star City Casino의 베팅액수는 크라운 카지노보다 다양하며, 어떤 테이블에는 손해를 감수하면서까지 낮은 액수의 베팅리미트를 설정한다.

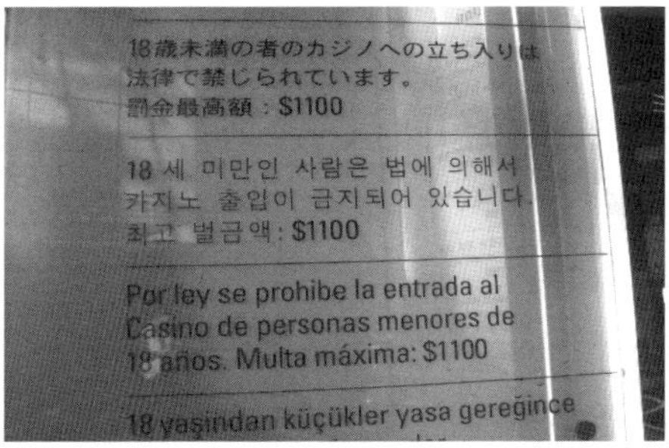

▲카지노 입구 미성년자 출입금지 안내문

▲현금인출기의 도박중독 경고문구

3장

우리나라의 카지노산업 현황

UNDERSTANDING THE CASINO INDUSTRY

제1절 우리나라 카지노산업의 발전과정

우리나라 카지노설립의 법적 근거가 된 최초의 법률은 1961년 11월에 제정된 '복표발행현상기타사행행위단속법'(福票發行懸賞 其他 射倖行爲團束法)이다. 1962년 9월 동법의 개정사항에 외국인을 상대로 하는 오락시설로서 외화획득에 기여할 수 있다고 인정될 때에는 이를 허가할 수 있게 함으로써 그 설립근거가 마련되었다.

카지노관련 법규도입 당시의 배경을 살펴보면, "유사사행행위의 정의가 모호하여 … 특히 외국인을 상대로 하는 관광사업에 필요 이상의 제약을 가함으로써 외화획득에 장애가 되고 있을 뿐만 아니라, 벌칙에 있어서 형법 제248조와 제249조를 그대로 적용하는 것이 불합리하므로 이를 수정하려는 것"(복표발행현상기타사행행위단속법 중 개정법률안 수정이유, 1962년 9월 3일)이라고 하여 카지노가 외화획득을 위한 외국인전용 관광시설로 시작되었음을 알 수 있다.

이와 같은 법적 근거와 외래관광객 유치를 위한 관광산업진흥책의 일환으로 카지노의 도입이 결정되어 1967년에 인천 오림포스호텔 카지노가 최초로 개설되었고, 그다음 해에 주한외국인 및 외래관광객 전용 게임시설로서 서울 워커힐호텔 카지노가 개장되었다. 1969년 6월에는 '복표발행현상기타사행행위단속법'의 개정으로 당시까지 카지노에 내국인 출입을 허용했던 것을 카지노 내에서 내국인을 상대로 사행행위를 했을 경우, 영업행위의 금지 또는 허가취소의 행정조치를 취할 수 있게 했다. 이로써 카지노에 내국인 출입이 제한되고, 외국인만을 출입시키는 법적 근거가 마련되었다.

1970년대에 카지노산업이 주요 관광지에 확산되어 1971년에 속리산관광호텔 카지노, 1975년에 제주칼호텔 카지노, 1978년에 부산 파라다이스비치호텔 카지노, 1979년에 코오롱관광호텔 카지노의 개장으로 총 6개 업소가 신설되었다. 1980년대에 들어서 설악파크호텔 카지노가 강원도에 최초로 개설되었고, 제주도에 카지노 개장이 줄을 이었다. 1985년에 제주하얏트호텔 카지노가 개장된 데 이어 카지노 신규허가요건 완화로 1990년과 1991년에 제주그랜드호텔 카지노, 제주남서울호텔 카지노, 제주서귀포 칼호텔 카지노, 제주오리엔탈호텔 카지노, 제주신라호텔 카지노 순서로 문을 열었다. 또한 1995년에는 제주 라곤다호텔 카지노가 개장되어 제주지역에서만 8개 업체가 허가를 받았다.

한편 카지노업은 1991년 3월에 '복표발행현상기타사행행위단속법'이 '사행행위 등 규제 및 처벌특례법'으로 개정됨에 따라 계속적으로 사행행위영업의 일환으로 규정되어 오다가 1994년 8월에 이르러 관광진흥법에 의한 관광사업으로 새로이 규정되었다. 이러한 관광진흥법에 의한 카지노 관련법규의 개정은 카지노업이 관광외화 획득뿐만 아니라, 외래관광객 유치에도 기여하는 바가 크므로 카지노산업의 건전한 발전을 도모할 수 있도록 카지노를 관광산업에 포함시켜 카지노 관련제도를 개선・보완하려는 데 그 취지가 있다.

우리나라 카지노의 허가・감독관청은 1991년 5월 경찰법(법률 제4369호)이 제정되기까지는 내무부장관 또는 시・도지사였으나, 경찰청이 신설됨에 따라 카지노의 허가 등 관련업무는 시・도지사에서 지방경찰청장으로, 2개 이상의 시・도에 걸친 영업 등에 대해서는 내무부장관에서 경찰청장으로 각각 이관되었다. 1994년 말 정부행정조직 개편으로 관광의 주무부서가 교통부에서 문화관광부로 이관됨에 따라 현재 카지노산업은 문화체육관광부에서 허가권과 지도・감독권을 갖고 있다.

정부는 1997년 1월부터 카지노 전산시설을 이용한 영업실적 기록을 의무화하여 카지노사업의 투명성 확보를 위한 전기를 마련했다. 또한 1997년 이후 슬롯머신이나 비디오게임 같은 머신게임과 빙고(Bingo), 카지노 워(Casino War) 및 마작을 추가하여 카지노게임 종류를 20종으로 확대함으로써 게임 종류의 다양화에 기여했다. 특히 머신게임은 전 세계적으로 카지노이용객의 선호도가 높으며, 초보자도 쉽게 즐길 수 있다는 점에서 그 도입의 필요성이 이미 제기된 적이 있다(이충기, 1995). 매출액 측면에서도 머신게임이 차지하는 비중은 매우 높은데, 미국 라스베이거스의 경우 전체 카지노매출액의 63% 정도를 차지한다. 우리나라에도 슬롯머신을 도입함으로써 외래관광객 중 초보자도 슬롯머신을 즐길 수 있게 되었고, 카지노매출액에도 적지 않은 영향을 주고 있다.

1995년 12월에 '폐광지역 개발지원에 관한 특별법'이 통과되어 강원도 폐광지역에 내국인출입

[표 3-1] 우리나라 카지노산업의 발전과정

연대	발전과정
1960년대	• 1961년 '복표발행현상기타사행행위단속법'의 제정으로 국내 카지노산업의 도입근거를 마련 • 1967년 인천 오림포스호텔 카지노 개설: 국내 최초의 카지노 • 1968년 서울 워커힐호텔 카지노 개장 • 1969년 내국인 출입금지에 관한 규정을 제정
1970년대	• 외래관광객 수용시설 확충과 더불어 카지노업체 증가 • 1971년 속리산, 1975년 제주칼, 1978년 부산파라다이스, 1979년 코오롱호텔 카지노 등 총 6개 업체로 확대됨.
1980년대	• 1980년 설악파크호텔 카지노 개장 • 1985년 제주하얏트호텔 카지노 개장
1990년대	• 1990년대 초 제주지역에 한해 카지노산업 규제완화 조치 • 1990년 제주그랜드, 제주남서울, 서귀포칼, 제주오리엔탈 카지노 개장 • 1991년 제주신라, 1995년 라곤다카지노 개장으로 제주지역에 총 8개 업체로 증가됨. • 1994년 관광진흥법의 개정으로 카지노업이 관광산업으로 분류: 주무관청이 내무부에서 현재의 문화체육관광부로 이관 • 1997년 12월에 카지노업의 게임종류가 15종에서 머신게임(슬롯머신과 비디오게임)과 빙고게임이 추가되어 18종으로 확대됨. • 1999년 5월 외국인의 카지노 투자에 대한 합법화 입법예고 • 1999년 마작이 게임종류에 추가되어 19종으로 확대 • 1995년 '폐광지역 개발지원에 관한 특별법' 통과
2000년대	• 2000년 10월 내국인출입 카지노(강원랜드) 개장 • 2003년 강원랜드 메인카지노 개장 • 2005년 강원랜드 골프장 개장 • 2006년 - 세븐럭카지노 개장(서울 2개소, 부산 1개소) - 카지노 워가 게임종류에 추가되어 20종으로 확대 - 강원랜드 스키장 개장으로 리조트 카지노로 발전 • 2007년 사행산업통합감독위원회 설립
2010년대	• 2014년 리포&시저스(LOCZ) 복합리조트(IR) 허가(현재 광저우 R&F사로 사업자 변경) • 2016년 제주도 카지노업감독위원회 설립 • 2016년 Inspire 복합리조트 허가 • 2017년 Paradise City 개장 • 2018년 랜딩카지노(제주신화월드) 개장
2020년대	• 2021년 드림타워카지노 개장 • 2024년 Inspire 개장

카지노를 설치할 수 있는 근거가 마련되었으며, 이에 따라 2000년 10월 말 강원랜드 카지노가 개장되었다. 이로써 내국인출입 카지노의 시대가 개막되었다는 점에서 주목할 만하다. 개장 처음부터 강원랜드 카지노에는 입장객으로 초만원을 이루어 기대 이상의 매출을 올렸다. 카지노가 지역경제에 미치는 효과도 긍정적으로 평가되고 있는데, 카지노이용객에 비하여 카지노호텔의 객실이 턱없이 부족한 탓에 고한·사북·태백시의 숙박업소와 주변의 일부 식당들도 호황을 누렸다. 또한 강원랜드는 2005년에는 골프장을 개장하고, 2006년에는 스키장을 개장하여 본격적인 복

합리조트 카지노로 발전하게 되었다.

2006년에는 한국관광공사 계열사인 그랜드코리아레저가 세븐럭카지노를 서울(2개소)과 부산(1개소)에 각각 개장했다. 2007년에는 사행산업통합감독위원회가 설립되었으며, 이는 합법사행산업(경마, 경륜·경정, 카지노, 복권, 체육진흥투표권)으로 인한 부작용을 최소화하고 건전한 여가 및 레저산업으로 발전시키기 위함이다.

2014년에는 리포&시저스(LOCZ)가 외국기업으로는 처음으로 복합리조트(IR) 허가를 받았지만, 시저스는 리포 대신 광저우 R&F 프로퍼티스(부동산기업)를 대체투자자로 선정하여 건설을 진행해 왔다. 2020년 Eldorado Resorts(엘도라도 리조트)에 인수 합병된 시저스는 2021년 50% 전체 지분을 광저우 R&F사에 매각한 후 한국시장에서 완전히 철수하여 현재는 광저우 R&F사가 단독으로 진행 중에 있다. 또한 시저스는 일본 카지노허가권 신청도 포기하고, 미국 내 카지노 운영에만 전념한다고 발표했다. 2016년에는 한미합작법인인 Inspire가 복합리조트 허가를 받았지만, 국내기업 KCC가 모든 지분을 모히간 선에 매각하여 2024년 3월 5일 모히간 선이 Inspire IR을 개장했다. 그러나 2025년 실적부진으로 인한 부채 미상환으로 사모펀드 회사인 베인캐피탈로 운영사가 변경되었다. 또한 2016년에 제주도 카지노를 관리·감독할 카지노업감독위원회가 설립되었다. 한편 2017년에는 파라다이스&세가사미 인천카지노가 우리나라 최초로 Paradise City IR을 개장했다. 또한 2018년에는 제주도에 랜딩카지노(제주신화월드)가 IR 형태로 개장했다. 2021년에는 제주도에 드림타워카지노가 도시형 IR로 개장했다.

제2절 카지노업체 및 이용현황

1. 카지노업체 현황

[표 3-2]에서 보는 바와 같이 현재 등록된 카지노업체는 전국적으로 18개소가 있는데, 이 중에서 외국인전용 카지노는 17개소, 내국인출입 카지노는 1개소이다. 이를 지역별로 보면 제주도에 8개소, 강원도에 2개소, 서울에 3개소, 부산에 2개소, 인천에 2개소, 대구에 1개소가 있다.

[표 3-2] **우리나라 카지노업체 현황**(2025년 4월 기준)

시 · 도	업체명(법인명)	허가일	운영형태(등급)	대표자	종사원수(명)	'24매출액(백만 원)	'24입장객(명)	허가면적(m^2)
서울	파라다이스카지노 워커힐점【(주)파라다이스】	1968.03.05	임대(5성)	최종환	931	328,624	437,882	3,082.54
	세븐럭카지노 강남코엑스점【그랜드코리아레저(주)】	2005.01.28	임대(컨벤션)	윤두현	877	180,215	345,241	2,158.32
	세븐럭카지노 서울드래곤시티점【그랜드코리아레저(주)】	2005.01.28	임대(5성)	윤두현	517	154,483	529,767	2,137.20
부산	세븐럭카지노 부산롯데점【그랜드코리아레저(주)】	2005.01.28	임대(5성)	윤두현	336	58,990	170,048	1,583.73
	파라다이스카지노 부산지점【(주)파라다이스】	1978.10.29	임대(5성)	최종환	287	62,904	83,170	1,483.66
인천	파라다이스카지노 (파라다이스시티)【(주)파라다이스세가사미】	1967.08.10	직영(5성)	최종환	1,219	422,686	364,564	8,726.80
	인스파이어카지노 (인스파이어)【(주)인스파이어 인티그레이티드 리조트】	2024.01.23	직영(5성)	첸시	1,034	173,318	281,243	14,372.00
강원	알펜시아카지노【(주)지바스】	1980.12.09	임대(5성)	박주언	5	0	0	632.69
대구	호텔인터불고대구카지노【(주)골든크라운】	1979.04.11	임대(5성)	안위수	180	21,286	69,566	1,485.24
제주	공즈카지노【길상창휘(유)】	1975.10.15	임대(5성)	쭈씨앙보	3	7,288	27,518	1,604.84
	파라다이스카지노 제주지점【(주)파라다이스】	1990.09.01	임대(5성)	최종환	215	16,491	70,977	1,195.92
	세븐스타카지노【(주)청해】	1991.07.31	임대(5성)	박성철	164	43,587	34,132	1,175.85
	제주오리엔탈카지노【(주)건하】	1990.11.06	임대(5성)	박성호	18	794	6,681	865.25
	드림타워카지노 (제주드림타워)【(주)엘티엔터테인먼트】	1985.04.11	임대(5성)	김한준	904	320,319	383,073	5,529.63
	제주썬카지노【(주)지앤엘】	1990.09.01	직영(5성)	이성열	68	883	13,005	1,509.12
	랜딩카지노 (제주신화월드)【람정엔터테인먼트코리아(주)】	1990.09.01	임대(5성)	홍재성	352	69,302	126,904	5,646.10
	메가럭카지노【(주)메가럭】	1995.12.28	임대(5성)	이근배	27	249	686	1,347.72
13개 법인, 17개 영업장(외국인 전용)			직영: 3 임대: 14	-	7,137	1,861,419	2,944,457	54,536.61
강원	강원랜드카지노(하이원리조트)【(주)강원랜드】	2000.10.12	직영(5성)	직대최철규	1,961	1,364,142	2,373,346	15,481.19
14개 법인, 18개 영업장(내 · 외국인)			직영: 4 임대: 14	-	9,098	3,225,561	5,317,803	70,017.8

자료: 한국카지노업관광협회(2025b). 카지노업체 및 게임시설 현황.

2. 카지노이용객 현황

[표 3-3]에서 보는 바와 같이 2002년 카지노이용객은 647,722명으로 전년대비 3.3% 증가했다. 2006년에는 세븐럭카지노가 서울 2곳, 부산 1곳에 개장함에 따라 전년 대비 72.3%라는 큰

[표 3-3] 우리나라 외국인전용 카지노이용객 현황

연도	외래관광객(명)	카지노이용객(명)	카지노점유율(%)	카지노성장률(%)
2002	5,347,468	647,722	12.1	3.3
2003	4,752,762	630,474	13.3	-2.7
2004	5,818,138	677,145	11.6	7.4
2005	6,022,752	574,094	9.5	-15.2
2006	6,155,047	988,894	16.1	72.3
2007	6,448,240	1,176,338	18.2	19.0
2008	6,890,841	1,276,772	18.5	8.5
2009	7,817,533	1,676,207	21.4	31.3
2010	8,797,658	1,945,819	22.1	16.1
2011	9,794,796	2,100,698	21.4	8.0
2012	11,140,028	2,384,214	21.4	13.5
2013	12,175,550	2,707,315	22.2	13.6
2014	14,201,516	2,961,833	20.9	9.4
2015	13,231,651	2,613,620	19.8	-11.8
2016	17,241,823	2,362,544	13.7	-9.6
2017	13,335,758	2,216,459	16.6	-6.2
2018	15,346,879	2,839,017	18.5	28.1
2019	17,502,756	3,233,761	18.5	13.9
2020	2,519,118	1,157,698	46.0	-64.2
2021	967,003	708,571	73.3	-38.8
2022	3,198,017	1,105,293	34.6	56.0
2023	11,031,665	2,067,084	18.7	87.0
2024	16,369,629	2,944,457	18.0	42.4

자료: www.tour.go.kr; 한국카지노업관광협회(2025c). 카지노 입장객 및 매출액 현황.

폭의 증가세를 나타냈다. 2007년에는 카지노이용객 수가 우리나라에서는 처음으로 100만 명을 돌파했고, 2011년에는 200만 명을 넘어섰는데, 이는 전체 외래관광객 수의 21.4%를 차지한다. 한편 중국관광객의 증가로 카지노이용객은 꾸준히 증가해 왔는데, 2014년 카지노이용객은 약 300만 명에 도달했다. 그러나 2015년에는 메르스의 여파로 전년 대비 11.8%가 감소한 260만 명이 카지노를 이용했다. 2017년도에는 한중 간 사드갈등으로 인해 외래관광객 수는 전년 대비 22.7%가 감소했고, 카지노이용객 수도 전년 대비 6.2%가 감소한 약 220만 명을 기록했다. 코로나-19로 인해 카지노이용객은 2020년 전년 대비 64.1%가 감소한 약 116만 명, 2021년에는 38.8%가 감소한 약 70만 명이었으나, 코로나가 진정국면에 들어서면서 전년 대비 56%가 증가한 약 110만 명을 기록했다. 2024년에는 코로나로부터 완전히 회복되어 전년대비 42.2%가 증가한 약 294만 명을 기록했다.

[그림 3-1]에서 보는 바와 같이 2024년 국적별 카지노이용객 비율을 살펴보면, 중국관광객이 52.4%를 차지했고, 일본관광객은 23.6%만을 차지하는 것으로 나타났다. 한편 워커힐카지노의 경우 중국관광객 비율은 55.4%, 일본관광객 비율은 17.0%로 나타났으며, 세븐럭카지노(드래곤시티)의 경우 중국관광객 비율은 60.3%, 일본관광객 비율은 26.9%로 나타났다. 파라다이스시티의 경우 일본관광객 비율은 45.4%, 중국관광객 비율은 33.4%로 나타났다.

[그림 3-2]에서 보는 바와 같이 2024년도 지역별 외국인전용 카지노이용객 비율을 살펴보면, 서울지역이 전체의 44.6%를 차지하고 있다. 다음으로는 제주(22.5%), 인천(21.9%), 부산(8.6%)의 순으로 나타났다. 특히 파라다이스시티와 인스파이어가 개장하면서 인천지역의 카지노이용객 비

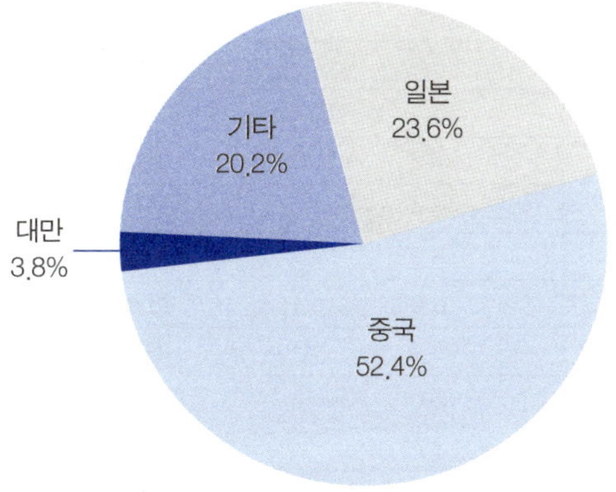

자료: 한국카지노업관광협회(2025a). 국적별 입장객 현황.

[그림 3-1] 국적별 카지노이용객 비율
(외국인전용 카지노)

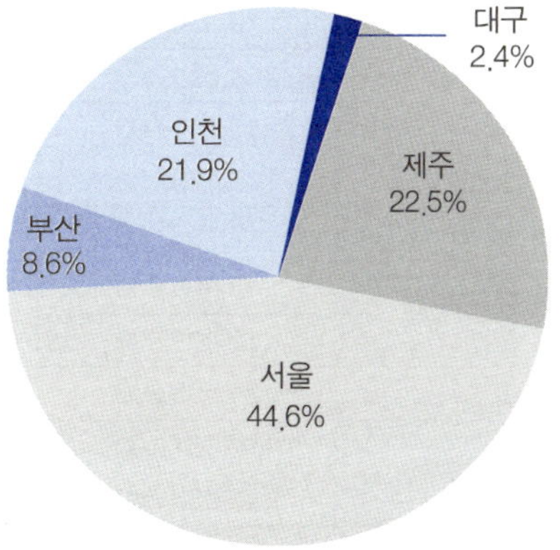

자료: 한국카지노업관광협회(2025c). 카지노 입장객 및 매출액 현황.

[그림 3-2] 지역별 카지노이용객 비율
(외국인전용 카지노)

율은 상대적으로 증가한 것으로 나타났다. 제주지역의 경우 우리나라 전체 외국인전용 카지노 18개 업체 중 절반인 8개 업체가 있지만 이용객 수는 전체의 22.5%만을 차지한다.

3. 카지노매출액 현황

[표 3-4]에서 보는 바와 같이 2002년 카지노 외화획득액은 3억 4,123만 달러를 기록했다. 2006년에는 세븐럭카지노가 서울 2곳, 부산 1곳에 개장함에 따라 전년 대비 18.9%, 2007년에는 33.5%

[표 3-4] 연도별 관광외화수입 대비 카지노매출액 현황

연도	관광외화수입 (천 달러)[A]	카지노외화수입 (천 달러)[B]	카지노점유율(%) [B/A]	카지노성장률 (%)
2002	5,918,800	341,226	5.8	15.1
2003	5,343,400	332,142	6.2	-2.7
2004	6,053,100	378,576	6.3	14.0
2005	5,793,000	423,413	7.3	11.8
2006	5,759,800	503,325	8.7	18.9
2007	5,750,100	671,941	11.7	33.5
2008	9,719,100	598,940	6.2	-10.9
2009	9,387,100	788,020	8.4	31.6
2010	10,321,400	869,679	8.4	10.4
2011	12,247,700	1,015,982	8.3	16.8
2012	13,356,700	1,110,244	8.3	9.3
2013	14,524,800	1,250,093	8.6	12.6
2014	17,711,800	1,307,776	7.4	4.6
2015	15,176,700	1,098,778	7.2	-16.0
2016	17,199,700	1,099,266	6.4	0.0
2017	13,263,900	1,067,595	8.0	-2.9
2018	18,461,800	1,477,265	8.0	38.4
2019	21,506,300	1,242,054	5.8	-15.9
2020	10,181,100	506,559	5.0	-59.2
2021	10,622,500	353,660	3.3	-30.2
2022	11,781,400	552,063	4.7	56.1
2023	15,065,400	1,077,858	7.2	95.2
2024	16,454,300	1,362,100	8.3	26.4

자료: www.tour.go.kr; 한국카지노업관광협회(2025c). 카지노 입장객 및 매출액 현황.

가 증가했다. 2008년 카지노 외화수입은 환율의 영향으로 약간 감소하다가 2009년에는 전년 대비 31.6%가 증가한 7억 8,800만 달러를 기록했다. 이렇듯 카지노수입이 큰 폭으로 증가한 것은 엔화 등 환율의 강세(한화의 평가절하)로 카지노이용객의 구매력이 높아졌기 때문인 것으로 분석된다.

2011년 카지노 외화수입은 처음으로 10억 달러를 달성했으며, 우리나라 외래관광객 수입의 8.3%를 차지했다. 카지노매출액은 2012년에는 11억 달러, 2014년에는 13억 달러로 꾸준히 증가하고 있다. 그러나 2015년에는 메르스 여파로 인한 카지노이용객의 감소와 중국의 반부패정책으로 인한 VIP 고객의 감소로 전년 대비 약 16%가 감소한 11억 달러만을 기록했다. 2017년도에는 한중 간 사드갈등으로 전년 대비 2.9%가 감소한 10억 6,760만 달러를 나타냈다. 2020년에는 코로나-19로 인해 전년 대비 59.2%가 감소한 5억 656만 달러, 2021년에는 전년 대비 30.2%가 감소한 3억 5,366만 달러였으나, 코로나가 완화되면서 2024년에는 전년 대비 26.4%가 증가한 13억 6,210만 달러를 기록했다. 한편 2024년도 카지노이용객 1인당 평균지출액은 463달러로 나타났다.

[그림 3-3]에서 보는 바와 같이 2024년도 지역별 외국인전용 카지노의 매출액 비율을 살펴보면, 서울과 인천이 각각 35.6%와 32.0%를 차지했으며, 다음으로는 제주(24.7%), 부산(6.5%)의 순으로 나타났다. 한편 인천 영종도에 파라다이스시티와 인스파이어가 개장함에 따라 과거에 비해 매출액이 급증하고 있다.

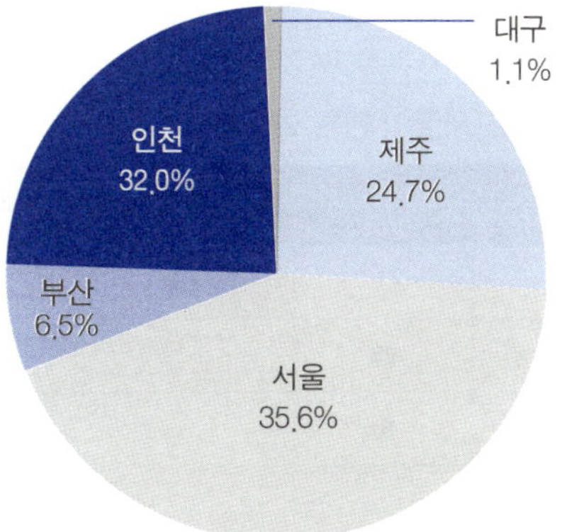

자료: 한국카지노업관광협회(2025c). 카지노 입장객 및 매출액 현황.

[그림 3-3] **지역별 카지노매출액 비율**(외국인전용 카지노)

제3절

카지노산업의 경영구조분석

최근 중국관광객의 비중이 급속히 증가하면서 우리나라 외국인전용 카지노의 입장객과 매출액은 중국시장의 비중이 높아지고 있다. 일본관광객도 여전히 중요한 카지노시장이지만, 과거에 비해 의존도가 점점 낮아지고 있다. 또한 우리나라 카지노산업의 매출액은 VIP에 대한 의존도가 여전히 높지만, 카지노 실무자들에 따르면 과거에 비해 그 의존도가 다소 낮아지는 경향이 있다고 한다.

게임시설은 테이블게임에 대한 의존도가 매우 높으며, 머신게임에 대한 의존도는 약한 편이다. 한국뿐만 아니라 아시아 카지노산업은 테이블게임에 대한 의존도가 높은 편이며, 반면에 미국 카지노산업은 머신게임의 의존도가 높다. 한편 우리나라 외국인전용 카지노 중 파라다이스시티가 복합리조트를 운영하기 시작했고, 추가적으로 복합리조트들이 건설되면서 테마시설들이 제공될 것이다. 그러나 싱가포르와 같이 내외국인용 복합리조트에 비해서는 작은 규모라고 할 수 있다.

[표 3-5] **우리나라 카지노산업의 구조**(외국인전용 카지노)

구조	의존도						
	일본시장	중국시장	VIP	Walk-in Guest	테이블게임	머신게임	테마시설
이용객구조	●	●	◎	●	●	◎	◎
매출액구조	●	●	●	◎	●	◎	◎
관리구조	●	●	●	◎	●	◎	◎

주: ●: 강한 의존도, ◎: 약한 의존도.

제4절

강원랜드 입장객 및 매출액 현황

1. 스몰카지노 운영단계(2000~2002년)

[표 3-6]에서 보는 바와 같이 강원랜드 카지노가 처음 개장된 2000년에는 2개월(10월 28일 개장) 동안 약 21만 명이 방문했으며, 하루평균 약 3,200명이 이용했다. 또한 2001년에는 약 90만 명, 2002년도에는 약 92만 명이 각각 강원랜드를 방문했다. 한편 매출액을 살펴보면, 2000년에는 2개월 동안 884억 원, 2002년에는 4,694억 원의 매출액을 각각 기록했다.

[표 3-6] 강원랜드의 연도별 카지노 입장객 및 매출액 현황

연도	입장객 수(명)	매출액(백만 원)	연도	입장객 수(명)	매출액(백만 원)
2000	209,349	88,436	2013	3,067,992	1,279,032
2001	899,590	453,897	2014	3,006,900	1,422,002
2002	918,698	469,389	2015	3,133,391	1,561,145
2003	1,547,847	664,218	2016	3,169,656	1,627,612
2004	1,784,730	749,960	2017	3,114,948	1,523,002
2005	1,881,559	829,964	2018	2,851,889	1,400,081
2006	1,793,746	847,783	2019	2,895,191	1,481,555
2007	2,451,921	1,026,472	2020	599,265	443,549
2008	2,914,684	1,098,242	2021	844,140	775,006
2009	3,044,972	1,152,510	2022	2,083,513	1,223,461
2010	3,091,209	1,255,007	2023	2,413,082	1,320,219
2011	2,983,440	1,191,822	2024	2,373,346	1,364,142
2012	3,024,511	1,209,332	–	–	–

자료: 한국카지노업관광협회(2025c), 카지노 입장객 및 매출액 현황.

2. 메인카지노 운영단계(2003~2004년)

2003년 3월 강원랜드는 스몰카지노에서 메인카지노로 확장되었고, 이에 따라 테이블게임과 머신게임도 증가했다. 그 결과 2003년 입장객 수는 150만 명 이상으로 증가하여 전년 대비 68.5%나 성장했다. 또한 2004년에는 178만 명 이상이 카지노를 방문하여 전년 대비 15.3%의 성장률을 나타냈다. 한편 매출액을 살펴보면, 2003년에는 6,642억 원, 2004년에는 약 7,500억 원을 기록했다.

3. 리조트 운영단계(2005~현재)

2005년 골프장, 2006년 스키장, 2022년에는 워터월드가 개장되어 강원랜드는 본격적으로 리조트형태로 발전하기 시작했다. 카지노입장객 수는 2005년 188만 명으로 전년 대비 5.4%가 성장했으나, 2006년에는 179만 명으로 전년 대비 4.7% 감소했으며, 2007년에는 245만 명으로 전년 대비 36.7%의 성장률을 기록했다. 2006년 입장객이 감소한 이유는 바다이야기로 대표되는 불법오락실이 전국적으로 성행했기 때문인 것으로 판단되며, 2006년 9월 정부가 불법영업시설에 대한 집중단속을 실시한다고 발표한 이후 입장객이 소폭이나마 증가한 것으로 나타났다. 2009년도부터는 입장객이 처음으로 300만 명을 넘어섰고, 2017년까지는 이 수준을 유지하다가 2018년에는 285만 명, 2019년에는 289만 명으로 300만 명 수준을 다소 밑돌고 있다.

한편 매출액을 살펴보면, 2017년에는 1조 5,604억 원이었으나 2018년에는 1조 4,000억 원, 2019년에는 1조 4,815억 원으로 약간씩 감소했다. 또한 코로나-19의 여파로 인해 2020년 입장객 수는 약 60만 명, 매출액은 약 4,435억 원으로 급감했다. 그러나 코로나-19가 점차 완화되면서 회복세를 보이고 있는데, 입장객 수의 경우 2021년 약 84만 명에서 2022년에는 약 208만 명으로 증가했고, 매출액의 경우 2021년 약 7,750억 원에서 2022년 약 1조 2,235억 원으로 증가했다. 또한 2024년 입장객 수는 약 237만 명, 매출액은 1조 3,641억 원을 기록했다.

제5절

업체별 게임시설 현황

우리나라 카지노에는 테이블게임(1,434대), 전자테이블게임(80대), 머신게임(3,097대)을 운영하고 있다. 테이블게임에는 바카라가 가장 많고, 다음으로는 블랙잭과 룰렛의 순이다. 머신게임에는 비디오게임이 슬롯머신보다 많다.

[표 3-7] **카지노업체별 게임기구 현황**(2025년 4월 기준)

육지 지역	카지노명【법인명】 및 허가증상 면적(m^2)	테이블 게임		전자 테이블 게임			머신(전자) 게임		총 수량
		종류	대수	종류	대수	단말기수	종류	대수	
서울	파라다이스카지노 워커힐 【(주)파라다이스】 파라다이스워커힐	RL	5	D-BC	1	80	SM	2	9종 245대
		BJ	8	A-BC	1		VG	131	
		BC	85	A-RL	1				
		PO	11						
		소계	109	소계	3	80	소계	133	
	세븐럭카지노 강남코엑스점 【그랜드코리아레저(주)】 [2,158.32]	RL	2	D-BC	1	45	VG	108	10종 190대
		BJ	8	A-BC	1				
		BC	62	A-RL	1				
		PO	5	A-TS	1				
		TS	1						
		소계	78	소계	4	45	소계	108	
	세븐럭카지노 서울드래곤시티점 【그랜드코리아레저(주)】 [2,137.20]	RL	6	D-BC	1	71	SM	7	12종 204대
		BJ	6	A-BC	1		VG	139	
		BC	37	A-RL	1				
		PO	2						
		TS	2						
		CW	1						
		BR	1						
		소계	55	소계	3	71	소계	146	

부산	세븐럭카지노 부산롯데점 【그랜드코리아레저(주)】 [1,583.73]	RL	2	D-BC	1	29	SM	5	10종 144대
		BJ	6	A-RL	1		VG	95	
		BC	30	A-TS	1				
		PO	2						
		TS	1						
		소계	41	소계	3	29	소계	100	
	파라다이스카지노 부산 【(주)파라다이스】 [1,483.66]	RL	2	D-BC	2	41	VG	75	7종 112대
		BJ	2	D-RL	1				
		BC	29						
		PO	1						
		소계	34	소계	3	41	소계	75	
인천	파라다이스카지노 (♠파라다이스시티) 【(주)파라다이스세가사미】 [8,726.80]	RL	10	D-BC	4	144	SM	17	14종 522대
		BJ	18	D-RL	1		VG	315	
		BC	131	A-RL	3				
		PO	17	A-TS	2				
		TS	1	A-BW	1				
		CW	1	A-CR	1				
		소계	178	소계	12	144	소계	332	
	인스파이어 카지노 (♠인스파이어 엔터테인먼트 리조트) 【(주)인스파이어 인티크레이티드 리조트】 [14,372.00]	RL	9	D-BC	3	195	SM	2	13종 564대
		BJ	20	A-BC	2		VG	393	
		BC	108	A-RL	3				
		PO	20	A-TS	1				
		TS	1	A-CW	1				
		CR	1						
		소계	159	소계	10	195	소계	395	
강원	알펜시아카지노 【(주)지바스】 [632.69]	RL	1				VG	30	5종 53대
		BJ	2						
		BC	19						
		TS	1						
		소계	23				소계	30	
대구	인터불고대구카지노 【(주)골든크라운】 [1,485.24]	BJ	5	D-BC	2	30	SM	4	7종 118대
		BC	19	A-RL	1		VG	81	
		PO	6						
		소계	30	소계	3	30	소계	85	

강원	강원랜드카지노 (♠하이원리조트) 【(주)강원랜드】 [15,481.19]	RL	13	D-BC	2	80	SM	89	12종 1,557대
		BJ	62	D-RL	1	48	VG	1,271	
		BC	93	D-BJ	1	32			
		PO	12	A-BC					
		TS	8	A-RL					
		BW	2	A-TS					
		CW	3						
		CR							
		KN							
		BG							
		소계	193	소계	4	160	소계	1,360	
육지지역 계			900		45	795		2,764	

제주 지역	업체명【법인명】 및 허가증상 면적(m^2)	테이블 게임		전자 테이블 게임			머신 게임		총 수량
		종류	대수	종류	대수	단말기수	종류	대수	
제주	공즈카지노 【길상창휘(유)】 [1,604.84]	BJ	2						4종 40대
		BC	31						
		PO	5						
		MA	2						
		소계	40						
	파라다이스카지노 제주 【(주)파라다이스】 [1,195.92]	RL	1	D-BC	1	20	VG	36	7종 70대
		BJ	3	A-RL	1				
		BC	24						
		PO	4						
		소계	32	소계	2	20	소계	36	
	세븐스타카지노 【(주)청해】 [1,175.85]	RL	1						5종 33대
		BJ	2						
		BC	26						
		PO	3						
		TS	1						
		소계	33						
	오리엔탈카지노 【(주)건하】 [865.25]	RL	1				VG	20	6종 55대
		BJ	4						
		BC	27						

		PO	2						
		TS	1						
		소계	35				소계	20	
	드림타워카지노 (♠제주드림타워) 【(주)엘티엔터테인먼트】 [5,529.63]	RL	6	A-BC	10	71	VG	189	9종 378대
		BJ	7	A-RL	10				
		BC	125	A-TS	10				
		PO	15						
		TS	6						
		소계	159	소계	30	71	소계	189	
	제주썬카지노 【(주)지앤엘】 [1,509.12]	RL	2				VG	17	5종 64대
		BJ	4						
		BC	40						
		TS	1						
		소계	47				소계	17	
	랜딩카지노 (♠제주신화월드) 【람정엔터테인먼트코리아(주)】 [5,641.10]	RL	4				VG	63	8종 229대
		BJ	1						
		BC	75						
		PO	83						
		TS	1						
		NIU	1						
		BR	1						
		소계	166				소계	63	
	메가럭카지노 【(주)메가럭】 [1,347.72]	RL	1	A-BC	1	16	SM	8	8종 33대
		BJ	1	A-RL	1				
		BC	19	A-TS	1				
		TS	1						
		소계	22	소계	3	16	소계	8	
카지노업 총계(육지＋제주)			1,434		80	902		3,097	

주: RL(Roulette), BJ(Blackjack), BC(Baccarat), PO(Poker), TS(Tai Sai), BW(Big Wheel), D(딜러운영전자테이블 게임), CW(Casino War), CR(Craps), KN(Keno), A(무인완전자동전자테이블게임), BG(Bingo), MA(Mahjong), NIU(Niu Niu), BR(BROG), SM(Slot Machine), VG (Video Game), ♠(복합리조트).

자료: 한국카지노업관광협회(2025b). 카지노업체 및 게임시설 현황.

제6절 우리나라 복합리조트 카지노

1. Paradise City

(주)파라다이스세가사미[1]는 1조 5,000억 원을 투자하여 인천국제공항 국제업무지구(대지면적: 330,000m^2)에 복합리조트(IR)를 건설하여 단계적으로 2017년 4월 1차 시설을, 2018년 9월 2차 시설을 개장했다. 카지노(15,529m^2)는 국내 최대 규모 영업장으로 테이블 178대, 전자테이블(ETG) 12대, 머신게임 332대, VIP전용 카지노라운지, VIP Sky Casino 시설 등이 들어섰다. 또한 5성급 호텔, 아트 스페이스, 클럽, 실내 테마파크, 컨벤션, 플라자, 스파 등이 포함된다.

자료: (주)파라다이스세가사미.

1 기존 파라다이스 인천카지노의 License를 가지고 카지노를 운영함.

한편 파라다이스시티의 카지노이용객 수는 약 19만 명에서 2021년에는 약 10만 명으로 감소하다가 코로나가 완화되면서 2022년에는 약 15만 명으로 증가했다(한국카지노업관광협회, 2023c). 또한 카지노 매출액은 2020년 약 1억 756만 달러에서 2021년에는 7,586만 달러로 감소하다가 2022년에는 1억 2,238만 달러로 증가했다(한국카지노업관광협회, 2023c).

[표 3-8] Paradise City 시설 개요

호텔	카지노	컨벤션
• 711실 Deluxe Hotel(Pool Villas 포함) • Premium 객실 사이즈 • Star Chef의 Fine Dining • 사계절 실내외 Recreation 시설 – Indoor / Outdoor Pool, Aesthetic Spa, Fitness	• 국내 최대 규모 Casino 영업장 – 테이블 159대, ETG 62대, 슬롯머신 289대 • VIP 전용 Casino Lounge • VIP Sky Casino 시설	• 국제회의용 Grand Ballroom • 영화제 등 Red Carpet 행사 가능한 개별동선 • Conference외 실내공연 가능 무대시설
Plaza	**스파 '씨메르'**	**호텔 'ART PARADISO'**
• 이탈리아 피렌체 'Piazza della Signoria' 에서 영감을 받은 쇼핑 아케이드 • 놀이와 문화: 예술+테크놀로지 복합문화 공간 • Art Space, 면세점, 식음 등	• 한국형 찜질방, 실내외 수영장 • 테마 휴식 공간	• 럭셔리 부티크 호텔 58실 • VVIP 및 셀럽이 타깃 • Plaza와 연결된 고객 동선
클럽 '크로마'	**테마파크 '원더 박스'**	**파라다이스 '아트 스페이스'**
• MVRDV / Josh Held가 디자인한 이비자 스타일 EDM, 루프탑 비치 클럽 • 3,000명 수용 가능	• 가족이 즐길 수 있는 회전목마, 카니발 게임을 포함한 실내 테마파크	• 상설 / 특별전시 등 현대문화 전시 공간

자료: (주)파라다이스세가사미.

▲카지노

▲컨벤션

▲테마파크 '원더 박스'

▲클럽 '크로마'

자료: (주)파라다이스세가사미.

2024년 국적별 이용객을 살펴보면, 일본고객이 45.4%로 가장 많으며, 다음으로는 중국고객(33.4%)으로 나타났다([그림 3-4] 참조).

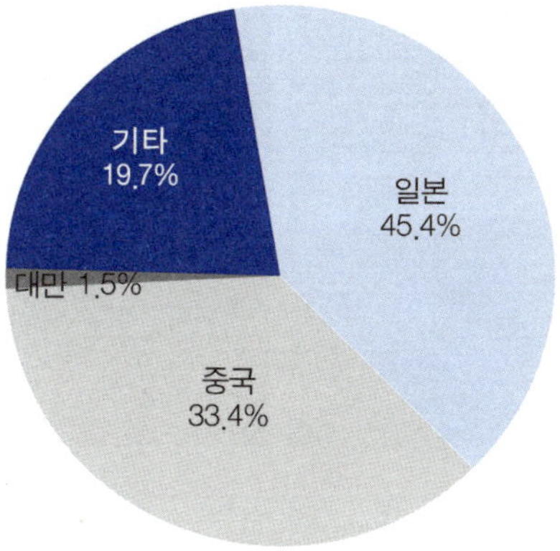

자료: 한국카지노업관광협회(2025a). 국적별 입장객 현황.

[그림 3-4] 파라다이스시티의 국적별 이용객 비율

2. RFCZ Korea

2014년 외국기업으로는 처음으로 리포와 시저스의 합작법인 LOCZ Korea가 복합리조트 허가를 받았다. 2016년 리포의 투자철수 발표에 따라 시저스(Caesars Entertainment)사는 중국의 부동산기업(광저우 R & F 프로퍼티스)을 대체투자자로 선정, 문화체육관광부로부터 투자자 변경승인을 받았고, 2017년 합작법인의 이름을 RFCZ Korea로 변경했다.

RFCZ Korea는 인천 미단시티 내 약 3만 8,365m^2 부지에 외국인 직접투자 미화 7억 달러 이상을 투자하여(문화체육관광부, 2014), 720여 개의 럭셔리 스위트룸, 객실, 빌라로 구성된 최고급 호텔과 서비스 레지던스, 라이브 엔터테인먼트 공연장, 다수의 레스토랑·바·라운지로 구성된 다이닝 포트폴리오, 시그니처 스파와 수영장, 최첨단 컨퍼런스센터, 외국인전용 카지노(6,202.81m^2) 등이 포함된다. 시저스 코리아 복합리조트는 2017년 9월 착공하여 2021년 개장을 목표로 공사를 진행 중에 있었으나, 2020년 네바다주의 Eldorado Resorts에 의해 약 20조 원에 인수합병을 당해 모든 해외 프로젝트가 중단되었다. 결국 시저스는 2021년 1월 50%의 지분 전량을 광저우 R & F사에 매각한 후 한국시장에서 완전히 철수했으며, 100% 지분 전체를 보유하게 된 광저우사는 문화체육관광부에 개장 연기를 신청하여 2024년 3월까지 사업기간 연장을 한국정부로부터 승인받았으나 공사를 재개하지 않아 사업기간 연장이 불허되었다.

▲조감도

▲수영장

자료: 시저스 코리아 제공.

3. Inspire Integrated Resort

문화체육관광부는 복합리조트 개발사업계획 공모(RFP: Request For Proposal)에 대한 심사결과, 2016년 2월 26일 (주)Inspire Integrated Resort를 복합리조트 사업자로 선정했다(문화체육관광부, 2016). Inspire IR은 초기단계에서 미국 인디언보호구역 카지노 리조트인 모히간 선(Mohegan Sun)의 모기업인 MTGA(Mohegan Tribal Gaming Authority)와 국내기업 (주)KCC가 공동으로 출자하여 설립한 특수목적 법인으로 시작했지만, 2018년 MTGA가 (주)KCC의 지분을 전량 인수했다. 2024년 3월 5일 개장했으며, 테이블게임(159대), 머신게임(395대), 전자테이블게임(10대)을 갖추고 있다. 또한 인스파이어 IR은 15,000석 규모의 공연장인 아레나, 150m 길이의 초대형 LED로 둘러싸인 환상적인 비주얼인 오로라, 야외 가족 공원인 디스커버리 파크, 그밖에 로툰다, 인스파이어 원더 등을 갖추고 있다. 그러나 실적부진으로 인한 재무약정 불이행으로 2025년 2월 경영권이 주채권사인 베인캐피탈로 넘어갔으며, 베인캐피탈은 2025년 5월 인스파이어의 매각을 추진하고 있는 것으로 알려졌다.

▲정문

▲아레나

▲로툰다

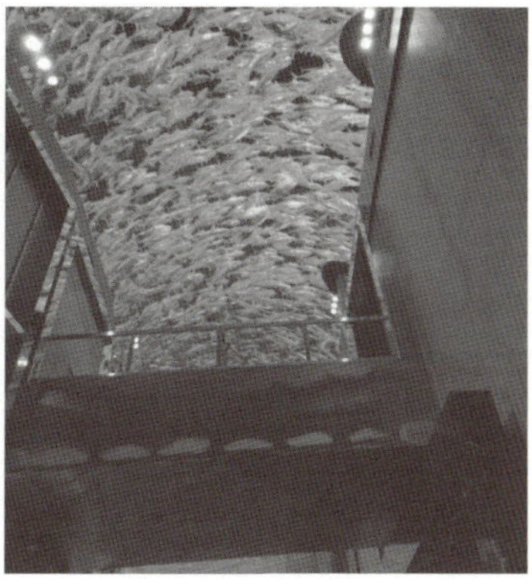

▲오로라

4. 랜딩카지노(제주신화월드)

랜딩카지노는 외국인전용 카지노이지만, 규모는 복합리조트 수준이다. 랜딩카지노는 제주도 서귀포시에 약 2조 원의 개발비를 들여 제주신화월드를 건설했다. 제주신화월드는 안휘랜딩홀딩그룹(Anhui Landing Holding Group Co., Ltd.) 소유인데, 홍콩증권거래소의 상장회사로 중국 100대 부동산기업이다.

▲복합리조트 전경

▲카지노 전경

▲숙박시설

▲테마파크

▲워터파크

▲컨벤션센터

사진: 랜딩카지노 제공.

랜딩카지노는 테이블게임 151대, 전자테이블 10대(단말기 102), 머신게임 99대를 보유하고 있다. 또한 제주신화월드에는 컨벤션센터, 숙박시설(메리어트관, 서머셋, 신화관, 랜딩관), 테마파크(워터파크 포함), 쇼핑센터, 레스토랑 등의 시설들이 있다.

5. 제주 드림타워

제주 드림타워는 총사업비 1조 7천억 원을 투자하여 2020년 12월 18일에 개장한 도심형 복합리조트로, 롯데관광개발이 소유 및 운영하고 있다. 제주 드림타워는 지상 38층, 169m 높이로 제주에서 가장 높은 롯데시티호텔(89m)보다 2배가량 높으며, 연면적은 여의도 63빌딩의 1.8배인 30만 3,737m^{2}로 제주도 최대 규모이다.

1층에는 호텔로비, 차량 승하차장, 야외광장인 그랜드플라자, VIP고객전용 출입구인 VIP플라자가 있으며, 2층에는 외국인전용 카지노인 드림타워 카지노가, 3～4층에는 K패션몰 한컬렉션과 레스토랑 및 연회장이 있다. 6층에는 실내수영장과 로즈베이스파, 찜질스파, 피트니스, 키즈아케이드 등 호텔 부대시설이, 8층에는 28m 길이의 야외수영장과 키즈풀, 자쿠지, 카바나 등으로 구성된 국내 최대 규모의 풀데크가 있으며, 호텔타워 38층에는 제주 최고 높이에서 제주 전경을 즐길 수 있는 스카이데크가 있다.

[표 3-9] **제주 드림타워 시설 및 투자 현황**

구분	내용
층수	• 지하 6층, 지상 38층, 169m(제주 최고 높이 랜드마크 빌딩)
면적	• 연면적 303,737m^2(제주 최대 규모 랜드마크 빌딩)
호텔	• 그랜드하얏트제주
객실수	• 1,600실(올스위트 사이즈 객실)
외국인전용 카지노	• 카지노 면적 15,541m^2 • 테이블 145대, 전자테이블 8대, 머신게임 190대
주요시설	• 14개 레스토랑 & 바 • 8층 풀데크(인피니티풀) • 10개 MICE 미팅 룸 • 38층 스카이데크 • 3～4층 K패션몰 한컬렉션
총투자비	• 1조 7천억 원
오픈시기	• 2020. 12. 18. Tower 2 및 한컬렉션 오픈 • 2021. 6. 11. 드림타워 카지노 오픈 • 2021. 11. 29. Tower 1 오픈

국내 최초로 전 객실이 다른 5성급 호텔(40m2)보다 훨씬 넓은 전용면적 65m^2 이상의 올스위트(all-suite) 호텔로 조성되었다. 드림타워 카지노는 테이블게임 145대, 전자테이블게임 8대, 머신게임 190대를 갖추고 있다.

▲제주 드림타워 전경

▲38층 스카이데크

▲카지노 전경

▲풀데크

▲K패션몰 한컬렉션

▲건물 사이 수영장 입구

사진: 제주 드림타워 제공.

제7절

카지노 경영조직 현황

1. 카지노 경영형태

국내 카지노의 경영형태로는 소유직영방식과 임대방식이 있다. 소유직영방식은 문자 그대로 호텔이 카지노를 직접 소유하고 경영하는 형태로서 이와 같은 방식으로 여러 개의 기업을 운영하려면 자금과 입지 및 인적자원 측면에서 충분한 조건을 갖추고 카지노경영의 노하우가 축적

되어야 한다. 국내에서는 강원랜드 카지노가 여기에 해당한다. 임대방식은 토지 및 건물의 투자에 직접적으로 참여하지 않고 제3자의 건물을 계약에 의해 임차하여 카지노사업을 경영하는 형태를 말한다. 임대방식의 기본적 형태는 토지 및 건물의 투자에 대해서는 호텔이 부담하고, 이에 대해 일정액의 임대료를 호텔소유자에게 지불하는 형식이다. 우리나라 외국인전용 카지노 중 거의 대부분이 여기에 해당된다. 이처럼 호텔에서 카지노를 소유하거나 임대하는 이유는 호텔수입에서 차지하는 비중이 매우 높기 때문이다.

2. 카지노 경영조직 구조

조직이란 공동목표를 달성하기 위해 조직구성원 및 모든 자원이 서로 연관되어 있는 집합체라고 할 수 있다. 카지노의 조직은 이윤극대화, 기업이념의 달성, 사업계획의 추진, 내부통제시스템 등의 경영목적을 달성하기 위해 간결하고 명확하게 구성되어야 한다. 따라서 카지노 경영조직의 본질은 첫째, 경영목적 달성에 필요한 각 구성원의 직무를 결정하는 것이며 둘째, 결정된 직무에 일정한 권한과 책임을 배분함으로써 각 직무 간의 상호관계를 합리적으로 편성하는 데 있다. 카지노는 경영의 효율성을 위해 자사실정에 맞는 합리적이며 독창적인 조직을 구성해야 한다. 그 이유는 급변하는 내·외부환경을 긍정적으로 수용할 수 있는 업체만이 생존할 수 있고 성장할 수 있기 때문이다.

카지노의 경영조직은 일반 경영조직과는 달리 카지노의 특수성을 감안하여 그 형태가 이루어진다. 카지노조직을 편성하는 데는 다음과 같은 사항들이 고려되어야 한다. 첫째, 카지노조직은 카지노가 갖고 있는 기능의 구성·규모·경영방침 등에 따라 달라질 수 있고 둘째, 분업화·전문화를 촉진하기 위해 업무수행상 겸직이 좋은가를 판단하여 결정해야 하며 셋째, 근무시간이 긴 영업부서에서는 시간대별 고객집중도를 고려해야 한다. 카지노업 영업준칙에서는 카지노를 운영함에 있어 카지노사업자는 원활한 영업활동 및 효율적인 내부통제를 위해 이사회, 카지노총지배인, 영업부서, 안전관리부서, 출납부서, 환전상, 전산전문요원 등의 조직 및 인력을 갖추도록 하고 있으며, 카지노업의 원활한 운영을 위해 기타 조직 및 인력을 둘 수 있도록 규정하고 있다.

국내 P사의 카지노조직을 살펴보면, 대표이사 밑에 부사장(총지배인)이 있고, 그 밑에 부총지배인(상무)을 두고 있다. 부총지배인 밑에는 영업담당 임원과 국제마케팅담당 임원, 그리고 그 밑에는 각 팀장들이 있다. 영업담당 임원은 영업·식음료·안전관리를 담당하고, 국제마케팅담당 임원은 국내·일본·동남아를 담당한다. 또한 부총지배인 직속으로 운영관리실(Surveillance)과 공항서비스센터를 두고 있다. 섭외이사는 안전관리부서를 담당한다. 부사장의 직접통제를 받는 관리이사는 관리·경리·회계부서를 담당하며, 부사장 직속으로 경영지원실이 있다. 이와 같이 어떤 조직이든 똑같은 조직구조는 없으며, 경영진의 철학, 게임종류, 관측대상, 카지노 소유권형태(직영 또는 임대) 등의 변수를 고려하여 최적의 조직을 구성한다.

한편 미국의 카지노 경영조직은 카지노의 규모·운영형태 등에 따라 크게 다르다. 하지만 일반적인 카지노호텔의 조직구조를 살펴보면, 우리나라 조직보다 매우 복잡하고 세분화되어 있다는 것을 알 수 있다. 대형 카지노의 경영조직을 살펴보면, 사장 밑에 카지노·호텔·행정·판촉·재무·안전관리담당의 부사장이 있으며, 그 밑에 부서에 따라 이사급 또는 부장급 임원 또는 지배인이 있다. 카지노담당 부사장 밑에는 테이블게임, 슬롯머신, 카지노 마케팅, 키노, 포커, 레이스·스포츠 담당이사 또는 지배인이 일반 직원들을 관리한다.

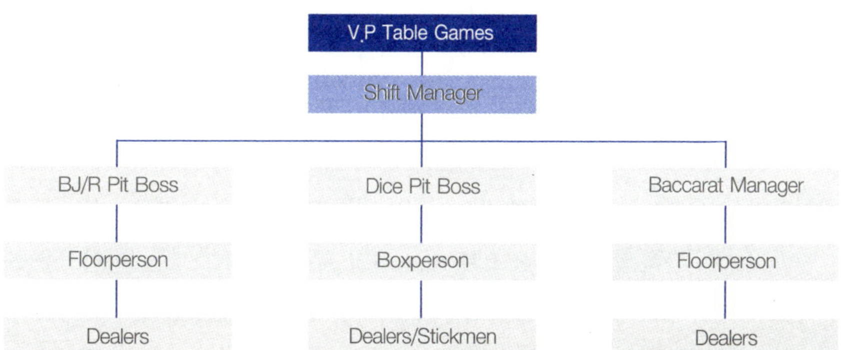

주: • BJ: Blackjack
• R: Roulette

[그림 3-5] 미국 카지노 조직도(테이블게임 중심)

2. 카지노 조직부서 및 종사원

1) 카지노 조직부서

우리나라 카지노의 조직은 ① 관리부서, ② 판촉부서, ③ 영업부서, ④ 출납부서, ⑤ 안전관리부서, ⑥ 환전상, ⑦ 전산전문요원 등으로 구성된다. 관리부서는 일반 회사의 관리와 동일한 개념으로 인사·경리·총무·노무·기획 등을 포함하며, 영업장 지원업무와 외부에서 발생하는 모든 사항을 관장한다. 즉 신규 딜러 모집과 교육을 포함하여 회사규정의 작성, 물품조달, 예산·결산서 작성 등 일반 기업의 관리부서와 동일한 업무를 수행한다. 또한 업무협조를 통해 영업 및 판촉부문이 원활한 기능을 수행하도록 보조하는 역할도 한다.

관리부서와 판촉부서는 서로 영업을 지원한다는 점에서는 동일하지만, 관리부서의 경우 고객과 직접적으로 접촉하지 않는다는 점에서 다소 차이가 있다. 판촉부서의 주된 업무는 고객을 접대하는 것이다. 고객이 카지노를 방문했을 때 가장 먼저 접하게 되는 직원은 판촉직원이다. 그러므로 이들의 역할은 카지노 전체의 이미지 전달에 매우 중요한 부분을 차지한다. 또한 판촉부서에서는 게임방법을 모르는 고객들에게 이를 설명해주고, 고객들의 불평·불만도 처리해준다. 미국에서는 일반적으로 판촉직원들을 호스트(Host)라고 부른다. 호스트는 영업장을 오가며 반복고객에게 인사를 하거나 새로운 고객에게 자신과 회사를 소개하기도 한다. 이 부서는 크게 해외고객을 담당하는 해외판촉과 국내고객 또는 단체관광객을 담당하는 국내판촉으로 나뉜다.

영업부서는 카지노영업장 내의 각 게임테이블 및 머신에 배치되는 인력을 관리하며, 출납부서는 자금의 운영을 관리한다. 이 두 부서는 카지노조직 중에서 가장 핵심적인 역할을 수행하는 곳이다. 카지노영업은 넓은 의미에서 테이블과 현금을 다루는 출납으로 대별된다. 테이블에서는 고객에게 칩을 교환해주고, 딜러가 게임을 진행하거나 보조하며, 출납에서는 고객의 칩을 현금으로 교환해주는 일을 담당한다. 테이블은 게임종목 및 베팅한도액에 따라 2~24테이블이 하나의 구역으로 형성되는데, 이것을 피트(Pit)라고 부른다. 피트는 서로 같은 게임종목만으로 이루어질 수도 있고, 카지노에 따라 서로 다른 게임종목으로 이루어질 수도 있다. 출납은 칩출납(흔히 Bank라 함)과 현금출납으로 나누어진다. 칩출납은 칩을 테이블로 배달해 주거나 테이블에서 남은 칩을 수거해오는 기능을 한다. 현금출납은 고객의 칩을 현금으로 교환해주는 기능을 하며, 이것은 케이지(Cage)에서 행해진다.

안전관리부서는 영업장을 포함한 호텔과 카지노 전체를 감시하고 고객과 종업원을 보호하는 부서이며, 안전관리(Security)와 운영관리(Surveillance)로 나뉜다. 안전관리부서의 직원은 영업장과 영업장 이외의 지역을 감시하며, 칩이나 현금의 이동 시 항상 동행한다. 운영관리과의 직원은 영업장, 특히 테이블게임 및 머신게임 주변에 설치된 카메라를 통해 종업원의 부정행위나 고객의 속임수 등 이상한 행동을 주시하며 감시한다. 부정행위나 분쟁 발생 시 녹화된 테이프를 근거로 사건을 해결하기도 한다. 이러한 이유로 서베일런스를 '하늘의 눈'(Eye in the Sky)이라 부르기도 한다. 또한 안전관리부서는 종업원에 대한 계도와 계몽으로 부정행위를 사전에 방지하고, 부정행위 시에는 현장에서 잡는 것이 원칙이나, 녹화된 테이프를 근거로 지체하지 않고 즉시 대처하는 것이 일반적이다. 이 부서에 근무하는 종업원은 카지노의 모든 게임을 잘 이해하고 있는 경험이 풍부한 사람이어야 한다. 또한 이 부서는 독립성이 보장되며, 모든 사항을 사장에게 직접 보고하는 것이 일반적이다.

환전상은 고객이 제시하는 외화를 원화로 환전해주고, 게임종료 후 남아 있는 원화나 게임결과 획득한 칩을 외화로 재환전해 주는 업무를 담당한다. 마지막으로 전산전문요원은 카지노전산시설을 관리·운영하는 업무를 담당하며, 자격요건은 전산업무 3년 이상 종사한 경력이 있거나 전산자격증을 소지한 자에 한한다.

2) 카지노종사원

(1) 카지노담당 부사장

테이블게임, 머신게임, 키노, 포커, 스포츠북 등을 포함한 모든 카지노영업에 대해 책임을 진다. 또한 고액의 신용대출(보통 10만 달러 이상)을 제공하는 최종권한을 갖는다.

(2) 시프트매니저(Shift Manager)

카지노는 24시간 영업하는 곳이므로 일반적으로 미국에서는 3부제(Day: 정오~오후 8시, Swing: 오후 8시~새벽 4시, Grave Yard: 새벽 4시~정오)로 나뉘는 게 일반적이다. 국내 카지노에서는 Morning(오전 6시~오후 2시), Day(오후 2~10시), Night(오후 10시~오전 6시)로 나뉘는 것이 일반적이다. 이러한 각 근무시간을 시프트라고 하며, 그 근무시간에 일어나는 모든 사항에 대한 관리와 책임을 진다. 또한 일반 고객에게 신용대출을 해주거나 증액시켜줄 수 있는 권한이 있고,

특정 고객에게 개인 베팅한도를 부여할 수도 있다.

(3) 피트보스(Pit Boss)

게임종목에 따라 2~24개 정도의 테이블이 모여 있는 피트를 관리하며, 피트운영에 필요한 종업원의 근무스케줄을 관리한다. 또한 특정 테이블게임 개장과 폐장 시 테이블 칩재고를 조사하고 칩필(Chip Fill)과 칩크레딧(Chip Credit)에 최종 서명하게 된다. 테이블게임에 대한 전문지식뿐 아니라 고도의 관리능력이 요구된다.

(4) 플로어퍼슨(Floor Person)

테이블게임을 관리하는 1차 중간관리자로 고객과 직접 접하며, 딜러와 함께 고객서비스 측면에서 가장 중요한 임무를 담당한다. 보통 2~6개의 테이블을 관리하며, 칩의 이동 여부, 딜러의 실수, 고객들의 속임수 방지 등을 파악한다. 또한 고객에게 콤프를 제공하는 기준이 되는 고객의 평균베팅액・게임시간 등의 평가를 담당한다.

(5) 딜러(Dealer)

고객의 현금을 칩으로 교환해주고 게임을 진행한다. 보통 테이블에는 1명의 딜러가 있지만, 게임에 따라서 2명 이상의 딜러가 필요한 경우도 있다. 메인바카라게임의 경우 3명이 필요하다.

(6) 피트클럭(Pit Clerk)

피트 안에서 고객의 마커(외상칩을 말함) 사용 및 상환을 관리하고 고객평가를 컴퓨터에 입력한다.

Understanding the **Casino Industry**

제2부

카지노산업의 경영

4장

테이블게임

UNDERSTANDING THE CASINO INDUSTRY

카지노게임 중에는 그 역사가 짧게는 몇 년 정도밖에 되지 않은 신종 게임도 있지만, 대부분의 게임은 수 세기의 역사를 지니고 있다. 그러나 언제 누가 처음으로 시작했는지에 관해서는 정확하게 알려지지 않았다. 아마 수 세기를 거쳐오는 동안 여러 사람이 변형시켰기 때문이 아닐까 생각한다. 카지노게임을 분석할수록 그 정교함에 감탄을 금할 수 없다. 아직도 일부에서는 조작과 속임수라고 말하는 사람도 있으나, 게임 자체만을 놓고 볼 때 그런 일은 있을 수 없다.

[표 4-1] **카지노게임 종목**

허가종목(20종)	
1. 블랙잭(Blackjack)	11. 트란타 콰란타(Trente et Quarante)
2. 룰렛(Roulette)	12. 프렌치 볼(French Boule)
3. 바카라(Baccarat)	13. 키노(Keno)
4. 다이사이(Tai-sai)	14. 차카락(Chuch-a-luck)
5. 빅휠(Big-Wheel)	15. 포커(Poker)
6. 다이스(Dice, Craps)	16. 빙고(Bingo)
7. 빠이가우(Pai Gow)	17. 슬롯머신(Slot Machine)
8. 판탄(Fantan)	18. 비디오머신(Video Machine)
9. 조커세븐(Joker Seven)	19. 마작(Mahjong)
10. 라운드 크랩스(Round Craps)	20. 카지노 워(Casino War)
비허가종목	
• 투업(Two-Up)	• 프렌치 뱅크(French Bank)
• 팬나인(Fan Nine)	• 빠이가우 포커(Pai Gow Poker)
• 레드독(Red Dog)	• 렛잇 라이드(Let It Ride)
• 나인스업(Nine's-up)	• 몬티(Monte)

주: 2018년 관광진흥법에 전자테이블게임(ETG)을 추가함.

현재 전 세계 카지노에서 흔히 제공되는 게임은 [표 4-1]에서 보는 바와 같이 대략 30종에 이르며, 우리나라 카지노업 영업준칙에 의해 허가받은 게임은 20종이다. 한편 2018년 1월 25일자로 개정된 관광진흥법 시행규칙 개정에 따르면, 영업종류를 테이블게임, 전자테이블게임, 머신게임으로 구분하도록 하여 전자테이블게임이 새로 추가되었다. 여기서는 허가받은 게임 중 가장 인기 있는 세 가지 테이블게임인 블랙잭 · 룰렛 · 바카라를 중심으로 살펴보고자 한다.

제1절 블랙잭(Black Jack)

1. 개요

블랙잭은 전 세계적으로 가장 많이 알려진 카드게임의 대명사로 거의 모든 카지노에서 찾아볼 수 있는 게임으로, 일명 '21'(Twenty-one)게임이라 불리기도 한다. 이 게임은 1, 2, 4, 6 또는 8덱(1 Deck은 52장의 카드로 이루어짐)의 카드를 사용하여 플레이어와 딜러가 승부를 겨루는 게임으로, 플레이어는 카드의 합이 21 또는 21에 가까운 숫자를 얻는 데 목적이 있다. 기본적인 게임 규칙은 세계 어느 곳이든지 동일하지만, 카지노의 하우스 룰(House Rule)에 따라 약간씩 다른 규칙도 있으며, 이론적인 카지노업소 승률(House Advantage)은 1.5% 정도이지만, 플레이어의 게임 기술과 하우스 룰 등에 따라 크게 차이가 날 수 있다.

2. 게임진행

게임진행은 플레이어가 테이블에 표시된 각자의 베팅장소에 최저에서 최고 베팅액 사이에 칩을 올려놓으면서 시작된다. 자리가 비어 있으면 플레이어는 2곳 이상 베팅할 수 있다. 반면에 자리가 모자라면 각각의 베팅장소에 여러 명이 같이 베팅할 수 있는 사이드 베팅(Side Betting, 간혹 Back Betting으로 부르기도 함)도 허용된다. 베팅이 끝나면 딜러는 퍼스트 베이스부터 카드를 펼쳐서(1덱 또는 2덱일 경우는 엎어서) 한 장씩 2회, 총 두 장을 딜하고, 딜러는 두 장 중 한 장을 펼쳐서(Up Card) 플레이어가 볼 수 있게 한다. 이때 처음 두 장의 카드합(A와 나머지 한 장이 10, J, Q, K인 경우)이 21인 경우 블랙잭으로 베팅액의 1.5배를 받는다(최근에는 플레이어에게 불리한 1.2배만 지급하는 카지노들이 늘어나고 있음). 그렇지 않을 경우 플레이어는 21이 넘지 않을 때까지 계속하여 카드를 받을 수 있다. 이때 플레이어의 카드합이 딜러의 카드합에 비하여 21에 가까우면 이긴다. 그러나 21이 넘으면 버스트(Bust)가 되어 우선적으로 지게 된다. 플레이어의 추가딜링 여부가 끝나면, 딜러는 카드합이 16까지는 의무적으로 카드를 받아야 하고, 17 이상이면 카드를 받을 수 없다. 딜러의 카드합이 21이 넘으면 버스트 되지 않은 플레이어에게는 베팅된 금액만큼 칩을 지불하고, 딜러의 카드합이 17에서 21 사이면 플레이어와 비교해서 승부를 가린다.

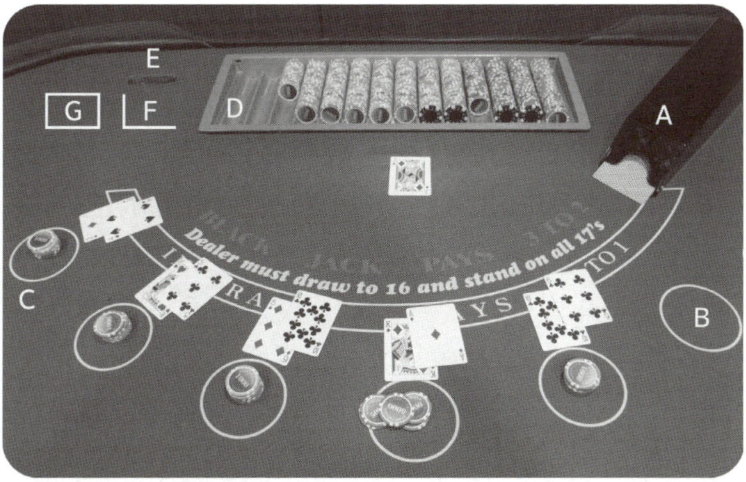

A: 슈(Shoe): 게임에 사용되는 카드를 담는 곳
B: 퍼스트베이스(First Base): 처음으로 카드를 받는 플레이어
C: 서드베이스(Third Base): 마지막으로 카드를 받는 플레이어
D: 칩트레이(Chip Tray): 머니 칩이 들어 있는 곳
E: 드롭박스슬롯(Drop Box Slot): 게임을 목적으로 교환된 돈을 넣는 곳
F: 디스카드홀더(Discard Holder): 딜이 끝난 카드를 모아두는 곳
G: 테이블리미트사인(Table Limit Sign): 게임테이블의 최고·최저 베팅액 및 하우스 룰을 적어 넣는 곳

[그림 4-1] 블랙잭 게임테이블 레이아웃

3. 카드계산법 및 게임전술

1) 카드계산법

① 2, 3, 4, 5, 6, 7, 8, 9, 10: 숫자 그대로 계산한다.
② J, Q, K: 그림카드는 모두 10으로 계산한다.
③ A(에이스): 1 또는 11로 계산한다.

2) 게임전술

(1) 스탠드(Stand) 또는 스테이(Stay)

플레이어가 추가카드를 원하지 않을 경우 딜러에게 손등이 보이게 손을 좌우로 흔들거나(카드를 펼쳐서 딜이 될 때: 4덱 이상) 베팅 칩 밑에 카드를 밀어 넣는다(카드를 엎어서 딜이 될 때: 2덱 이하).

(2) 히트(Hit)

플레이어가 처음 두 장의 카드에 만족하지 않을 때는 딜러에게 손가락을 구부려 안쪽으로 긁거나(카드를 펼쳐서 딜이 될 때) 카드를 들고 몸 쪽으로 1~2번 긁는다(카드를 엎어서 딜이 될 때).

(3) 더블다운(Double Down)

플레이어가 처음 두 장의 카드합에 관계없이 한 장의 카드만 추가로 받는다는 조건하에 최초의 베팅금액과 같은 금액 또는 그보다 적게 추가베팅을 할 수 있다. 원래의 베팅금액보다 적게 추가 베팅하는 것을 '더블포레스'(Double for Less)라 한다. 더블다운은 일반적으로 플레이어의 카드합에 관계없이 허용되지만, 하우스 룰에 따라 카드합이 9, 10, 11일 때만 허용하는 곳도 있다.

[표 4-2] **게임 기본 전략**(4덱 이상)

플레이어 핸드 \ 딜러의 업카드	2	3	4	5	6	7	8	9	10	ACE
8	H	H	H	H	H	H	H	H	H	H
9	H	D	D	D	D	H	H	H	H	H
10	D	D	D	D	D	D	D	D	H	H
11	D	D	D	D	D	D	D	D	D	H
12	H	H	S	S	S	H	H	H	H	H
13	S	S	S	S	S	H	H	H	H	H
14	S	S	S	S	S	H	H	H	H / SU	H
15	S	S	S	S	S	H	H	H	H / SU	H
16	S	S	S	S	S	H	H	H / SU	H / SU	H
A, 2	H	H	H	D	D	H	H	H	H	H
A, 3	H	H	H	D	D	H	H	H	H	H
A, 4	H	H	D	D	D	H	H	H	H	H
A, 5	H	H	D	D	D	H	H	H	H	H
A, 6	H	D	D	D	D	H	H	H	H	H
A, 7	S	D	D	D	D	S	S	H	H	H
A, 8	S	S	S	S	S	S	S	S	S	S
A, 9	S	S	S	S	S	S	S	S	S	S
A, A	SP	SP	SP	SP	SP	SP	SP	SP	SP	SP
2, 2	H	H	SP	SP	SP	SP	H	H	H	H
3, 3	H	H	SP	SP	SP	SP	H	H	H	H
4, 4	H	H	H	H	H	H	H	H	H	H
6, 6	H	SP	SP	SP	SP	H	H	H	H	H
7, 7	SP	SP	SP	SP	SP	SP	H	H	H / SU	H
8, 8	SP	SP	SP	SP	SP	SP	SP	SP	SP / SU	SP
9, 9	SP	SP	SP	SP	SP	S	SP	SP	S	S
10, 10	S	S	S	S	S	S	S	S	S	S

주: H: Hit, D: Double Down, S: Stand, SP: Split, SU: Surrender.

(4) 스플릿(Split)

플레이어가 보유한 처음 두 장의 카드가 같은 숫자인 경우(예 8, 8 또는 7, 7 등) 2개의 독립된 패(핸드)로 나누어 플레이를 할 수 있다. 이때의 추가베팅금액은 원래의 베팅금액과 반드시 일치해야 한다. 게임의 진행은 첫 번째 핸드의 플레이가 완료된 후에만 다음 핸드의 게임을 진행한다. 스플릿을 할 수 있는 횟수 및 방법(에이스 경우, 스플릿 핸드의 더블다운 등)은 카지노 룰에 따라 각기 다를 수 있다.

(5) 서렌더(Surrender)

플레이어가 처음 두 장의 카드를 받은 후 승산이 없다고 판단되는 경우 베팅금액의 2분의 1만 돌려받는 조건으로 핸드(2장으로 이루어진 패)를 포기할 수 있다. 그러나 일반적으로 딜러의 업카드가 에이스일 경우에는 서렌더가 허용되지 않는다.

(6) 인슈어런스(Insurance)

딜러의 Face Up 카드가 에이스인 경우 플레이어는 딜러의 블랙잭 가능성에 대비해 인슈어런스 베팅을 걸 수 있다. 이 경우 플레이어의 핸드가 블랙잭인 경우 플레이어는 이븐머니(Even Money: 베팅금액과 동일한 금액, 즉 베팅금액의 1배를 받음)를 요구할 수 있다. 만일 딜러가 블랙잭이면 인슈어런스 베팅은 2배로 지불되고, 블랙잭이 아니면 인슈어런스 베팅액은 잃는다.

4. 용어해설

① **소프트 17**(Soft Seventeen): 처음 두 장의 카드 중 에이스를 포함한 카드의 합이 17인 경우를 말한다(예 A, 6).

② **푸시**(Push 또는 Tie): 플레이어의 카드합과 딜러의 카드합이 같은 경우를 뜻하며, 베팅금액은 반환된다.

③ **블랙잭**: 처음 두 장의 카드합이 21인 경우로 원래 베팅금액의 1.5배를 받지만, 최근에는 6 : 5(1.2배)를 지불하는 카지노가 늘어나고 있다. 단, 플레이어가 히트하여 21일 경우는 블랙

잭이 아니다.

④ **스티프핸드**(Stiff Hand): 처음 두 장의 카드합이 12에서 16사이의 낮은 핸드로 딜러의 업카드에 따라 히트, 스테이, 더블다운, 스플릿 등 다양한 전략을 펼칠 수 있는 핸드를 말한다.

⑤ **패트핸드**(Pat Hand): 처음 두 장의 카드합이 17에서 20 사이로 일반적으로 스테이가 요구되는 핸드를 말한다.

⑥ **워싱**(Washing): 묶음카드를 풀어 헤쳐서 손바닥으로 휘저어 섞는 동작을 말한다.

⑦ **이니셜카드**(Initial Card): 플레이어와 딜러가 받는 처음 두 장의 카드를 말한다.

⑧ **버스트**(Bust): 히트를 하여 카드의 합이 21을 넘어 자동적으로 지는 경우를 말한다.

⑨ **토크**(Toke): 플레이어가 딜러에게 주는 팁을 말한다.

⑩ **홀카드**(Hole Card): 플레이어가 볼 수 있는 업카드 밑에 있는 숫자를 볼 수 없는 딜러의 카드를 말한다.

⑪ **콜베트**(Call Bet): 현찰이나 칩을 사용하지 않고 구두로 베팅하는 것을 말한다. 일반적으로 잘 알려진 고객에게만 허용되며, 고객이 잃었을 경우 구두베팅액을 즉시 상환해야 한다.

⑫ **데드카드**(Dead Card): 게임에서 이미 사용되어 디스카드홀더에 보관된 카드를 말한다.

제2절 룰렛(Roulette)

1. 개요

룰렛게임은 특별한 규칙이 없는, 누구든지 쉽게 즐길 수 있는 게임이다. 돌아가는 작은 바퀴라는 뜻의 프랑스어에서 유래한 이 게임은 일반적으로 직경 19~25mm 크기의 볼을 시계방향으로 돌려 시계반대방향으로 돌아가고 있는 회전판번호에 볼이 낙착되면 그곳에 베팅한 플레이어가 이기는 게임이다. 회전판에는 1~36까지의 숫자와 '0'이 포함된 유럽식, 1~36까지의 숫자와 '0'과 '00'이 포함된 미국식의 두 가지가 있으나, 최근에는 000(Triple Zero)가 많이 설치되고 있다. 이는 카지노수익의 극대화 일환으로 블랙잭의 지급률이 1.5배에서 1.2배로 줄어든 것과 같은 추세

[그림 4-2] 룰렛의 유럽식 휠

[그림 4-3] 룰렛의 미국식 휠

[그림 4-4] 룰렛 플레이칩

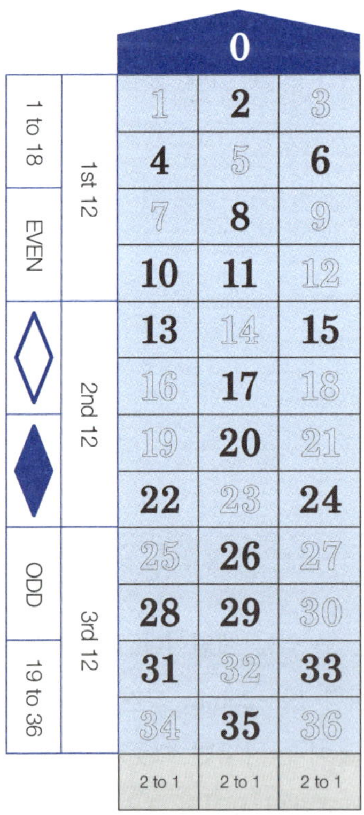

[그림 4-5] 유럽식 룰렛 레이아웃

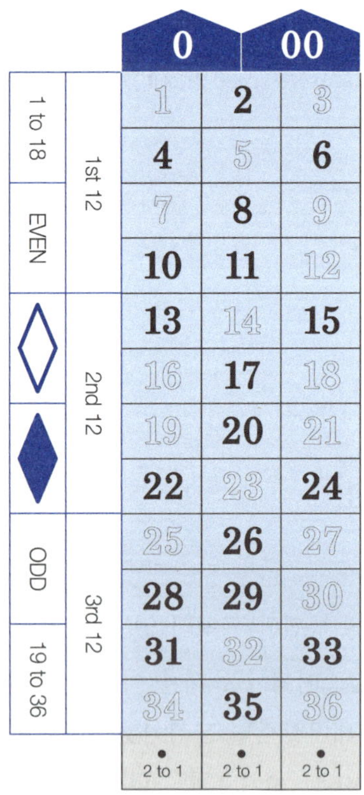

[그림 4-6] 미국식 룰렛 레이아웃

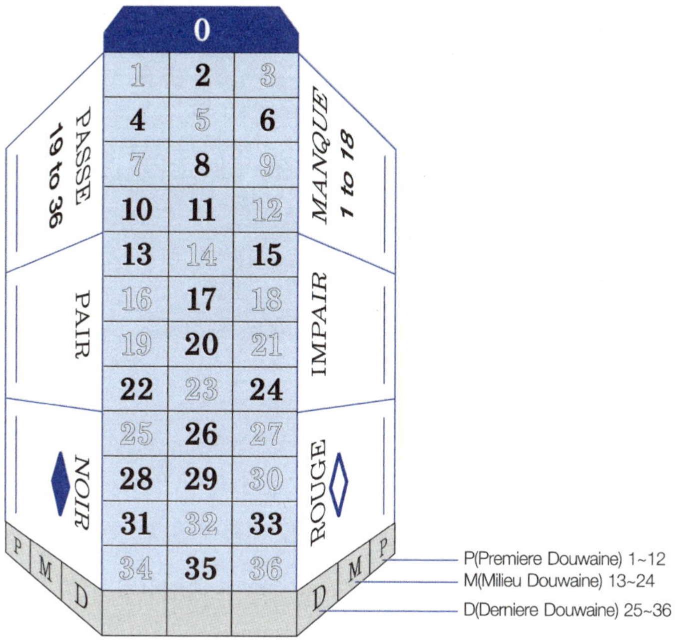

주: *흰색 숫자는 빨간색을 나타냄.

[그림 4-7] 프랑스식 룰렛 레이아웃

[그림 4-8] 룰렛 베팅 종류 및 배당표

▲룰렛 레이아웃
(경희대학교 관광학과 카지노 실습실)

▲전자룰렛

라고 하겠다. 베팅방법은 0에서 36까지의 어느 숫자 위에 볼이 떨어지는지에 베팅하는 37분의 1, 38분의 1 또는 39분의 1에 해당하는 확률의 베팅방법 이외에 홀수 또는 짝수를 기대하는 확률에 베팅하는 방법 등 낮은 확률에서 높은 확률까지 11종류의 베팅방법이 있다.

룰렛은 다른 게임들과는 달리 플레이어별로 다른 색깔의 플레이칩을 사용한다. 이는 서로 다른 플레이칩을 사용함으로써 특정 번호에 여러 플레이어가 베팅을 해도 누가 몇 개를 베팅했는지 구분하여 혼란을 방지하기 위해서이다. 게임에 참가하기 위해 플레이어는 현금이나 머니칩(Money Chips)을 딜러에게 주고 플레이칩을 받는다. 보통 플레이칩은 20개 단위로 나뉘는데, 이것을 스택(Stack)이라고 한다. 구입 시 룰렛 플레이칩의 단위는 플레이어 자신이 결정하는데, 딜러는 플레이어 개인의 칩 교환가치를 마커(Marker)를 사용하여 표시한다. 룰렛칩은 가치가 없는 칩이기 때문에 환전소에서는 교환해주지 않으므로 게임이 끝난 후 테이블에서 머니칩으로 교환한 후 테이블을 떠나야 한다.

2. 카지노업소 승률(House Advantage)[1]

룰렛은 유럽식과 미국식의 모든 경우의 수가 각각 37, 38로 다르지만, 카지노업소 승률(House Advantage)을 정확히 계산할 수 있는 게임이다.

1 카지노업소 승률을 정확히 표현하면 'House Advantage'라고 한다. 그러나 본 교재에서는 이해를 돕기 위해 '카지노업소 승률' 또는 '카지노승률'로 표현하고자 한다.

[표 4-3] 배당종류 및 배당표

구분		베팅	배당
인사이드 베팅	A	Single Number Bet / Straight Up(1～36, 0, 00 중 1개 번호)	35 to 1
	B	Two Number Bet / Split Bet	17 to 1
	C	Three Number Be / Street Bet	11 to 1
	D	Corner Bet(4개 번호)	8 to 1
	E	Five Number Bet(0, 00, 1, 2, 3)	6 to 1
	F	Line Bet(6개 연속번호)	5 to 1
아웃사이드 베팅	G	Column Bet	2 to 1
	H	Dozen Bet	2 to 1
	I	Odd or Even Bet	1 to 1
	J	Red or Black Bet	1 to 1
	K	Low or High Bet	1 to 1

1) Single Number Bet

(1) 유럽식

당첨 가능한 모든 경우의 수는 37가지(1～36, 0)이므로 고객이 이길 확률은 37분의 1이며, 질 확률은 37분의 36이다. 이때 당첨 시의 배당은 35배이다. 카지노업소 승률을 구하면 다음과 같다.

$$(1/37) \times (35) + (36/37) \times (-1) = -0.027$$

그러므로 카지노업소 승률은 2.7%이다.

(2) 미국식

당첨 가능한 모든 경우의 수는 38가지(1～36, 0, 00)이므로 이길 확률은 38분의 1이며, 질 확률은 38분의 37이다. 이 경우에도 당첨 시의 배당은 유럽 타입과 마찬가지로 35배이다. 카지노업소 승률을 구하면 다음과 같다.

$$(1/38) \times (35) + (37/38) \times (-1) = -0.0526$$

그러므로 카지노업소 승률은 5.26%이다.

2) Five Number Bet

미국식 룰렛의 카지노업소 승률은 모두 5.26%이지만, 5개 번호(0, 00, 1, 2, 3)에 베팅하는 Five Number Bet의 경우는 다르다. 이 경우 돈을 딸 확률은 38분의 5이고, 잃을 확률은 38분의 33이다.

당첨 시 배당은 6배이므로 카지노업소 승률을 구하면 다음과 같다.

$$(5/38) \times (6) + (33/38) \times (-1) = -0.0789$$

그러므로 카지노업소 승률은 7.89%로 플레이어에게 가장 불리한 베팅이다.

3. 용어해설

① **컬러인**(Color In): 가치가 없는 플레이칩(마킹칩스)을 머니칩으로 교환하는 것을 뜻한다.

② **크루피어**(Croupier): 프랑스어로 딜러를 뜻하며, 일반적으로 룰렛 테이블에서 카지노게임 진행을 담당하는 사람을 뜻한다.

③ **플랙스**(Plaques): 특히 룰렛 테이블에서 많이 쓰이는 고액이 표시된 직사각형 모양의 머니칩으로 유럽에서 많이 사용한다.

④ **프레스더베트**(Press the Bet): 당첨된 번호에 베팅된 칩을 수거하지 않고 원래 베팅된 금액 이외에 추가로 베팅하는 것을 말한다.

⑤ **머킹**(Mucking): 칩을 20개 단위로 양손을 사용하여 집어 드는 것을 말한다.

⑥ **스태킹**(Stacking): 흐트러진 칩을 20개 단위로 세우는 것을 말한다.

⑦ **푸싱**(Pushing): 칩을 구입하거나 당첨금을 플레이어에게 지불할 때 칩을 랙(Rack)에서 꺼내 칩이 넘어지지 않도록 밀어주는 것을 말한다.

⑧ **어레인징**(Arranging): 플레이칩 및 머니칩을 색깔별로 정리하는 것을 말한다.

⑨ **패스트포스팅**(Past Posting): 룰렛게임에서 가장 빈번하게 사용하는 속임수로 당첨번호가 결

정된 순간 그 번호에 베팅하는 것을 말한다. 보통 두 명 이상이 팀을 이루어 한 사람이 당첨번호가 결정되는 순간 딜러의 시선을 끌 만한 언동을 하여 주의력을 분산시킨 후 다른 사람이 당첨번호에 재빠르게 베팅하는 방법으로, 이것을 방지하기 위해서 딜러는 볼의 속도가 느려질 때 "베팅이 끝났습니다"(No More Bet)라는 말로 베팅마감을 플레이어에게 알린다.

역사상 가장 컸던 룰렛 베팅

역사상 가장 컸던 룰렛 베팅은 1994년 영국인 크리스 보이드(Chris Boyd) 씨가 라스베이거스 호스슈(Horseshoe) 카지노에서 22만 달러를 레드(Red)에 베팅한 경우이다. 베팅결과 7번 레드에 낙착되어 22만 달러의 당첨금을 받았다.

제3절 바카라(Baccarat)

1. 개요

이탈리아 말로 '0'을 의미하는 바카라는 16세기 초 유럽의 귀족들이 시작한 가장 전통 있는 카지노게임이다. 플레이어(Player)와 뱅커(Banker) 가운데 카드의 합이 9에 가까운 쪽에 베팅한 사람이 이기는 게임이고, 전 세계 카지노에서 쉽게 찾아볼 수 있는 게임으로, 특히 아시아 고객과 고액게임 참가자들에게 인기가 많다. 라스베이거스에서는 바카라가 가장 인기 있는 테이블게임도 아니고 테이블의 수도 블랙잭의 약 25% 정도인 430대에 불과하지만, 매년 바카라로 벌어들이는 수입은 전체 테이블게임 수입의 약 35%를 차지하여 블랙잭보다 더 많은 수입을 올릴 정도로 고액게임 참가자가 많다.

바카라는 원래 유럽의 귀족들이 즐겼던 게임이었기 때문에 다른 테이블게임과는 조금 떨어진 곳에 두고 운영해왔다. 아직까지도 메인바카라를 다른 테이블게임과 떨어뜨려 운영하고 있는 이

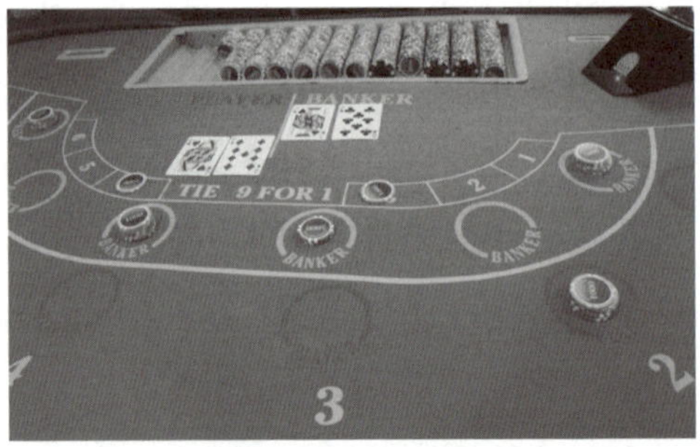

▲바카라

유가 여기에서 비롯된 것이다. 또한 테이블 크기나 장식도 훨씬 세련되고 고급스럽다. 하지만 귀족의 게임이었던 바카라는 이제 상당히 대중화되었다. 이는 바카라의 대중화를 위해 메인바카라의 레이아웃을 다소 변형시킨 미디바카라와 미니바카라를 만들었기 때문이다. 바카라에는 크게 세 종류가 있는데, 두 종류의 유럽식 바카라(Baccarat en Banque, Chemin de Fer)와 미국식 바카라이다.

메인바카라는 보통 12명 정도가 한 테이블에서 게임을 할 수 있으며, 미디와 미니는 7명 정도가 게임을 할 수 있다. 메인의 경우 카드는 한 번 사용하면 더 이상 사용하지 않으므로 테이블 중앙에 카드를 버리는 디스카드빈(Discard Bin)이 있다. 딜러는 메인의 경우 3명이 배정되어 중앙의 1명은 팔레트(Palette) 또는 스쿠퍼(Scooper)라는 평평하고 긴 판자 모양의 도구를 사용하여 카드를 다루고, 양쪽의 2명은 칩을 지불하거나 수거하는 일을 담당한다. 카드는 메인의 경우 8덱을 사용하고, 미디와 미니는 6덱을 사용한다. 이론적인 카지노업소 승률은 1~1.5% 정도로 알려져 있다. 전 세계적으로 바카라게임의 변형인 'No Commission Baccarat,' 'EZ Baccarat,' 'Super 6' 등이 급속히 확산되고 있다.

이 변형 게임들의 게임룰은 일반 바카라게임과 동일하지만, 플레이어가 뱅커에 베팅해서 이긴 경우 공제하는 5% 커미션을 없애고, 특정 숫자의 합으로 뱅커가 이긴 경우 지불방식을 다르게 하거나(뱅커 3장 카드의 합이 7로 이긴 경우 Push<Tie>로 간주하여 지불을 안 함), 커미션 공제를 다르게 하여(뱅커가 6으로 이긴 경우 커미션 50% 공제) 운영되고 있다.

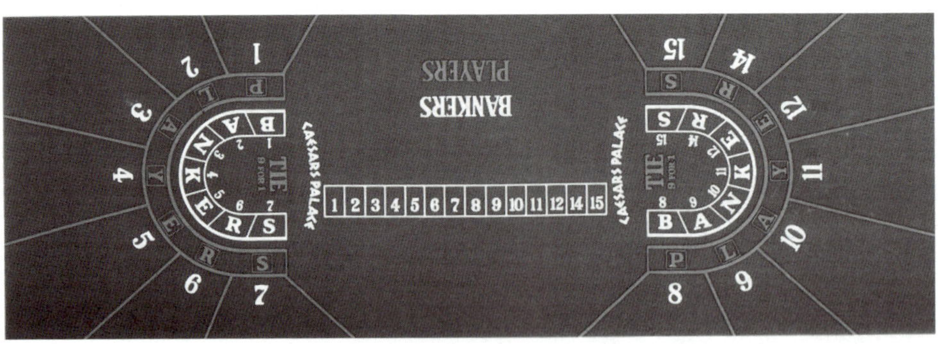

[그림 4-9] 바카라의 게임테이블 레이아웃

2. 카드계산법

① 2, 3, 4, 5, 6, 7, 8, 9: 표시된 숫자 그대로 계산한다.
② 10, J, Q, K: 0으로 계산한다.
③ A(에이스): 1로 계산한다.
④ 단, 카드의 합이 10 이상일 경우는 일의 자리만 계산한다.

3. 게임절차 및 규칙

① 고객은 '플레이어' 또는 '뱅커' 중 원하는 곳에 베팅한다. 또한 '타이'에 별도로 베팅할 수 있다.
② 딜러는 플레이어 · 뱅커 · 플레이어 · 뱅커 순서로 각각 두 장씩의 카드를 페이스다운(Face Down) 하여 분배한다.
③ 각 두 장의 카드합을 확인한 후 다음과 같이 정해진 규칙에 의거하여 추가 카드딜링 여부를 결정한다. 바카라의 게임규칙은 다른 게임에 비해 복잡하지만, 딜러가 게임규칙에 의거하여 진행하기 때문에 고객은 베팅만 하면 되는 아주 간단한 게임이다.
④ 플레이어와 뱅커의 합을 비교하여 승자를 결정한다.

[표 4-4] 플레이어와 뱅커

■ 플레이어

플레이어 측 첫 두 장의 합	추가카드
0, 1, 2, 3, 4, 5	추가카드 딜링
6, 7	Stand: 카드를 더 이상 받지 않고 뱅커와 승부를 겨룸
8, 9	Natural: 플레이어와 뱅커 모두 추가카드를 받지 않고 승부를 겨룸

■ 뱅커

뱅커 측 첫 두 장의 합	플레이어 측 추가 카드가 다음일 경우 추가 카드 딜링	플레이어 측 추가 카드가 다음일 경우 추가 카드 없음
3	0, 1, 2, 3, 4, 5, 6, 7, 9	8
4	2, 3, 4, 5, 6, 7	0, 1, 8, 9
5	4, 5, 6, 7	0, 1, 2, 3, 8, 9
6	6, 7	0, 1, 2, 3, 4, 5, 8, 9
7	스탠드	
8, 9	Natural, 추가카드 없음	

4. 배당금 지불

① 플레이어에 베팅한 경우 베팅금액의 1배를 지불받는다.

② 뱅커에 베팅한 경우 베팅금액의 0.95배를 지불받으며, 나머지 0.05배(5%)는 카지노업소 커미션으로 공제한다.

③ 타이에 베팅한 경우 베팅금액의 8배를 지불받는다.

5. 5% 커미션

앞에서 설명한 바와 같이 고객은 플레이어와 뱅커 또는 타이 중 어느 한 곳에만 베팅하면 된다. 여기서 고객이 뱅커에 베팅하여 이기면 카지노업체는 고객의 베팅액 중 5%를 커미션으로 공제하고 지불한다. 그러나 고객이 플레이어에 베팅하여 이기면 아무런 공제 없이 지불한다.

5%를 커미션으로 공제하는 이유는 두 가지이다. 첫째, 만일 고객이 플레이어와 뱅커에 동일한 금액을 베팅할 경우 5%의 커미션이 없다면 카지노업체의 수익은 전혀 없게 된다. 둘째, 뱅커가 플레이어보다 이길 확률이 높기 때문이다. 타이를 제외할 때 뱅커와 플레이어가 나올 확률은 각각 50.68%와 49.32%이다. 커미션을 공제하는 시기도 카지노업체에 따라 매 게임이 끝날 때, 일정 액수를 넘었을 때, 카드가 모두 딜이 되어 새로 셔플할 때, 고객이 자리를 떠날 때 등 다양하다.

제4절

빅휠(Big Wheel)

커다란 수레바퀴 모양의 굴레를 딜러가 손으로 돌리면서 게임이 시작되는 빅휠은 일명 빅식스(Big six), 휠오브포천(Wheel of Fortune), 또는 머니휠(Money Wheel)이라 불리기도 한다. 회전하는 수레바퀴 모양의 이 게임기 상단부에는 단단한 가죽으로 만들어진 가죽띠인 스토퍼(Stopper)가 달려 있어 회전하는 휠에 브레이크가 걸려 서서히 회전하는 속도가 떨어지다가 멈추게 된다. 이때 가죽띠가 가리키는 곳이 당첨이 되는, 배우기 쉬운 게임이다.

이 게임기구는 고객의 행운을 시험할 수 있으며, 고액배당이 가능하고, 화사한 분위기를 연출할 수 있기 때문에 국내 모든 카지노는 물론, 미국의 거의 모든 카지노에서도 쉽게 찾아볼 수 있는 카지노게임 중 하나이다. 카지노를 처음 방문하는 고객들이 게임에 대한 지식이 없어도 즐길 수 있는 게임이며, 딜러는 휠을 시계방향 또는 그 반대방향으로 회전시킨다.

회전하는 휠에는 총 54개의 칸막이가 있고, 그 칸막이에는 1, 2, 5, 10, 20, Joker, Mega 등 총 7종류의 시상종류로 나뉘어져 있다. 시상의 종류는 7가지이지만 Joker와 Mega의 배당은 40배로 같기 때문에 빅식스(Big Six)로 불리기도 한다. 보통 칸의 반 정도는 1배, 그러니까 베팅한 금액(칩)만큼만 더 주는 것이고, 나머지의 반은 2배, 또 나머지의 반 정도는 5배 배당으로 나뉘어져 있다.

▲빅휠

플레이어는 휠의 앞에 놓인 테이블에 표시된 베팅 스폿(Betting Spot)에 돈을 걸고 그곳에 스토퍼가 멈추기를 기대하는 게임이다. 이 게임이 룰렛과 다른 점은 룰렛은 딜러가 볼을 돌린 후에도 "No More Bet"이라는 콜(더 이상 베팅을 할 수 없음을 알리는 말)이 선언되기 전까지는 베팅을 할 수 있지만, 빅휠은 모든 베팅이 끝난 후 휠을 회전시킨다. 휠이 회전하고 있을 때 베팅을 하면 그 금액은 반환된다.

휠 칸막이의 배분에 대해 국제적으로 정해진 규정은 없으나 카지노업 운영세칙에는 "회전하는 휠의 크기는 1,500mm 이상

[표 4-5] 빅휠의 배당 및 확률

베팅장소	칸막이의 배분	확률(배)	비율(%)
1	24	1	44.4
2	15	2	27.8
5	7	5	12.9
10	4	10	7.4
20	2	20	3.7
Joker	1	40	1.9
Mega	1	40	1.9

이어야 하고, 칸막이는 50개 이상이어야 한다"로 규정되어 있다. 국내 카지노는 일반적으로 54개의 칸막이로 구성되어 있는 1,515mm의 휠을 사용한다.

게임을 하다 보면 휠을 직접 달러가 손으로 돌리기 때문에 고객들은 혹시 딜러가 카지노의 이익을 극대화할 목적으로 플레이어의 베팅장소를 빗나가게 하는 연습을 많이 할 것이라 생각할 수 있지만, 이 게임은 룰렛과 마찬가지로 특정한 번호 또는 배당에 멈추게 하는 기술을 쌓기는 불가능하다. 또한 베팅이 되지 않는 곳이 없이 모든 베팅장소에 베팅이 되기 때문에 딜러가 고의로 높은 배당을 피해 회전시키는 일은 없다. 또한 빅휠게임은 딜러에게 특별한 기술을 요하지 않으므로 국내뿐 아니라 미국에서도 빅휠의 게임진행 방법을 가르쳐주는 곳은 없다. 아무튼 이 게임은 고객이 자신의 행운을 시험하기 위해 몇 번 참가하는 것이지, 돈을 따기 위해 하는 게임이 아니다.

제5절
다이사이(Tai-Sai)

중국에서 유래된 다이사이 게임은 Dice Shaker(주사위를 넣어서 흔드는 용기)를 진동하여 결정된 3개의 주사위 합과 플레이어가 베팅한 숫자, 혹은 숫자의 조합과 일치하면 정해진 배당률에 의해 배당금이 지급되는 게임이다. 현재 라스베이거스에서는 거의 자취를 감춘 게임이지만, 마카오 · 필리핀 · 말레이시아 등 동남아시아지역, 우리나라, 그리고 호주에서는 시행되고 있으며, 지역별로 Big & Small, 또는 식보(Sic Bo)라 불리기도 한다. 다이사이라는 말은 대(大) · 소(小)를 뜻한다.

다이사이 테이블은 일반적인 테이블게임의 레이아웃과 달리 배당이 표시된 아크릴판으로 이루어져 있으며, 아크릴판 밑에는 조명장치가 되어 있어 당첨된 곳에는 불이 들어와 당첨된 베팅과 그렇지 않은 베팅을 쉽게 구분할 수 있도록 만들어져 있다. 주사위 3개가 들어 있는 셰이커는 반구형 박스로 만들어져 바닥이 진동했다가 멈추면 주사위도 함께 멈춰 합계를 볼 수 있도록 설계되어 있다. 카지노에 따라서 셰이커는 투명한 것도 있고, 안을 볼 수 없도록 불투명하게 만들어진 것도 있다.

▲ 다이사이(파라다이스시티 제공)

게임은 딜러가 "Place Your Bet"이라고 콜을 하면, 플레이어는 각자가 원하는 1개, 2개, 또는 3개의 번호, 아니면 3개 주사위의 합을 골라 베팅을 하면서 시작된다. 그 외에도 대(3개 주사위의 합이 11~17), 소(3개 주사위의 합이 4~10), 홀수와 짝수 맞히기 등의 다양한 유형이 있다. 3과 18이라는 숫자도 나올 법하지만, 이것은 대에도 또는 소에도 들어가지 않는다.

모든 게임은 단 한 번 주사위의 숫자의 합으로 결정되는 단판승부로 비기는 경우는 없다. 모든 플레이어의 베팅이 끝나면 딜러는 "No More Bet"을 선언하고 셰이커를 진동시킨다. 진동이

[표 4-6] 다이사이의 베팅 종류 및 배당

베팅장소	배당	확률	베팅장소	배당	확률
Big(주사위 합이 11~17) 3개가 같이 나올 경우 제외	1	105/216	6 또는 15	18	10/216
Small(주사위 합이 4~10) 3개가 같이 나올 경우 제외	1	105/216	7 또는 14	12	15/216
Triple[1]	150	1/216	8 또는 13	8	21/216
Double	8	16/216	9 또는 12	6	25/216
Any Triple[2]	24	6/256	10 또는 11	6	30/216
주사위의 합이 4 또는 17	50	3/216	Combination 3개의 주사위 중 2개의 조합	5	30/216
5 또는 16	50	6/216	One Die/Single 3개의 주사위 중 어느 1개	1-2-3	91/216

주: 배당은 카지노마다 다를 수 있음.
1) Triple: 특정 Triple. 가령 (1, 1, 1), (2, 2, 2), (3, 3, 3), (4, 4, 4), (5, 5, 5), (6, 6, 6) 중에서 한 곳에 베팅하는 경우를 말함.
2) Any Triple: 1)에서 6개의 Triple 중 아무 Triple이 나오는 곳에 베팅할 경우를 말함.

끝나면 주사위의 움직임이 멈춘 뒤 테이블에 설치된 전기 스위치를 누르면 레이아웃에 당첨된 번호에 불이 들어오게 된다. 3개의 주사위 번호가 발표되고 나면 빗나간 베팅은 모두 딜러가 회수하고, 당첨된 베팅에는 정해진 배당률에 의거해 배당된다.

다이사이게임은 테이블게임 중 가장 큰 배당(150배)이 가능한 게임으로 적은 돈으로 자신의 행운을 시험할 수 있다는 점에서 인기가 있지만, 배당이 크다는 것은 그만큼 나올 확률이 낮다는 뜻과 일맥상통한다. 그러나 우리 주변에서 흔히 볼 수 있는 주사위를 사용하여 게임을 쉽게 이해할 수 있어 초보자들이 선호하므로 언제나 자리를 얻기가 힘들다.

베팅할 때 주의할 점은 베팅금액은 각각의 당첨률이 적혀 있는 칸 안에 정확히 놓아두어야 한다는 점이다. 룰렛과는 달리 각 고객별로 색상이 다른 칩을 사용하지 않고 일반 칩을 사용하기 때문에 칩을 정확히 두지 않고 애매하게 두었을 경우 다른 게임참가자의 칩과 구분하기 어렵기 때문이다.

카지노게임 징크스

▮내 손은 '마이다스의 손' 결코 씻지 않는다

도박사들의 불문율 중의 하나가 '끗발' 있을 때 손을 씻지 않는다는 것이다. 이들은 하루에도 몇천만~몇억 원(총액 기준)씩을 쥐락펴락한다. 특히 베팅흐름을 타고 있다면 결코 손을 씻지 않는다. 샤워나 목욕은 생각할 수도 없는 일. 따라서 칩을 만지고 있는 손톱에 잔뜩 때가 끼어 있으면 '끗발'을 올리고 있는 중임이 틀림없다. 그러나 게임흐름이 좋지 않거나 잃었다면 조용히 일어나 화장실로 간다. 손을 깨끗이 씻어 반전시키고자 한다.

▮숫자도 숫자 나름

경륜 · 경마팬들처럼 도박사들도 숫자에 민감하다. 0~36까지의 번호가 매겨진 룰렛, 3개의 주사위 합을 맞히는 다이사이, 휠 위의 가죽띠가 멈추는 곳을 알아맞히는 빅휠은 숫자와 밀접하다. 도박사들은 감이 잡히는 숫자에 베팅을 하면서도 날짜나 생일 또는 자신이 좋아하는 숫자에 좀 더 과감히 베팅한다.

▮팬티 · 속옷 · 외투를 함부로 갈아입지 않는다

도박사들은 좀처럼 옷을 갈아입지 않는다. 특히 수입이 쏠쏠할 경우 한 옷가지에 집착한다. 그래서 이들에게 몸냄새가 나는 것은 당연한 일. 영화에 나오는 도박사처럼 말쑥하고 세련된 정장차림일 것이라는 생각은 큰 오산이다.

▮특정 딜러, 테이블, 시간, 자리를 피한다

카지노는 돈 놓고 돈 먹기. 이 때문에 기피도 가지가지. 안경을 쓴 딜러에 여러 차례 재미를 못봤다면 이 딜러와 상종하지 않는다. 게다가 특정 테이블에서 돈을 계속 잃었다면 이 테이블도 기피 1호. 시간도 마찬가지이다. 저녁에 '끗발'이 좋다면 이 도박사는 저녁에만 카지노에 나타난다. 물론 자리도 같은 이유. 특정 자리에서 재미를 봤다면 이 자리를 확보하기 위해 매매까지 마다하지 않는다.

자료: 강원랜드 사보(2001, 3・4월호). 잭팟통계실; 스포츠조선(2001. 2. 8). http://sports.chosun.com 재인용.

5장

머신게임

UNDERSTANDING THE CASINO INDUSTRY

머신게임 전문도박사에서 초보자에 이르기까지 아무런 전문지식 없이도 쉽게 즐길 수 있고, 적은 돈으로 장시간을 즐길 수 있으며, 가끔 적은 금액으로 큰 행운(Jackpot)을 잡을 수 있다는 점에서 인기를 끌고 있다. 또한 테이블게임과 같이 복잡한 게임방법을 배울 필요가 없으며, 게임 미숙으로 인해 다른 플레이어의 눈치를 볼 필요가 없다는 것도 장점이다.

머신게임은 크게 슬롯머신과 비디오머신으로 분류된다. 미국의 경우 머신게임은 전체 카지노 매출액의 절반 이상을 차지한다. 지역주민의 출입이 많은 카지노 중에서 머신게임의 비중이 높은 카지노에서는 매출액의 80%가 넘을 정도로 오늘날 카지노에서 머신게임의 중요성은 아무리 강조해도 지나치지 않는다. 우리나라는 1993년 슬롯머신사건 이후 불법화되었다가 외국인의 선호도가 높아지자 1997년 12월 문화관광부의 관광진흥법 시행규칙의 개정을 통해 카지노에 머신게임 설치가 합법화되었다. 외국인전용 카지노에서는 모두 머신게임을 설치하고 있으며, 강원랜드의 경우 1,360대의 머신게임을 운영하고 있다.

▲ 머신게임

제1절

머신게임의 종류

1. 영업준칙상 분류

① **슬롯머신:** 기계에 부착된 핸들이나 버튼을 사용하면 기계의 릴(Reel)이 회전하다 멈춘다. 그 결과에 따라 미리 정해진 배당표에 의해 시상금액이 정해지는 기계로 보통 릴슬롯이라 한다.

② **비디오머신:** 기계에 릴 대신 모니터가 장착되어 있어 버튼을 눌러 게임하는 기계이다. 비디오포커, 비디오슬롯, 키노, 비디오블랙잭 등이 있다.

[그림 5-1] 슬롯머신(Bally사)

[그림 5-2] 비디오머신(Bally사)

2. 외형상 분류

① **업라이트**(Upright): 가장 보편적인 외형으로 플레이어는 릴이나 모니터를 정면으로 바라보고 게임을 한다. 캐비닛의 모양에 따라 스퀘어탑(Square Top)과 라운드탑(Round Top)으로 나뉜다.

② **슬랜트탑**(Slant Top): 릴이나 모니터가 약 20도 정도 기울어져 있는 기계로 가장 편안한 자세로 게임할 수 있으며, 기계 높이가 낮아 시야를 확보할 필요가 있거나 천장이 낮은 곳에 주로 설치한다.

③ **바탑**(Bar Top): 릴이나 모니터가 평면으로 눕혀져 있어 음료수를 마시며 게임할 수 있어 주로 바에 설치한다. 플랫탑(Flat Top)이라고도 한다.

[그림 5-3] **스퀘어탑**(IGT사)

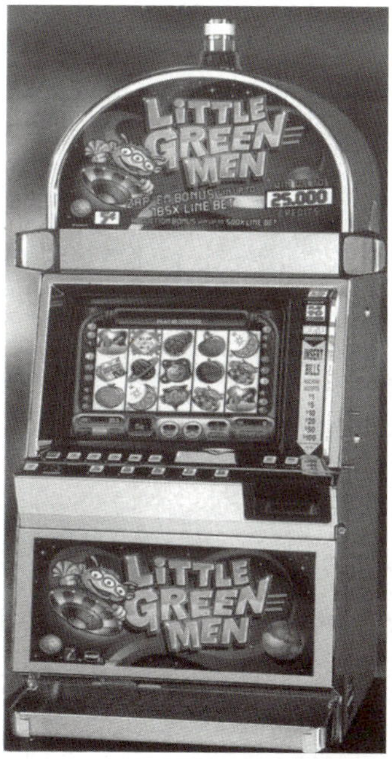

[그림 5-4] **라운드탑**(IGT사)

[그림 5-5] **슬랜트탑**(SIGMA사)

[그림 5-6] **바탑**(IGT사)

3. 지불방식상 분류

① **라인게임**(Line Game): 플레이어의 동전투입 수에 따라 배당금이 지불되는 선이 결정되는 게임이다. 3개 또는 5개의 동전을 투입하는 라인게임이 일반적이며, 이 게임을 할 경우에는 최대 베팅을 하는 것이 매우 중요하다.

② **멀티플라이어**(Multipliers): 배당금이 지불되는 선은 수평으로 중앙에 1개 있으며, 동전을 추가로 투입할 때의 배당금은 1개를 투입하여 게임을 했을 때 배당되는 금액에 추가로 투입된 동전만큼 곱한다. 예를 들면, 동전 1개를 투입할 때 특정 심벌에 대한 배당금이 1,000개였다면 3개를 투입할 때는 3,000개가 된다.

③ **바이어페이**(Buy-a-Pay): 배당금이 지불되는 선은 멀티플라이어와 같이 수평으로 중앙에 1개가 있으며, 동전을 추가로 넣을 때마다 배당심벌을 추가로 구입하는 게임이다. 예를 들면, 동전 1개를 넣을 때는 싱글바, 더블바, 트리플바만 시상되지만, 동전 2개를 투입하면 체리, 트리플 7 등도 시상되며, 대부분의 비디오릴 게임이 이에 해당된다.

[그림 5-7] 라인게임

[그림 5-8] 멀티플라이어

[그림 5-9] 바이어페이

4. 슬롯머신 외관 및 용어

1) 외관 및 명칭

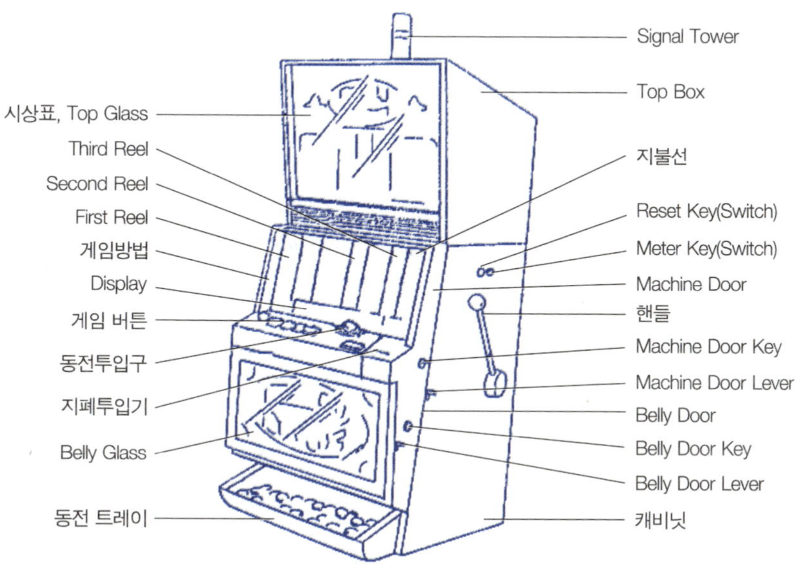

[그림 5-10] 슬롯머신의 외관 및 명칭

2) 용어해설

① **코인인**(Coin-in): 게임기에 베팅된 총금액을 말한다. 머신게임의 수익 및 인기도를 분석하는 데 가장 중요한 수치로 핸들(Handle)이라 불리기도 한다.

② **호퍼**(Hopper): 동전을 담고 있는 통으로 기계 내부에 설치되어 있으며, 모든 동전지불은 이곳을 통해 이루어진다. 동전이 모자라 지불을 못 하게 되는 경우에는 호퍼를 채워야 하며, 동전이 미리 정해진 호퍼의 용량보다 더 투입되는 경우에는 기계받침(스탠드 혹은 베이스 캐비닛이라 함) 내부에 설치된 드롭버킷(Drop Bucket)에 떨어져 쌓이게 된다. 하지만 현재 운영되는 머신의 99%는 호퍼가 설치되어 있지 않은 Cashless 머신이다.

③ **드롭**(Drop): 플레이어가 게임을 위해 동전으로 교환한 지폐총액 또는 호퍼가 가득 차 투입된 동전이 호퍼를 거치지 않고 드롭버킷에 쌓인 총액을 말한다.

④ **머신게임의 카지노승률**(House Advantage): 머신게임의 배당률을 100%에서 감하여 산출하는 이론적 수치이다. 예를 들어 배당률이 92.5%인 기계의 이론적 카지노업소 승률은 7.5%이다. 경우의 수가 많을수록, 다시 말하면 고객의 게임 수가 많아질수록 이 숫자에 근접하게 된다. 파(Par)라고 부르기도 한다.

⑤ **홀드**(Hold): 실제 카지노업소 승률로 업소에서 딴 금액을 고객이 투입한 총금액으로 나눈 후 100%로 환산한 수치로 나타낸다. 예를 들면, 투입된 총금액이 100만 원이고 딴 금액이 8만 원이라면 기계의 홀드는 8%다. 실제 홀드율은 기계의 이론적 승률과는 차이가 날 수 있다.

⑥ **프로그레시브**(Progressive): 기계 여러 대를 묶어 운영하여 특정 기계에서 잭팟이 당첨되었을 경우 여러 기계에서 누적된 배당금을 모두 지불하는 인기 있는 머신게임 운영방식이다. 액면가가 동일하고 같은 수의 릴스톱(Reel Stop)이 있어, 경우의 수가 같고 최고 시상금액이 같으면 다른 모델끼리도 연결이 가능하다.

⑦ **호퍼필**(Hopper Fill): 호퍼에 동전이 없어 지불불능 상태일 때 동전을 채워 넣는 것을 말한다. 요즘 대부분의 머신기계들은 지폐 및 티켓을 투입하여 게임한 후 티켓을 발급받아 현금으로 교환해주기 때문에 호퍼필이 필요 없는 경우가 많다.

⑧ **핸드페이**(Hand Pay): 미리 정한 호퍼에서 지불 가능한 금액보다 큰 배당금이 당첨되었을 때 종사원이 직접 배당금을 건네주는 것을 말하며, 어텐던트페이(Attendant Pay)라고도 한다.

⑨ **당첨빈도율**: 당첨된 횟수를 총 플레이한 숫자로 나눈 후 100%로 환산한 비율로, 예를 들어

100번을 플레이하여 20번이 당첨되었다면 당첨빈도율은 20%이다.

⑩ **배당금표:** 당첨되었을 때 지불되는 금액을 나타낸 표이다.

⑪ **테이크**(Take): 지폐 또는 코인을 기계에서 수거하는 것을 말한다.

5. 머신게임기의 미래

머신게임의 발전속도는 컴퓨터의 발전과 함께한다. 지난해에 출시된 신제품이 금년에는 인기가 떨어지는 기기로 전락되는 것이 현실이다. 이런 이유로 라스베이거스의 대형 카지노들은 머신기기를 짧게는 3개월 단위로 교체하기도 한다.

최근의 머신기기의 특징으로 티켓(Ticket)머신과 리스(Lease)머신의 확산을 들 수 있다. 티켓머신은 동전 또는 현금 대신 기기에서 영수증이 출력되면 고객은 그 영수증을 환전소에서 현금으로 교환하는 것이고, 리스머신은 카지노에서 기기를 구매하지 않고 제작회사에서 카지노에 기기를 무료로 설치한 후 수익의 일부분을 가져가는 방법이다. 이 경우 기기의 유지보수 및 수리는 기기를 설치한 제작회사에서 책임지며, 광역 프로그레시브의 경우에는 최고 시상금도 제작회사에서 지불하는 관계로 카지노에서는 초기 투자비용 및 잭팟시상에 신경 쓸 필요가 없어 매우 인기가 높다. 티켓머신은 동전이 지불되는 시간에 고객이 게임에 더 참여할 수 있으며, 소액의 경우 고객이 환전을 하지 않는 경우가 많아 매출액 향상에 도움이 되고, 인력절감에도 큰 효과가 있어 급속하게 확산 중인데, 머신의 100%를 티켓머신으로 운영 중인 곳이 대부분이다. 앞으로 머신게임기는 기계적으로는 복잡하지만 고객이 게임을 즐기기에는 단순한 기계들이 확대되고, 매출의 비중도 갈수록 높아질 것으로 예상된다.

6. 머신게임 종사원 및 직무

머신기기의 개발과 운영관리 시스템의 진화는 전통적인 머신게임 종사원의 일자리를 사라지게 만들었다. 특히 TITO(Ticket-In, Ticket-Out)의 설치는 잭팟확인원, 동전교환원, 부스출납원, 슬롯서무원들의 업무를 간편하게 대체하는 시스템으로 자리 잡았고, 게임 시 티켓의 간단한 입출력으로 게임스피드를 크게 향상시켜 매출증대에 기여하며, 1달러 미만의 소액을 현금화하지 않아 발생하는 낙전수익은 기타수익 향상에도 기여하고 있다. 이 책에서는 머신게임의 기존 종사원들과 그 업무에 대해 살펴보기로 한다.

① **슬롯매니저**(Slot Manager / Shift Manager): 머신게임 피트의 모든 시설을 관리 · 감독하고, 담당직원을 지휘 · 감독하며, 영업담당 임원에게 게임기의 수익을 보고하고 정책을 입안한다.

② **슬롯 플로어퍼슨**(Slot Floor Person): 근무시간 중 머신게임 피트의 모든 시설을 관리 · 감독하고, 담당직원을 관리 · 교육한다. 또한 잭팟 지불 및 호퍼필을 감독하고, 슬롯매니저를 보좌한다.

③ **수석기술자**(Head Mechanic): 모든 기계를 관리 · 감독하고, 기계부품의 재고를 관리한다.

④ **잭팟확인원**(Jackpot Verifier): 잭팟을 확인 및 지불하고, 기계에 따라 호퍼필을 실행하며, 머신을 리셋한다.

⑤ **동전교환원**(Change Person): 동전판매 및 고객안내를 담당하지만, 티켓머신이 설치된 카지노에서는 동전교환보다는 고객의 지폐를 교환해주는 업무를 담당한다.

⑥ **부스출납원**(Booth Cashier): 고객의 동전을 지폐로 교환해주고, 동전 카운트기계를 유지 · 감독하며, 잭팟 및 필(Fill)의 발생을 처리하고, 동전교환원의 동전판매를 매입하며, 티켓을 현금으로 교환해주는 등의 업무를 돕는다.

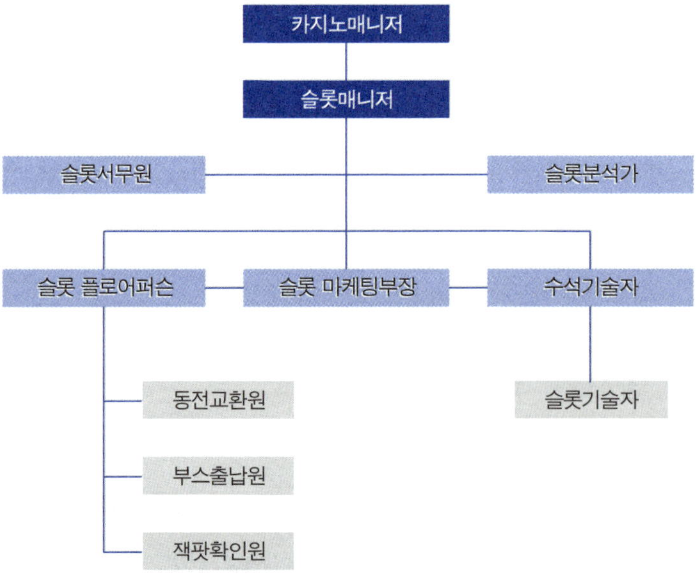

[그림 5-11] 머신게임부서 조직도

⑦ **슬롯기술자:** 게임기의 상태를 점검하고 보수・유지한다.

⑧ **슬롯서무원:** 잭팟과 필을 관리하고, 머신게임관련 열쇠 및 통신용 라디오를 관리한다.

⑨ **슬롯분석가:** 머신게임의 수익을 분석하고(종류・기계・위치 등), 잭팟과 필 티켓 등 머신게임관련 서류를 심사한다.

⑩ **슬롯 마케팅부장:** 슬롯머신에 관한 판촉활동을 수행하고, 고객에게 콤프 및 각종 서비스를 제공하며, 고객의 슬롯회원증 관련 문제를 해결해준다.

제2절 슬롯믹스

슬롯믹스(Slot Mix)란 최고의 수익을 올리기 위해 영업장에 설치할 머신게임의 종류・수량・액면가・위치 등을 결정하여 고객에게 제공하는 것을 말한다. 슬롯믹스에는 모델혼합・형태혼합・위치혼합이 있다.

1. 모델혼합

외형 및 제작회사가 혼합된 정도를 말한다. 모델혼합은 주요 고객이 누구인지에 따라 크게 달라진다. 예를 들어 관광객이 주요 고객인 카지노에는 릴슬롯을 많이 설치해야 하며, 지역주민이 주요 고객인 카지노에는 비디오포커와 같은 기계들을 많이 설치해야 한다. 그 이유는 지역주민의 경우 배당률이 높은 기계를 어느 정도 파악할 수 있기 때문에 자기가 직접 참여하여 선택할 수 있는 게임을 선호하지만, 관광객은 어떤 게임의 배당률이 높은지를 잘 모르며, 단순히 동전을 투입하여 게임하는 기계를 선호하기 때문이다.

현재 세계적인 모델혼합의 추이를 보면 전통적인 릴슬롯머신의 퇴조와 비디오머신의 비약적인 발전을 들 수 있다. 미국의 경우에는 2000년대 초까지 90% 이상이었던 릴슬롯머신이 현재는 10% 이하로 하락했다. 가장 큰 이유는 한 기계에서 다양한 액면(1, 5, 10, 25, 50센트, 1달러)으로 고객의 자금사정에 따라 베팅이 가능한 비디오게임의 개발에 따른 기술의 발전에 있다. 호주의 경우에는 100% 비디오머신만 설치되어 있다. 아시아국가 역시 릴게임의 입지가 점점 좁아지고 있는 상황이다. 우리나라의 경우 2025년 4월 기준 모든 카지노에 설치된 머신은 총 3,097대로, 이 가운데 비디오게임이 95% 이상을 차지할 정도로 비디오게임의 비중은 더 높아질 것으로 예상된다.

배당률이란?

머신게임에서 흔히 이야기하는 배당률은 승률과는 개념이 다르다. 배당률이 90%인 기계에서 10만 원을 투자하면 9만 원이 바로 나온다는 뜻이 아니다. 기계에는 경우의 수에 해당하는 사이클(Cycle)이 있다. 사이클은 적게는 몇만 번부터 수 천만 번까지 다양하며, 이 사이클이 1회전 했을 때 총 투입된 금액 중 이론적으로 90%가 배당된다는 뜻이다. 사이클이 지날수록 고객에게 남은 돈은 줄어들게 된다. 이는 수학적으로 '1'이 되지 않고 숫자를 계속 곱하면 '0'이 된다는 이론과 같다. 다시 말하면 머신게임에서의 배당률은 게임 중 배당된 총금액에서 베팅된 금액을 나누어서 산출하는 것이지, 고객이 게임 후 환급한 금액에서 처음 게임을 시작할 때의 금액으로 나누는 것이 아니다.

[표 5-1] 게임금액 10,000원,* 500원 기계 게임 시

1회 베팅배당	2회 베팅배당	3회 베팅배당	4회 베팅배당
3－3 3－0 3－6 3－0 3－6 3－3 2－0	3－0 3－6 3－6 3－0 3－0 3－9	3－3 3－0 3－0 3－12 3－0 3－0 3－0	3－6 3－0 3－1 3－3 3－3
20－18 18 / 20＝90%	18－21 21 / 18＝117%	21－15 15 / 21＝71%	15－13 13 / 15＝87%

* 게임금액 10,000원은 500원짜리 기계를 처음에 시작할 때 지폐투입구에 넣은 금액으로 1회 베팅배당 10,000원(20 × 500원)이다. 20개를 게임해서(3, 3, 3, 3, 3, 3, 2 베팅) 18개가 배당되었으며, 2회 베팅배당은 1회에서 배당받은 18개를 게임해서 21개를 배당받았다는 뜻임.

- 총베팅금액(총게임금액): 37,000원[(20개＋18개＋21개＋15개) × 500원]
- 총배당금액: 33,500원[(18개＋21개＋15개＋13개) × 500원]
- 배당률(총게임금액): 90.5%(33,500원 ÷ 37.000원)

2. 형태혼합

1) 동전액면가

카지노는 주요 고객이 누구냐에 따라 어떤 액면가의 기계를 어떤 비율로 설치할 것인지에 대해서 가장 먼저 결정해야 한다. 일반적인 추세는 같은 액면가를 가진 기계들을 같은 곳에 설치하는 것이다. 다시 말하면 액면가(예: 1센트, 25센트, 1달러)가 다른 기계는 좌우로 섞어서 설치하지 않는 것이 보통이다. 참고로 강원랜드의 머신게임 액면가는 6 종류(2, 5, 10, 20, 50, 100원)이며, 머신게임은 카지노 매출액의 약 40%를 차지한다.

2) 배당금표

릴에는 고스트스트립(Ghost Strip)과 프루트스트립(Fruit Strip)이 있다. 차이점은 전자에는 배당이 되는 심벌 사이에 빈 칸이 있으나, 후자는 배당이 되는 심벌만으로 이루어져 있다는 것이다. 예를 들면, 배당이 되는 심벌이 11개인 고스트스트립에는 총 22가지(배당 11개, 빈 칸 11개)의 경우가 있으나, 심벌이 11개인 프루트스트립에는 총 11개의 경우가 있다. 네바다주에는 고스트스트립 기계가 95% 이상 설치되어 있다. 참고로 가장 인기 있는 고스트스트립 배당금표는 2, 5, 10, 14, 18, 100, 200, 500, 1,000, 2,000으로 이루어져 있다.

3) 머신게임의 카지노업소 승률(House Advantage)

머신게임의 수익을 극대화하기 위해 적절한 배당률을 정하는 것 또한 매우 중요하다. 기계의 배당률은 낮게는 75%에서 높게는 99.5%에 이르기까지 다양하나, 카지노업소 승률이 높은, 다시 말하면 배당률이 낮은 기계를 설치했다고 카지노의 수익이 극대화되는 것이 아니라는 점을 잊어서는 안 된다. 배당률이 낮은 기계만 설치할 경우 플레이어는 게임을 바로 그만둘 수도 있기 때문이다. 카지노에서 수익을 극대화하기 위해서는 게임에 참여하는 시간을 늘리는 것이 가장 중요하기 때문에 업체들이 배당률이 100%라는 기계들을 설치했다고 선전하는 것도 여기에 이유가 있다. 참고로 법으로 정한 최소 배당률을 살펴보면, 한국과 네바다주는 75%, 애틀랜틱시티는 83

%이다. 다시 말하면 한국과 네바다주는 게임기기에 투입된 금액의 75%, 애틀랜틱시티는 83% 이상을 플레이어에게 제공해야 한다.

잭팟의 확률은 얼마일까?

강원랜드에 설치된 1,360대의 슬롯머신은 '냉혹한 승부사'들을 상대하기 위해 첨단정보통신기술로 무장하고 있다. 승률결정과 게임종류의 선정, 입출금이 되는 돈과 코인 수를 기록하는 일, 정전이 되었을 때나 게이머가 거짓말을 했을 때에 대비한 각종 안전기능 등이 모두 컴퓨터로 처리된다. 내부에는 인텔 마이크로 프로세서, 자가진단기능 소프트웨어 등이 내장되어 있다. 승률은 미리 컴퓨터 프로그램으로 정해져 나오기 때문에 카지노 운영자가 임의로 배당률을 바꿀 수 없다.

수박이나 숫자 7, 종 그림 등이 그려져 돌아가는 릴이 세로로 3개 있는 슬롯머신이라면 1등상인 잭팟이 터질 확률은 37만 3,248번에 한 번 꼴이다. 릴 하나당 경우의 수가 72개가 나오는데, 릴이 3개이므로 72×72×72=373,248개의 서로 다른 수가 나온다. 보통 이 중 한 수에만 잭팟을 준다.

2등·3등·4등은 어떻게 결정될까? 우선 게이머가 손잡이를 당기거나 버튼을 누르면 373,248가지의 숫자 중에서 하나를 만들어내는 '임의의 수 발생기'로 신호가 전달된다. 여기서 어떤 수가 결정되면 시상표가 저장된 칩으로 가서 어떤 상에 해당되는지 대조해 상을 주거나 '꽝'을 결정한다. 이 과정은 불과 수 천만 분의 1초밖에 걸리지 않는다. 게이머가 당기자마자 꽝인지 아닌지가 결정되는 셈이다. 그래서 게이머가 "잭팟이 터졌는데 정전이 됐다"는 등의 거짓말을 했다가는 낭패를 본다. 손잡이를 당기자마자 결정된 숫자는 릴에 그림들이 맞춰지기 훨씬 전에 반도체 기억장치에 그대로 저장되어 전기가 들어온 뒤 확인할 수 있기 때문이다.

자료: 강원랜드 사보(2000, 송년호). 잭팟의 확률은 얼마일까; 중앙일보(2000. 11. 21). http://joongang.joinsmsn.com 재인용.

4) 당첨빈도율

총 플레이된 숫자에서 당첨된 숫자가 차지하는 비율이다. 당첨금액은 적으나 당첨빈도가 높은 기계를 설치할 경우, 당첨금은 높고 당첨빈도가 낮은 기계를 설치할 경우보다 고객을 오래 앉아 있게 할 수 있어 카지노승률보다 중요할 수 있다. 플레이어를 오랜 시간 동안 앉아 있게 하는 것이 주목적임을 잊어서는 안 된다.

릴의 모양

순서	릴 1	릴 2	릴 3
1	자두	수박	자두
2	오렌지	체리	수박
3	BAR	자두	오렌지
4	오렌지	자두	오렌지
5	체리	수박	오렌지
6	오렌지	체리	수박
7	자두	BAR	자두
8	수박	체리	수박
9	오렌지	수박	오렌지
10	7	체리	BAR
11	체리	7	자두
12	자두	오렌지	오렌지
13	오렌지	수박	수박
14	자두	체리	자두
15	오렌지	오렌지	오렌지
16	BAR	체리	7
17	오렌지	수박	오렌지
18	체리	체리	수박
19	오렌지	BAR	자두
20	오렌지	체리	오렌지
합계	20 ×	20 ×	20 =

8,000 경우의 수

배당표

구분	릴 1	릴 2	릴 3	배당금
①	체리	XXXX*	XXXX	1
②	체리	체리	XXXX	5
③	오렌지	오렌지	오렌지	10
④	자두	자두	자두	14
⑤	수박	수박	수박	18
⑥	BAR	BAR	BAR	100
⑦	7	7	7	500

* XXXX: 체리가 아닌 다른 심벌을 의미함.

	당첨횟수	배당	총배당금
① 3 × 12 × 20 =	1,200	× 1 =	1,200
② 3 × 8 × 20 =	480	× 5 =	2,400
③ 9 × 2 × 8 =	144	× 10 =	1,440
④ 4 × 2 × 5 =	40	× 14 =	560
⑤ 1 × 5 × 5 =	25	× 18 =	450
⑥ 2 × 2 × 1 =	4	× 100 =	400
⑦ 1 × 1 × 1 =	1	× 500 =	500
	1,894		6,950

릴의 개수

구분	릴 1	릴 2	릴 3
체리	3	8	0
오렌지	9	2	8
자두	4	2	5
수박	1	5	5
BAR	2	2	1
7	1	1	1

- 당첨빈도율=당첨횟수÷경우의 수=1,894÷8,000=23.7%
- 카지노승률=(경우의 수-총배당금)÷경우의 수=(8,000-6,950)÷8,000)=13.1%
- 그러므로 기계의 배당률은 86.9%(100%-13.1%)가 됨.

[그림 5-12] **당첨빈도 및 카지노승률 계산**

3. 위치혼합

어떤 모델을 어떤 형식으로 설치할 것인지를 결정하면, 마지막으로 어느 위치에 설치해야 할지를 결정해야 한다. 수익을 극대화하기 위해 위치혼합 시 고려해야 할 사항들은 다음과 같다.

① 홀드율이 낮은 기계들, 즉 배당률이 높은 기계들을 고객의 통행량이 많은 곳의 처음과 끝에 설치하여 분위기를 조성해야 한다.

② 가장 인기 있는 기계는 입구 쪽에 설치하여 지나가는 고객이 보고 카지노에 들어와 게임을 하고 싶은 충동이 일어나도록 해야 한다.

③ 당첨빈도가 높은 기계들은 머신게임 피트의 둘레에 설치해야 한다.

④ 가능하면 테이블게임이 진행되고 있는 주변에 그 테이블게임과 동종의 기계를 설치해야 한다. 예를 들면, 포커테이블 주변에는 비디오포커를, 키노게임 주변에는 비디오키노를 설치한다.

⑤ 수익성이 높은 기계들은 통행량이 많은 곳에 설치해야 한다.

⑥ 액면가가 같은 기계들끼리 모아서 설치한다.

제3절 슬롯머신 마케팅

마케팅전략을 수립하기에 앞서 위에서 언급한 바와 같이 주요 고객이 누구인지에 따라 모델혼합·형태혼합·위치혼합을 신중히 고려해야 한다. 이러한 머신혼합이 결정되면 다음과 같은 판촉방법을 이용해 수익을 극대화할 수 있다.

1. 머신 배당률

머신 배당률은 75%에서 99.5%에 이르기까지 다양하지만 93%가 보편적이다. 배당률이 높은 기계를 위주로 설치 · 운영하여 광고한다면 총게임투입금액을 증가시켜 수익을 극대화할 수 있다. 머신게임을 운영할 때 가장 중점을 두어야 하는 것은 고객이 게임하는 횟수를 증가시키는 것이다. 기계는 정해진 배당률대로 수익을 결정하기 때문에 고객의 게임횟수를 증가시키는 것이 수익을 극대화하는 방법이다. 머신의 배당률이 낮은 기계를 설치하면 고객의 게임횟수를 감소시켜 수익이 감소된다. 미국 네바다주의 많은 카지노업체들이 경쟁적으로 배당률이 높은 기계를 설치했다고 광고하는 것도 여기에 이유가 있다(심지어는 102%의 배당률게임도 있음).

2. 슬롯대회

적은 참가비를 받거나 무료로 참가하게 하여 많은 상금을 획득할 수 있는 대회를 개최하는 것도 자주 이용되는 마케팅기법이다. 참가자들은 같은 기계들로 같은 시간 동안 게임을 하게 되며, 가장 많은 크레딧이 남아 있는 사람에게 1등 상금이 돌아간다.

3. 슬롯클럽

거의 모든 카지노에서 실시하는 가장 보편적인 마케팅기법으로 클럽에 가입하면 카드를 발급해준다. 플레이어가 게임할 때 게임기에 카드를 삽입하면 모든 게임의 결과가 카드에 자동으로 입력되어 누적된 점수에 따라 일반 테이블게임 참가 때와 같이 각종 콤프(Comp: Complimentary의 약자)의 혜택을 누릴 수 있다. 또한 테이블게임에서는 받을 수 없는 무료여행 · 선물 등의 혜택을 누적된 점수에 따라 받을 수도 있다. 크리스마스나 신정연휴와 같은 특별한 날에는 점수를 2배나 3배로 빠르게 누적시킬 수 있는 마케팅기법이 사용되기도 한다. 또한 대형 카지노업체들이 인수합병한 카지노에서 하나의 카드로 누적시킬 수 있는 One Card 시스템이 보편화되고 있다.

제4절 머신게임의 수익산출

머신게임이 어느 정도의 수익을 올렸는지를 파악하기 위해서는 '총 머신게임 드롭,' '핸드페이잭팟 총액,' '호퍼필 총액'과 같은 데이터가 필요하다. 이러한 데이터를 기초로 다음과 같은 공식을 사용하면 머신게임의 수익을 산출할 수 있다.

머신게임의 수익 = 머신게임 드롭 − (핸드페이잭팟＋호퍼필 총액＋기타 지불)

예를 들어 머신게임 드롭이 3,000만 원, 핸드페이잭팟이 1,400만 원, 호퍼필 총액이 900만 원이라면, 머신게임의 수익은 700만 원[3,000만 원−(1,400만 원＋900만 원)]이다. 하지만 요즘 제작되는 모든 머신게임기들은 일반적으로 총 투입 수, 총 지불 수, 핸드페이금액, 드롭금액 등의 미터기가 내부에 장착되어 있어서 기계별 수익금 산출이 지폐 또는 동전의 테이크 없이도 가능하다.

앞에서도 설명했듯이 총매출에서 머신게임이 차지하는 비율은 날로 증가하고 있다.

100만 달러의 해프닝

커크 에릭슨(Kirk Erickson)이라는 청년은 1987년 8월 라스베이거스 시저스팰리스 호텔 카지노에서 부모와 함께 '백만장자'(Million Dollar Baby)라는 슬롯머신게임을 하던 중 잭팟을 터뜨려 100만 달러를 받게 되었다. 190센티미터 키에 102킬로그램인 이 청년이 합법적으로 게임을 할 수 없는 21세 미만이라는 것을 아무도 짐작하지 못했다. 10만 달러 이상의 잭팟이 당첨되면 운영관리과의 녹화 테이프를 검토해야 하는 네바다주의 법령에 따라 테이프를 재생하던 중 잭팟을 터뜨린 후 옆에 서 있던 아버지가 아들 대신 당첨자 행세를 한 장면이 포착되어 실제로 게임을 한 아들에게 신분증 제시를 요구하여 확인했더니 19세의 미성년자로 밝혀졌다. 시저스팰리스 카지노는 21세 미만은 게임에 참가할 수 없다면서 법조항을 내세워 당첨금을 지불하지 않았고, 에릭슨 가족은 카지노를 상대로 소송하여 3년 동안의 재판 끝에 패소하여 한 푼도 건지지 못했다고 한다.

단돈 6달러로 160만 배 횡재

"카지노장에 갑자기 벨이 울리면서 슬롯머신을 하던 장모님이 사색이 된 채 '나 뭐 터졌어' 하면서 오셨길래 함께 가봤더니, 잭팟이 터졌더군요."

104억 원짜리 잭팟이 터진 현장에 함께 있던 손지창 씨는 18일 본사와의 전화통화에서 쉰 목소리로 "지금은 아무 실감이 나지 않는다"고 말했다. 손씨는 장모인 김민정 씨가 원래 다른 기계에서 게임을 즐기다가 그 기계가 고장 나는 바람에 잭팟이 터진 기계로 옮겼다고 전했다. "잭팟이 터지자 만달레이 베이 호텔 사장과 부사장이 와서 평생 무료숙박을 제공하겠다며 일반 객실에 묵던 저희들을 최고급 펜트하우스로 옮겨 줬습니다. 숙식에 리무진까지 공짜라면서요."

손씨는 "생판 모르는 외국인들이 서로 축하한다며 인사를 건네는 바람에 정신이 없고, 목까지 쉬었다"며 "호텔 측에서 당첨금을 일시불로 받을 건지, 20년간 나눠서 받을 건지 닷새 후에 얘기하자고 전했다"고 말했다. 그는 "장모님이 상금을 좋은 일에 썼으면 하는 생각을 갖고 있으나 구체적 용처는 아직 결정하지 못했다"며 "미국에서 낼 세금도 적지 않다고 하더라"고 말했다.

▮국내 세금만 41억 원

104억 원짜리 행운을 잡은 김민정 씨는 세금을 얼마나 낼까? 국세청에 따르면 김씨는 내년 5월 말 종합소득세 신고 때 '카지노소득'을 기타 소득으로 신고해야 한다. 그리고 6월 말까지 다시 소득세의 10%를 주민세로 신고해야 한다. 국세청은 "국내에서 내야 할 세금은 대략 41억여 원이고, 미국에서 내는 세금은 세액공제를 받을 수 있을 것"이라고 밝혔다.

자료: 조선일보(2000. 6. 19). 단돈 6달러로 160만배 횡재.

제주도에서 중국인관광객 국내 최대 '잭팟' 터뜨려…… 당첨금 9억 6,000만 원

제주도에 여행을 온 중국인관광객이 외국인 카지노에서 9억 원이 넘는 잭팟을 터뜨렸다. 파라다이스 제주 그랜드카지노 측은 중국인 A씨가 19일 오전 2시 13분쯤 슬롯머신에서 9억 6,662만 원 상당의 잭팟을 터뜨렸다고 밝혔다. 이 액수는 외국인·내국인 카지노를 모두 합쳐 국내에선 역대 최대 당첨금이다. 이전 최대 당첨금은 지난 2015년 강원랜드에 50대 여성이 받은 8억 9,730만 원이었다.

파라다이스 제주 그랜드카지노
(조선일보 자료사진)

자료: 조선일보(2017. 9. 19). http://news.chosun.com/site/data/html_dir/2017/09/19/2017091902031.html

강원랜드 슬롯머신 역대 최고 잭팟 9억 8,700만 원 터져

강원랜드 카지노 슬롯머신(연합뉴스 자료사진)

강원랜드 카지노 개장 이후 슬롯머신에서 역대 최고 당첨금인 9억 8,700만 원 상당의 잭팟이 터졌다. 강원랜드는 2021년 3월 17일 30대 남성이 슬롯머신 게임 '슈퍼메가 잭팟'에 당첨됐다고 밝혔다. 슈퍼메가 잭팟은 기기 60대를 연결한 슬롯머신에서 누적된 당첨금을 한꺼번에 지급하는 게임이다. 누적 당청금은 9억 8,719만 7,214원이었으며, 세금을 제외한 6억 9,400여만 원을 지급받았다. 기존 강원랜드 카지노 슬롯머신 최고 당첨금은 2018년 2월 4일 슈퍼메가 잭팟의 9억 100만 원이었다.

자료: http://www.yna.co.kr/view/AKR20210318037000062

강원랜드 '슈퍼메가 잭팟' 6억 2천 3백여만 원 터져

강원랜드 카지노에서 당첨금 6억 2천 3백여만 원에 이르는 '슈퍼메가 잭팟'이 터졌다. 2일 새벽 3시 40분경 강원랜드 슬롯머신 게임인 '슈퍼메가 잭팟'에서 게임을 즐기던 김○○씨(54세, 남)가 당첨금을 차지하는 행운을 얻었다.

대박 행운을 거머쥔 김씨는 "가끔 강원랜드를 찾아 게임을 즐기고 있다"며, "특별한 꿈을 꾸지 않았는데도 큰 금액이 당첨되어 더 기쁘다"고 했다.

'강원랜드 슈퍼메가 잭팟'은 50대의 머신기기가 연결된 슬롯머신에서 누적된 당첨금을 한꺼번에 지급하는 강원랜드 대표 연결 프로그레시브 잭팟 게임이다. 이번에 지급된 당첨금 액수는 역대 여섯 번째로 많은 것이고, 지금까지 최고 잭팟은 지난 4월 15일 터졌으며, 누적 당첨금은 8억 9,730여만 원에 달했다.

자료: https://high1.com/kangwonland/ selectBbsNttView.do?key=142&bbsNo=17&nttNo=71253&searchCtgry=&searchCnd=all&searchKrwd=&pageIndex=248&integrDeptCode=

6장

키노 · 포커 · 스포츠북

UNDERSTANDING THE CASINO INDUSTRY

제1절
키노

1. 개요

1~80번까지의 번호가 적힌 탁구공 모양의 공을 회전 중인 키노머신에 넣으면 20개의 공이 무작위로 배출된다. 배출된 공번호와 고객이 사전에 구입한 티켓에 표시된 번호(1~20개)를 비교하여 일치되는 번호의 수와 베팅금액에 따라 배당금을 받는 게임이다. 티켓번호와 일치되는 번호의 공을 많이 뽑을수록 배당금이 많아지며, 테이블게임과는 달리 배당금을 카지노마다 다르게 정할 수 있다. 이론적인 카지노업소 승률(House Advantage)은 약 30% 정도로 테이블게임에 비하여 높은 편이다.

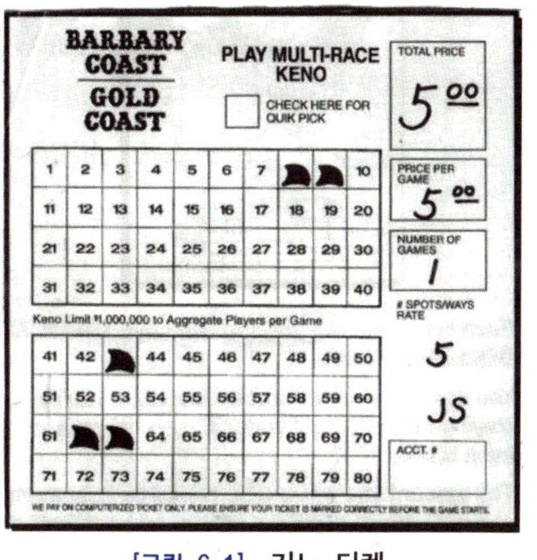

[그림 6-1] 키노 티켓

2. 키노 티켓 및 배당표

키노 배당표를 보면, 총 80개 번호 중 3개의 번호를 선택해 각각 2달러, 5달러, 10달러를 베팅하여 기계가 배출한 20개의 번호 중 3개가 모두 포함되어 있으면 각각 110달러, 275달러, 550달러를 배당받는다는 뜻이다. 만일 1개 또는 2개 번호만 포함되어 있으면 베팅금액은 잃게 된다.

MARK 3 SPOTS			
Catch	Play 2.00	Play 5.00	Play 10.00
3	110	275	550

MARK 4 SPOTS			
Catch	Play 2.00	Play 5.00	Play 10.00
4	500	1,250	2,500

MARK 5 SPOTS			
Catch	Play 2.00	Play 5.00	Play 10.00
5	2,500	6,250	12,500

MARK 20 NUMBERS		
CATCH	2.50 PAYS	5.00 PAYS
0	250.00	500.00
1	10.00	20.00
2	5.00	10.00
3	2.50	5.00
4	—	—
	(당첨확률이 높기 때문에 배당금 없음)	
5	—	—
6	—	—
7	2.50	5.00
8	5.00	10.00
9	10.00	20.00
10	25.00	50.00
11	250.00	500.00
12	750.00	1,500.00
13	2,500.00	5,000.00
14	100,000.00	20,000.00
15	250,000.00	50,000.00
16	100,000.00	200,000.00
17	250,000.00	500,000.00
18	500,000.00	1,000,000.00
19	750,000.00	1,000,000.00
20	1,000,000.00	1,000,000.00

[그림 6-2] 키노 배당표

또한 80개 번호 중 5개의 번호를 선택해서 같은 금액을 베팅하여 뽑힌 20개의 번호 중 5개의 번호가 모두 포함되면 각각 2,500달러, 6,250달러, 12,500달러를 배당받지만, 1개에서 4개 번호만 포함되면 그 베팅금액은 잃게 된다. 한편 20개 번호를 선택한 후 $2.50을 베팅해서 20개 번호를 모두 맞히면 백만 달러를 받지만, 4개에서 6개를 맞추면 배당금은 전혀 없는데, 그 이유는 국내 로또게임에서 6개의 당첨번호 가운데 1개 또는 2개의 번호만 맞히면 상금이 전혀 없는 것과 같은 이유이다. 마찬가지로 총 80개 번호 중 20개의 번호를 선택하여 5달러를 베팅해 기계가 배출한 20개의 번호 중 18개 이상의 번호가 일치하면 100만 달러를 배당받는다.

3. 카지노업소 승률

배당표 중 4개의 번호를 선택하고 5달러를 베팅하여 4개의 번호를 모두 맞혔을 때 1,250달러가 배당되는 경우를 살펴보자.

① 먼저 80개의 번호 중 4개의 번호가 선택될 수 있는 경우의 수는 다음과 같다. 여기서 경우의 수를 Factorial이라고 하는데, 가령 4개가 선택될 확률은 4!=4 ×3×2×1이다.

$$\frac{80 \times 79 \times 78 \times 77}{4 \times 3 \times 2 \times 1} = 1,581,580$$

② 다음 키노머신에 의해 무작위로 선택된 20개의 번호 중 선택한 4개의 번호가 모두 포함되는 경우의 수는 다음과 같다.

$$\frac{20 \times 19 \times 18 \times 17}{4 \times 3 \times 2 \times 1} = 4,845$$

③ 카지노업소 승률(수익률)을 구하기 위해서는 모든 경우의 수의 베팅금액과 모든 당첨티켓에 배당되는 배당금 총액을 산출해야 한다.

- 총베팅금액 5달러×1,581,580=7,907,900달러
- 총배당금액 1,250달러×4,845=6,056,250달러
- 카지노이익금 1,851,650달러
- 카지노업소 승률 23.4%(1,851,650÷7,907,900)

④ 그러므로 이 게임에서 고객이 번호를 모두 맞힐 확률은 0.3%(4,845÷1,581,580)이며, 카지노는 고객에게 76.6%(6,056,250달러÷7,907,900달러)를 배당하여 23.4%의 카지노승률을 갖는다.

위의 예는 4개의 번호를 선택하여 모두 맞혔을 경우이며, 선택한 번호의 수와 베팅액수 등에 따라 카지노업소 승률은 크게 달라질 수 있다.

제2절 포커

1. 개요

포커게임에는 전 세계적으로 가장 인기 있는 텍사스 홀뎀(Texas Hold'em), 세븐카드 스터드(7 Card Stud), 오마하 등 여러 종류가 있다. 여러 종류의 포커게임은 각기 다른 게임규칙을 갖고 있지만, 한 가지 공통점은 게임이 진행되면서 추가베팅을 계속할 수 있고, 최고의 패가 아니더라도 게임에서 이길 수 있다는 점이다. 포커는 다른 테이블게임과는 달리 카지노를 상대로 승부하는 것이 아니라 고객끼리 승부하는 것이다. 그러므로 카지노업체는 오픈된 테이블에 시간당 사용료를 부과하거나 판돈의 일정 비율(보통 2~3%)을 자릿세로 받는다(라스베이거스의 경우는 다름).

지금 이 순간에도 여러 종류의 포커게임이 전문가들에 의해 계속 만들어지고 있으며, 기존의 규칙도 계속 변형되거나 추가로 생겨나고 있다. 먼저 카드의 구성을 살펴보면, 1덱의 카드에는 ♣(Clubs), ♥(Hearts), ♠(Spades), ◆(Diamonds)의 4가지 무늬가 있으며, 무늬별로 2~10, 잭(J), 퀸(Q), 킹(K), 에이스(A) 등 13종류의 글자가 적혀 있어 총 52장으로 구성되어 있다. 여기에서는 가장 보편적인 포커게임인 세븐카드 스터드와 텍사스 홀뎀에 대해 알아보자.

▲ 포커

2. 게임방법

1) 세븐카드 스터드

게임의 목적은 총 7장의 카드 중 5장을 사용하여 가장 높은 랭킹의 핸드를 만드는 것이다. 플레이어는 2장의 다운(Down)카드와 1장의 업(Up)카드를 받는다. 베팅 후 1장씩 총 3장의 업카드를 더 받는다. 중간중간에 3번의 추가 베팅기회가 있다. 마지막에 1장의 카드를 다운카드로 받고 마지막 베팅을 한다. 플레이어는 체크(Check), 베트(Bet), 콜(Call), 레이즈(Raise), 폴드(Fold)(뒤의 '용어해설' 참조)를 할 수 있으며, 일반적인 레이즈는 3번 허용된다.

2) 텍사스 홀뎀

홀뎀게임의 특징은 각 플레이어가 7장의 카드를 받는 세븐카드 스터드와는 달리 가운데 있는 5장의 'Community Card'를 공유한다는 점이다. 승패의 결정은 처음 각 플레이어에게 배분된 2장의 카드와 가운데 놓여 있는 공유카드 5장을 조합하여 가장 높은 족보를 만든 플레이어가 이기게 된다.

게임방법은 딜러가 2장의 카드를 배분하고 플레이어는 베팅을 하게 되면 시작된다. 이어서 딜러는 플롭(Flop)이라 부르는 3장의 공유카드를 테이블에 딜링하고, 턴(Turn)이라 부르는 4번째 공유카드, 리버(River)라 부르는 마지막 카드이자 5번째 공유카드를 배분한 후 남아 있는 플레이어들이 처음 받은 2장의 카드와 테이블에 펼쳐진 5장의 공유카드를 조합하여 승부를 겨루게 된다. 플레이어는 처음 2장을 받은 후, 플롭, 턴, 리버가 딜링된 후 추가베팅을 할 수 있다.

3. 랭킹

① **로열플러시**(Royal Flush): 같은 무늬의 10, J, Q, K, A

A	K	Q	J	10
♠	♠	♠	♠	♠

② **스트레이트플러시**(Straight Flush): 같은 무늬의 카드 5장의 연속되는 숫자

J	10	9	8	7
◆	◆	◆	◆	◆

③ **포오브어카인드**(Four of a Kind): 4장의 같은 숫자

10	10	10	10	3
♠	◆	♣	♥	♥

④ **풀하우스**(Full House): 3장의 같은 카드와 같은 카드 2장(Pair)

K	K	K	7	7
♣	◆	♥	♠	♣

⑤ **플러시**(Flush): 같은 무늬 5장의 카드(숫자는 관계없음)

Q	10	7	3	2
♥	♥	♥	♥	♥

⑥ **스트레이트**(Straight): 5장의 연속되는 숫자(무늬는 관계없음)

9	8	7	6	5
♣	♣	♥	◆	◆

⑦ **스리오브어카인드**(Three of a Kind): 3장의 같은 카드

10	10	10	5	3
♣	♠	◆	♣	◆

⑧ **투페어**(Two Pair): 같은 숫자 또는 그림 두 쌍

9	9	6	6	K
♠	♣	◆	♥	♠

⑨ **원페어**(One Pair): 2장의 같은 카드

K ♠	K ♣	J ♦	8 ♣	4 ♥

⑩ **노페어**(No Pair): 각기 다른 숫자나 문자

A ♠	Q ♥	8 ♦	5 ♣	3 ♠

4. 용어해설

① **레이즈**(Raise): 이전 플레이어가 베팅한 금액보다 많이 추가로 베팅하는 것을 말한다.

② **폴드**(Fold): 이길 승산이 없거나 베팅할 돈이 없을 때 게임을 포기하는 것을 말한다.

③ **브러시 퍼슨**(Brush Person): 피트 입구에서 고객들이 포커게임에 참여하도록 유도하는 카지노종업원으로 딜러를 돕거나 칩과 카드를 공급하며, 때로는 고객들에게 게임규칙도 설명해 준다.

④ **실즈**(Shills): 게임참여 유도를 위해 카지노에서 고용한 가짜고객으로 카지노의 돈을 사용하여 게임에 참가하고 승패에 관계없이 보수를 받는다.

⑤ **프로포지션 플레이어**(Proposition Player): 일반 고객과 같이 자신의 돈을 갖고 게임에 참가하지만 게임에 참가하는 대가로 카지노로부터 보수를 받는다.

⑥ **올인**(All-in): 특정 고객이 자신이 가지고 있는 모든 금액을 한꺼번에 베팅하는 것을 말한다.

⑦ **앤티**(Ante): 카드가 딜이 되기 전에 고객 모두가 의무적으로 해야 하는 베팅을 말한다.

⑧ **블러프**(Bluff): 낮은 핸드를 보유하고 있으면서 추가로 베팅하여 높은 핸드를 보유하고 있는 듯한 인상을 풍겨 다른 고객들이 게임을 포기하게 만드는 전술을 말한다.

⑨ **바이인**(Buy-in): 포커게임에 참가할 때 특정 고객이 가지고 있는 판돈을 말한다.

⑩ **레이크**(Rake): 고객의 베팅금액 중 카지노에서 가져가는 수입(일반적으로 2~3%)을 말한다.

⑪ **체크**(Check): 첫 번째 플레이어가 추가베팅을 하지 않는 것을 말하며, 그러나 나중에 추가로 베팅할 권리가 있다.

⑫ **콜**(Call): 추가베팅으로 다른 플레이어가 베팅한 금액과 같은 액수를 만드는 것으로, 콜 이후 레이즈를 할 수 있다.

제3절
스포츠북

1. 개요

아마추어나 프로의 운동경기 결과를 예상하여 카지노에서 제공되는 포인트스프레드(Point Spread)나 머니라인(Money Line)에 베팅한 후 게임결과에 따라 배당금을 받는 게임의 하나로, 넓은 의미에서는 경마경주에 베팅하는 레이스북(Race Book)도 포함된다. 그러나 모든 운동경기에 베팅할 수 있는 것은 아니다. 네바다주 게임규정에 따르면, 네바다주 소속의 프로팀 게임, 그리고 운동경기 외의 이벤트(예 선거, 아카데미영화상 시상식 등)와 같은 일반인의 주관에 따라 결과가 결정되는 행사에 대한 베팅은 금지하고 있다. 일반적으로 가장 많은 돈이 베팅된 경기는 미식축구·농구·야구의 순이며, 단일경기로는 프로 미식축구의 왕을 가리는 슈퍼볼(Super Bowl)이다.

2. 베팅라인의 종류

1) 머니라인(Money Line)

점수차이에 관계없이 단지 승자를 맞히는 데 목적이 있는 베팅으로 보통 야구·권투·테니스 등에 많이 사용되는 베팅방법이며, [표 6-1] 베팅라인표 ⓐ와 같이 표시된다. 여기에서 강팀(Favorite)은 마이너스(−)로, 약팀(Underdog)은 플러스(+)로 표시된다. ⓐ는 뉴욕 메츠 구장에서 벌어진 게임으로, 베팅라인표에 나타난 −128은 100을 배당받기 위해 베팅해야 하는 금액이며, +118의 의미는 100을 베팅하면 배당받을 수 있는 금액이다. 다시 말하면 홈팀인 뉴욕 메츠가

[표 6-1] **베팅라인표**

Major League Baseball

BET#	TEAM	PITCHERS	M/L	TOTAL		FINAL
907	Kansas City Royals	Chris Young	+118 ⓐ	$7\frac{1}{2}$	−105	5
908	New York Mets	Steven Matz	−128		−115	3

NBA

BET#	TEAMS	LINE	TOTAL	M/L	FINAL
501	Utah Jazz	−3	190	+140	97
502	Indiana Pacers			−160	76
503	New York Knicks	$-7\frac{1}{2}$	$204\frac{1}{2}$	+270	117
504	Washington Wizards			−330	110
505	Golden St. Warriors	$-4\frac{1}{2}$ ⓑ	$212\frac{1}{2}$	−200	134
506	New Orleans Pelicans			+175	120
507	Brooklyn Nets	−12	191	+750	91
508	Memphis Grizzlies			−1,200	101
509	Phoenix Suns	$-2\frac{1}{2}$	204 ⓒ	+125	101
510	Portland Trail Blazers			−145	90
511	Sacramento Kings	$-10\frac{1}{2}$	215 ⓓ	+500	109
512	Los Angeles Clippers			−700	114

이길 것이라고 생각하면 128달러를 베팅하여 경기에서 이기면 점수차에 관계없이 배당금 100달러와 원금 128달러, 합계 228달러를 돌려받는다. 만일 방문팀인 캔자스시티 로열스가 이길 것이라고 생각하면 100달러를 베팅한 후 경기에서 이기면 배당금 118달러와 원금 100달러, 합계 218달러를 돌려받는다. 이 게임의 결과는 방문팀인 캔자스시티 로열스가 5:3으로 승리하여 그 팀에 베팅한 고객이 배당금을 받았다.

2) 포인트스프레드라인(Point Spread Line)

승패에는 관계없이 '+'점수 이하로 게임에 지거나 '−'점수 이상으로 이기는 데 목적이 있다. 보통 점수가 많이 나는 농구 · 미식축구에 사용되는 베팅방법으로 [표 6-1] 베팅라인표의 ⓑ와 같이 표시된다. ⓑ는 미국 프로농구 NBA의 골든 스테이트 워리어스와 뉴올리언스 펠리칸스의 게임으로 객관적으로 전력이 강한 골든 스테이트에 베팅했을 경우 $4\frac{1}{2}$ 이상, 즉 5점 이상으로 이겨야 배당된다. 반면에 홈팀이지만 객관적으로 전력이 약한 뉴올리언스에 베팅했을 경우 뉴올리언스는 $4\frac{1}{2}$ 이하, 즉 4점 이하로 졌을 경우에 배당된다. 게임결과는 134 대 120으로 골든 스테이트가 14점 차이로 이겨서 베팅라인인 $4\frac{1}{2}$을 훨씬 초과하여 골든 스테이트에 베팅한 고객들이 이겼다.

3. 베팅의 종류

① **스트레이트업**(Straight Up): 포인트스프레드를 커버할 1개의 팀이나 머니라인에서 한 명의 팀 또는 선수만을 택하여 베팅하는 것을 말한다.

② **합계**(이상/이하): 게임의 승부와는 관계없이 두 팀의 점수합계가 정해진 점수 이상 / 이하를 택하여 베팅하는 것으로 [표 6-1] 베팅라인표의 ⓒ와 같이 표시된다. 게임의 결과가 101 대 90, 즉 두 팀의 점수합이 191점이므로 이하(Under)에 베팅한 고객이 포인트스프레드와 같은 비율로 배당금을 받는다.

③ **팔레이**(Parlay): 두 팀 이상에 베팅하여 베팅한 모든 팀이 포인트스프레드를 커버해야 배당금을 받게 되는 방법으로 [표 6-1] 베팅라인표의 ⓓ와 같이 표시된다. 베팅 가운데 1개라도 커버를 못 할 경우에는 베팅금을 잃게 된다. 만일 고객이 언더독인 세크라멘토와 합계 215점 이상으로 베팅했다면, 결과가 114 대 109로 LA의 승리임에도 불구하고 베팅고객은 세크라멘토가 10점 이하로 졌고, 두 팀의 점수합이 223점으로 215점을 초과하여 배당금을 받게 된다.

4. 용어해설

① **포인트스프레드**(Point Spread): 페이버릿, 언더독에 배정되는 '+,' '−' 점수를 말한다.

② **팔레이**(Parlay): 2개의 팀이나 두 게임 이상에 베팅하여 모두 이기면 많은 배당을 받는 베팅 방법으로 보통 2～10개 팀까지 할 수 있다.

③ **페이버릿**(Favorite): 객관적인 전력이 우세하여 이변이 없는 한 게임에 이길 팀이나 선수를

뜻하며, 초크(Chalk)라고도 한다.

④ **언더독**(Underdog): 객관적인 전력이 약하여 이변이 없는 한 게임에서 지게 될 팀 또는 선수를 말한다.

⑤ **프로포지션 베트**(Proposition Bet): 게임의 승부와는 관계없이 게임진행 중의 특정 사건에 베팅하는 것(예 농구경기 중 점수를 가장 많이 얻는 선수, 올해의 홈런왕 등)을 말한다.

⑥ **티저**(Teaser): 페이버릿, 언더독에 배정되는 '+,' '−' 점수인 포인트스프레드에 점수를 추가하여 배당을 낮게 만드는 팔레이베팅의 일종이다.

⑦ **주스**(Juice): 스포츠베팅을 접수하는 카지노에서 차지하는 커미션으로 비거리시(Vigorish)라고도 한다.

⑧ **커버**(Cover): 배정받은 '+'점수 이하로 지거나 '−'점수 이상으로 이겨 배당받는 것을 말하며, 만일 배정된 점수와 같은 차이로 이기거나 지면 베팅액은 반환된다.

⑨ **픽뎀**(Pick'em): 페이버릿, 언더독을 결정할 수 없을 정도로 전력이 비슷한 팀이나 선수 간의 게임을 말한다.

⑩ **라인**(Line): 베팅을 목적으로 팀이나 개인에게 정해지는 점수 또는 승산을 말한다.

⑪ **훅**(Hook): 무승부 방지의 목적으로 페이버릿이나 언더독에게 배정되는 '+,' '−' 점수인 포인트스프레드가 점 단위로 표시되는 것을 말한다.

한 무명 도박사의 횡재

권투선수 마이크 '아이언' 타이슨(Mike 'Iron' Tyson)이 한창 기량을 떨치며 무적이었던 시절에 무명의 선수인 제임스 '버스터' 더글라스(James 'Buster' Douglas)를 상대로 일본에서 방어전을 치르게 되었다. 도박사들은 48 : 1로 타이슨의 우세를 점쳤고, 아무도 더글라스가 이기리라고는 상상도 못했다. 하지만 한 무명의 도박사가 더글라스에 6,500달러를 베팅하여 더글라스가 KO로 이기는 바람에 31만 2,000달러를 횡재했다고 한다.

7장

카지노회계

UNDERSTANDING THE CASINO INDUSTRY

제1절

카지노게임의 기본이론

카지노게임의 기본이론인 드롭(Drop), 윈(Win), 홀드율(Hold Rate)을 설명하기 전에 카지노와 플레이어 사이에 일어나는 금전거래에 대해 알아보자.

첫째, 플레이어가 카지노 테이블에 앉아 게임을 시작하기 전에 현금을 제시하면 딜러는 그 현금을 세어 드롭박스에 넣고 플레이어가 원하는 액면가로 칩을 교환해준다.

둘째, 플레이어는 게임 후 남은 칩을 출납원에게 다시 현금으로 교환한다. 이때 플레이어가 현금으로 교환하고 싶어 하는 칩은 처음 구입한 칩의 금액과는 차이가 있을 수 있다. 플레이어가 케이지(Cage)에서 교환한 칩의 금액이 처음에 게임하기 위해 교환한 칩보다 많으면 윈(Win)이고, 반대인 경우 로스(Loss)가 된다. 여기서 드롭과 윈은 카지노와 플레이어 사이에서 일어나는 금전의 이동을 나타낸다. 시프트(Shift)가 계속되는 동안 특정 테이블은 칩이 모자라 뱅크(Bank)로부터 칩을 더 가져올 수도 있고, 칩이 많아 뱅크에 보낼 수도 있다. 이렇게 테이블로 칩을 가져오는 경우를 칩필(Chip Fill)이라 하고, 반대로 칩을 테이블에서 가져가는 경우를 칩크레딧(Chip Credit) 또는 칩컬렉션(Chip Collection)이라 한다.

1. 드롭(Drop)

드롭이란 테이블게임의 드롭박스에 있는 현금(현찰 · 수표 · 유가증권)과 마커(Marker)[1]를 모두 합한 금액이다. 다시 말하면, 플레이어가 카지노를 상대로 게임에 참여할 목적으로 칩과 교환한 금액이다. 이는 실제 게임에 참가한 금액과는 차이가 있을 수 있다. 이렇게 테이블에서 수거한 드롭박스의 금액을 이용하여 시프트별 윈(Win)을 산출할 수 있다. 국내 카지노는 일반적으로 하루에 한 번 드롭박스를 수거하지만, 미국에서는 시프트마다 매번 수거한다. 드롭액은 카지노의 신용대출정책과 판촉기법 등에 따라 크게 다를 수 있다. 그러므로 드롭은 특정 카지노의 신용대출정책과 판촉기법을 분석할 때 유용하다.

2. 윈(Win)

카지노업체 측면에서 보았을 때 '윈'이란 말 그대로 플레이어로부터 딴 돈을 뜻하며, 일반 사업에서의 순매출액과 같은 개념이다. 짧은 시간이 아닌 긴 시간을 두고 볼 때, 카지노는 게임확률에 의해 드롭의 일정 비율을 윈하게 된다. 윈은 게임확률에 의해 결정되지만, 카지노에서 고객의 게임실력 또는 행운 등을 인위적으로 조절할 수 없는 관계로 짧은 시간 동안에는 크게 변동될 수 있다. 그러므로 윈 금액을 기준으로 카지노의 영업상태가 좋고 나쁨을 판단하는 것은 옳지 않다. 하지만 명심해야 할 사실은 일반적으로 드롭이 많으면 윈이 많아진다는 것이다. 그러므로 카지노는 윈 금액을 극대화하는 것보다 드롭금액을 극대화하는 것에 경영목표를 두어야 한다. 특정 테이블의 윈 산출방법은 다음과 같다. 간단히 표현하면 윈은 드롭에서 고객에게 지불한 금액을 공제한 금액이다.

> 윈(Win)=드롭(현찰 · 수표 · 마커 등의 드롭박스 총액－마커상환)－테이블칩스 차액
> (시프트 시작 시 칩총액＋칩필－칩크레딧－시프트 종료 시 칩총액)

1 특정 카지노에서 신용대출이 가능한 고객에게 칩으로 교환할 수 있게 발급되는 신용대출 수단이다.

3. 홀드율(Hold Rate)

홀드율은 총드롭액 중 카지노가 딴 금액이 차지하는 비율을 말한다. 카지노는 특정 비율, 일반적으로 15~20%의 홀드율을 기대할 수 있지만, 중요한 것은 게임종류와 고객의 게임방법 등에 따라 크게 달라질 수 있으므로 홀드율이 높다고 영업을 잘했다거나 낮다고 영업을 잘못했다고 판단하는 것은 무리가 있다. 홀드율을 높이는 큰 윈과 홀드율을 낮추는 큰 로스는 일시적인 것일 수 있기 때문이다. 하지만 특정 테이블의 홀드율이 계속 낮으면 원인이 무엇인지 규명할 필요가 있다. 홀드율이 낮은 이유는 고객이 큰 금액을 땄을 경우도 있지만, 딜러와 고객이 결탁하여 사기를 치거나 전문도박단의 카드 카운팅(Card Counting)에 의해 큰 금액을 잃었을 경우도 있기 때문이다. 홀드율의 산출방법은 다음과 같다.

홀드율(%)＝윈 ÷ 드롭

예를 들어 특정일의 드롭총액이 1억 원이고, 그중 카지노업소에서 딴 돈이 1,500만 원이면, 홀드율은 15%(15,000,000원 ÷ 100,000,000원)이다.

홀드율과 영업실적

1983년 9월 라스베이거스 힐튼 호텔 카지노에서 근무하던 37명의 남자 딜러 및 플로어맨들이 근무 피트(Pit)의 홀드율이 낮다는 이유로 해고당했다. 모두 40~50대인 이 종업원들은 나이와 성차별에 의한 부당해고라며 호텔을 상대로 소송했다. 5년 후 1988년 9월 재판이 시작되었고, 배심원들은 해고된 종업원들의 이의를 받아들여 4천 5백만 달러의 배상을 판결했다. 힐튼 측은 항소하여 배상액을 320만 달러로 낮추는 데 성공했으나, 홀드율만으로 영업실적을 판단하는 것은 잘못이라는 좋은 본보기를 남겼다.

4. 용어해설

① **핸들**(Handle): 플레이어의 베팅 누적금액으로 베팅된 금액을 베팅횟수와 곱하여 산출한다(예 1만 원씩 베팅하여 일곱 번 게임을 한 경우 핸들은 10,000원×7=70,000원).

② **오프닝 테이블 인벤토리**(Opening Table Inventory): 시프트가 시작될 때 칩트레이에 있는 모든 칩의 액면가총액이다.

③ **클로징 테이블 인벤토리**(Closing Table Inventory): 시프트가 끝날 때 칩트레이에 남아 있는 모든 칩의 액면가총액이다.

④ **마커**(Marker): 특정 카지노에서 신용대출이 가능한 고객에게 칩으로 교환할 수 있게 발급되는 신용대출 수단이다.

⑤ **오프닝 IOU**(Opening IOU): 이전 시프트에서 발생된 상환되지 않은 마커총계. 여기서 IOU는 'I Owe You'를 의미한다.

⑥ **클로징 IOU**(Closing IOU): 해당 시프트에서 발생된 상환되지 않은 마커총계이다.

⑦ **칩필**(Chip Fill): 테이블에 칩이 모자라 칩스뱅크에서 가져오는 것으로 고객의 윈(Win)이 많을 경우에 발생한다.

⑧ **칩크레딧**(Chip Credit): 테이블에 칩이 넘쳐 칩스뱅크로 가져가는 것으로 고객의 로스(Loss)가 많을 경우에 발생한다.

⑨ **포린칩**(Foreign Chips): 다른 카지노에서 사용하는 머니칩으로 고객이 교환을 원하면 정해진 액수까지 같은 액면가의 하우스 머니칩으로 교환해 주고받은 칩은 드롭박스에 투입한다.

제2절

신용대출

1. 신용대출의 제공목적

신용대출을 제공하는 목적은 신용도가 높은 반복고객의 게임욕구를 충족시키고, 게임유도를 통해 영업의 활성화 및 카지노수익을 증대시키는 데 있다. 신용대출은 중요한 마케팅수단의 하나로 미국에서는 활발하게 이용되고 있으나, 우리나라 외국인전용 카지노의 경우 법적인 제한(업체별 총액, 1인당 최고액 설정)으로 인해 부분적으로 이용되고 있지만, 강원랜드에서는 허용되고 있지 않다.

2. 신용대출의 종류

1) 크레딧라인(Credit Line)

카지노업체가 특정 고객의 신용에 따라 칩을 외상으로 대여해주는 것으로, 미국에서는 적게는 1,000달러에서 많게는 2,000만 달러까지 설정되어 있다. 고객이 신용대출라인을 신청할 때는 [그림 7-1]과 같은 신청서를 작성하게 되며, 담당부서는 고객의 신용도・은행잔고・게임기록 등의 조사를 카지노 신용조사 전문기관인 센트럴크레딧(Central Credit)사에 의뢰하여 결정한다. 신용대출라인에는 다음과 같은 종류가 있다.

① **영속성**(Permanent) **신용대출:** 신용대출 사용과 상환이 만족스러울 경우 재방문 시에도 유효한 신용대출라인을 말한다.

② **1회성**(TTO: This Trip Only) **신용대출:** 1회성 신용대출 액수로 다음번에 방문할 때에는 유효하지 않다.

NAME (LAST) FIRST MIDDLE			BANK 1 NAME · CHECKING ACCOUNTS ONLY		ABA#
STREET ADDRESS OF RESIDENCE			BRANCH NAME	STREET ADDRESS	
CITY	STATE	ZIP CODE	CITY	STATE	ZIPE CODE
DATE OF BIRTH	SOCIAL SECURITY NO.	A/CODE RESIDENCE PHONE	ACCOUNT # BUSINESS	ACCOUNT # PERSONAL	DEPOSIT CHECKS TO ☐ BUS. ☐ PERS.
FIRM					
TYPE OF BUSINESS			BANK 2 NAME · CHECKING ACCOUNTS ONLY		ABA #
POSITION	A/CODE BUSINESS PHONE		BRANCH	STREET ADDRESS	
STREET ADDRESS OF FIRM			CITY	STATE	ZIP CODE
CITY	STATE	ZIP CODE	ACCOUNT # BUSINESS	ACCOUNT # PERSONAL	DEPOSIT CHECKS TO ☐ BUS. ☐ PERS.
CREDIT REQUESTED $					
DIRECT ALL CORRESPONDENCE TO ☐ BUSINESS ☐ RESIDENCE ☐ ALTERNATE					
ALTERNATE MAILING ADDRESS					
FOR CASINO USE ONLY APPLICATION RECEIVED ☐ MAIL ☐ WALK-IN ☐ PHONE DATE ARRIVAL DATE					
CASINO EMPLOYEE SIGNATURE		TIME / DATE			
CUSTOMER NO.	MARKETING REP.				

[그림 7-1] 신용대출 신청서

2) 프런트머니(Front Money)

현금을 소지하고 온 고객이 게임을 목적으로 카지노 케이지에 입금시키는 것으로, 어느 게임테이블에서나 입금액만큼 자유롭게 인출하여 게임할 수 있다. 게임기록이 없는 고객이 신용대출라인을 제공받을 수 있는 방법의 하나로 많은 카지노에서는 개인의 신용도와 게임기록 등에 대한 조사 후 프런트머니만큼 신용대출라인을 제공하기도 한다. 이때 제공되는 신용대출은 1회성(TTO)이다.

3. 신용대출의 신청 및 제공

신용대출을 원하는 고객은 신청서를 작성하여 제출한다. 신청서에 기재하는 내용은 여러 가지이며, 카지노마다 다르지만 반드시 포함되는 내용 중 가장 중요한 것은 신청인 이름으로 수표를 발행할 수 있는 은행계정이 개설되어 있어야 한다는 점이다. 카지노는 신청인의 은행계좌를 조사한다. 조사내용은 ① 계정 개설시기: 최소한 1년 이상, ② 평균잔고 및 현재잔고: 최소 6개월간 신청액보다 많은 잔고, ③ 본인계좌 여부: 본인 단독으로 인출 가능한지 여부, ④ 부도수표 발행 여부 등이다. 이러한 조사가 끝나면 게이밍 신용조사기관인 센트럴크레딧사에 의뢰하여 다른 카지노에 신용대출라인이 있는지 등을 조사하여 큰 문제점이 없으면 제공된다. 이렇게 신용대출 제공이 결정되면 고객은 카지노 케이지나 게임테이블에서 신용대출라인 한도까지 칩을 빌려서 게임할 수 있다.

4. 신용대출 제공규모

미국 대형 카지노의 경우 신용대출은 총드롭액의 20% 정도를 차지할 정도로 많이 제공되며, 개인별 한도액도 카지노 측에서 고객이 충분한 상환능력이 있다고 결정하면 거의 무제한으로 제공된다. 반면 우리나라의 경우는 카지노 법인별·개인별 한도액을 법으로 정해 운영하고 있어 양질의 고객에게 신용대출을 제공하는 데 많은 어려움이 있다. 참고로 법인한도 3,000만 달러(약

360억 원), 개인한도 50만 달러(약 6억 원)가 외국인전용 카지노에서 제공할 수 있는 가장 높은 신용대출 액수이며, 내국인출입 카지노인 강원랜드는 신용대출이 불가하도록 규정되어 있다.

5. 신용대출금 회수(Credit Collection)

1) 법적 효력

1982년까지는 라스베이거스에서조차 신용대출금의 회수가 불법이었으나, 1983년 5월 법률제정으로 합법화되었으며, 그 후 신용대출은 합법적으로 회수가 가능하게 되었다. 애틀랜틱시티의 경우 1978년 최초의 카지노가 개장함과 동시에 신용대출금의 회수를 합법화하여 오늘날에 이르고 있다. 최근에도 애틀랜틱시티에서 수백만 달러를 잃은 미식축구 전 구단주가 신용대출금 상환을 요구하여 카지노를 상대로 소송을 걸어 상환을 면해보려 했지만, 법원은 신용대출금 전액을 갚아야 한다는 패소판결을 내렸다.

2) 회수율

라스베이거스와 애틀랜틱시티 모두 95% 이상의 회수율을 보이고 있다. 이렇게 회수율이 높은 이유는 카지노업계의 고객 신용대출정보의 공유로 불량고객 색출이 가능하게 되어 우량고객에게만 신용대출이 제공되기 때문이다. 특히 불량고객의 경우 콤프 등의 수혜자격이 상실되고, 심지어는 카지노 입장 자체를 막을 수 있으며, 미상환 신용대출금은 합법적으로 회수가 가능해졌기 때문이다. 또한 카지노에서는 큰 돈을 신용대출할 때에는 신용대출 소위원회를 구성하여 여러 임원의 동의를 얻어야 가능할 정도로 철저하게 운영하고 있다. 카지노에서는 신용대출금의 회수를 담당하는 전문부서인 컬렉션(Collection)이라는 부서를 두어 운영한다.

3) 회수기간

신용대출금액에 따라 다르지만 30일 이내 상환이 일반적이다. 고객 및 신용대출금액에 따라 크게 다르지만, 일반적으로 30일 내에 상환하지 않으면 1차 통지서를 발송하고, 발송 후 30일 내에 응답이 없을 경우 2차 통지서를 발송한다. 2차 통지 후 15일 이내에 상환하지 않을 경우 법적인 절차를 밟아 회수에 나선다. 법적 회수에 들어가면 고객의 기록이 게이밍 신용조사기관에 보내져 신용불량 고객으로 낙인찍히고, 다시는 카지노에서 신용대출을 제공받을 수 없게 되며, 원금뿐 아니라 이자도 함께 물게 된다.

제3절 카지노회계

1. 회계부서의 조직구조

① **경리부장**(Controller): 회계 및 경리부서의 운영을 책임지는 간부이며, 일반적으로 최고결정권자에게 직접 보고한다. 수금 및 지급현황을 관리・감시하며, 적절한 내부통제의 확립과 유지・관리를 책임진다.

② **크레딧매니저**(Credit Manager): 고객에게 제공되는 모든 신용대출을 책임지는 간부로 케이지매니저 또는 카지노담당 부사장에게 직접 보고한다. 호스트의 요청에 의해 호스트 재량으로 제공할 수 없는 큰 금액의 신용대출을 고객의 재정상태・상환기록・게임기록 등을 검토한 후 승인하기도 한다.

③ **컬렉션매니저**(Collection Manager): 고객에게 제공된 신용대출금을 회수하는 일을 담당한다.

④ **케이지매니저**(Cage Manager): 케이지의 모든 업무를 관리・감독한다. 발생되는 모든 문서, 고객의 예치금, 마커, 부도수표, 현금교환 등에 대해 책임진다. 또한 케이지출납원을 관리・감독한다.

⑤ **케이지출납원**(Cage Cashier): 고객이 가져온 칩을 현금과 교환해주는 업무를 담당한다. 또한 고객이 신용카드를 사용하여 현금을 인출할 경우에도 정해진 절차대로 업무를 수행하며, 안전금고(Safe Deposit Box)와 관련된 업무도 수행한다.

⑥ **카운트팀**(Count Team): 고객이 게임을 위해 칩과 교환한 현금을 회수하여 총액을 계산하는 업무를 수행하는 종사원으로 소프트카운트(Soft Count: 지폐담당자)와 하드카운드(Hard Count: 동전담당자)로 나누어진다.

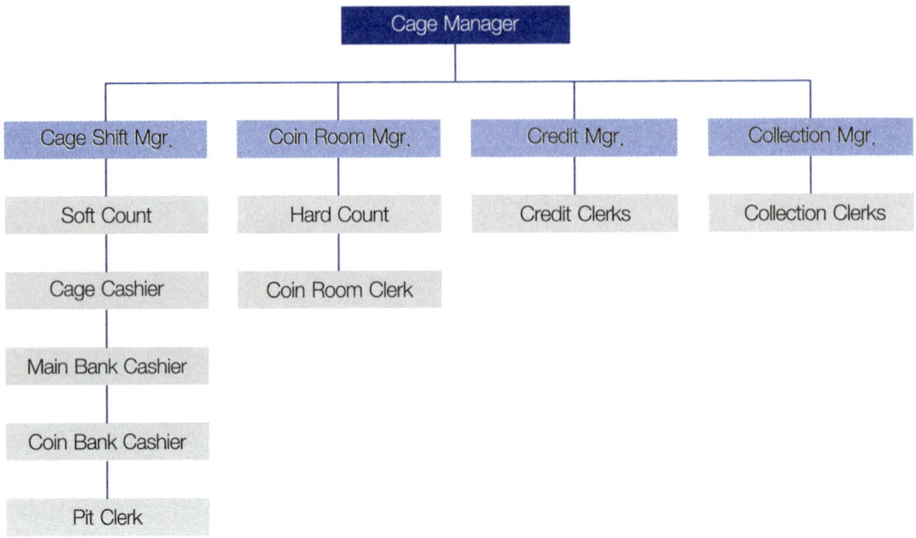

[그림 7-2] 미국 카지노업체 회계부서 조직구조

2. 칩의 이동

카지노에서는 현금대용 화폐로 칩이라는 것을 사용한다. 칩은 현금과 동일한 기능을 갖고 있으며, 레스토랑을 포함한 카지노 내부에서는 물론이고, 어떤 곳은 카지노 외부에서도 사용할 수 있다. 이렇게 카지노에서 칩을 사용하는 이유는 운영을 단순화하고 계산의 편리를 도모하기 위해서이다. 이러한 칩의 움직임을 살펴보면, 카지노회계에 대한 기본적인 개념을 파악할 수 있다.

칩의 이동경로는 [그림 7-3]에서 보는 바와 같이 4가지로 나눌 수 있다. 카지노에서는 칩스뱅크라 불리는 칩출납에서 모든 칩을 보관 및 관리한다. 칩스뱅크에서 보관하는 칩은 현금과 같기 때문에 보관장소에는 철저한 안전장치가 필요하다. 테이블에서 게임이 시작되기 위해서는 먼저 칩을 테이블로 이동시켜야 한다. 이 상황을 칩필(Chip Fill)이라고 한다. 테이블에 도착한 칩의 일부는 고객이 게임을 하기 위해 제시한 현금과 교환되며, 나머지는 테이블 운영자금으로 사용된다. 게임 도중 테이블에 칩이 많아 보관할 수 없을 경우에는 칩을 다시 칩출납으로 보내는데, 이것을 칩회수(Chip Collection) 또는 칩크레딧(Chip Credit)이라고 한다. 게임을 끝마친 고객은 남은 칩을 현금출납(Cage)으로 가져가서 현금으로 교환한다. 현금출납은 고객에게 현금으로 바꾸어 준 칩을 모두 모아서 다시 칩출납으로 넘겨주는데, 이것을 리필(Refill)이라고 한다. 이러한 일련

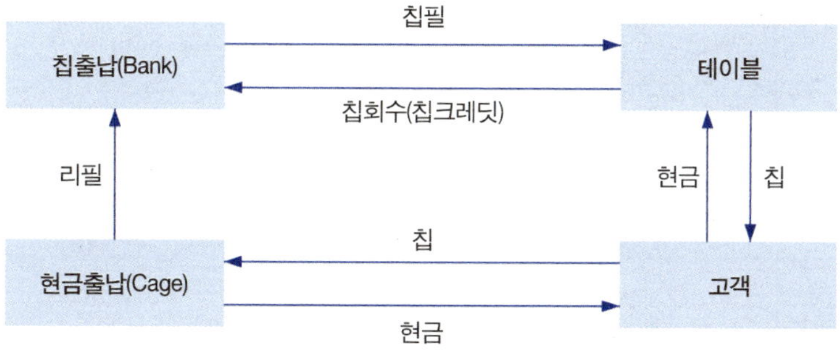

[그림 7-3] **칩의 이동경로**

의 과정들을 전표로 작성해 증거서류를 남긴다.

이렇게 칩의 흐름을 여러 단계로 나누어 운영하는 첫 번째 이유는 칩을 어느 특정 부서에서 총괄함으로써 발생할 수 있는 도난 가능성을 최소화하기 위해서이다. 두 번째 이유는 계산상의 편리를 도모하기 위해서이다. 칩을 담당하는 부서와 현금을 담당하는 부서를 구분해 놓음으로써 회계의 편의를 도모하고자 하는 것이다.

3. 칩필(Chip Fill)

테이블에서 처음으로 게임이 시작되었거나 게임 도중 칩이 부족할 경우에 플로어퍼슨은 구내전화 또는 컴퓨터전산망을 이용하여 칩출납에 칩공급을 요청하는데, 이를 칩필(Chip Fill)이라고 한다. 칩출납에 칩공급 요청이 접수되면 [그림 7-5]와 같은 전표를 작성한다. 전표상에는 일시, 칩의 단위, 수량, 총금액, 테이블번호 등이 기재된다.

칩운반원(칩출납직원 또는 안전관리부서직원)이 전표와 칩을 테이블로 운반한다. 칩이 테이블로 운반되면 딜러는 플로어퍼슨의 감독하에 칩의 수량 및 총금액이 전표와 일치하는지를 확인한다. 일치하면 딜러와 플로어퍼슨은 전표에 서명하고, 원본은 테이블 드롭박스에 투입하며, 부본은 칩출납으로 가져와 보관한다. 보관된 부본은 드롭박스 계산 시에 모여진 원본과 비교한다.

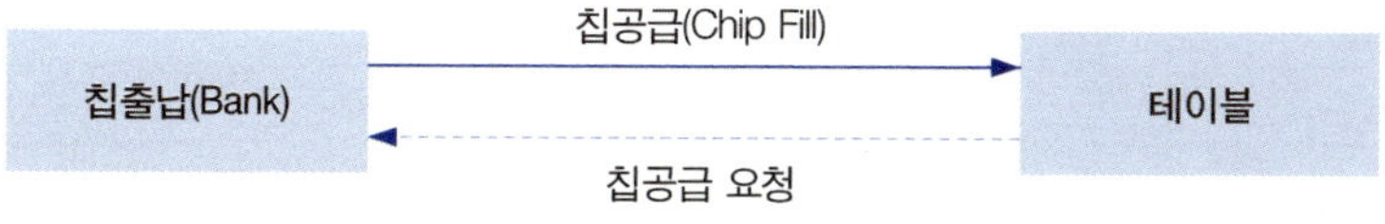

[그림 7-4] **칩필**

ABC Casino Fill Slip			
Date:		Time:	
Shift:	Day:	Swing:	Grave:
Game	Number	Denomi nation	Amount
Black Jack		0.25	
Craps		0.50	
Roulette		1.00	
Sic Bo		5.00	
Big Six		25.00	
		100.00	
		Total:	
Memo:			
Cashier:		Runner:	
Floorman:		Dealer/Boxman:	
B255321			

[그림 7-5] 칩공급 전표

ABC Casino Credit Slip			
Date:		Time:	
Shift:	Day:	Swing:	Grave:
Game	Number	Denomi nation	Amount
Black Jack		0.25	
Craps		0.50	
Roulette		1.00	
Sic Bo		5.00	
Big Six		25.00	
		100.00	
		Total:	
Memo:			
Cashier:		Runner:	
Floorman:			
C82332			

[그림 7-6] 칩회수 전표

4. 칩크레딧(Chip Credit)

테이블 마감 또는 게임 도중 테이블에 칩이 너무 많아 보관할 수 없을 때 플로어퍼슨은 칩출납에 칩회수를 요청하는데, 이를 칩크레딧(Chip Credit)이라고 한다. 칩을 회수하는 이유는 다른 테이블에서 교환한 칩을 가져와 게임하는 고객이 가끔 있기 때문이다. 이런 경우에는 칩을 테이블에 공급할 때와 같이 전표를 작성하여 칩수량 및 총금액이 일치하면 서명하고 칩출납으로 가져온다. 이때 전표 원본은 칩출납으로 가져오고, 부본은 드롭박스에 투입하여 나중에 비교한다.

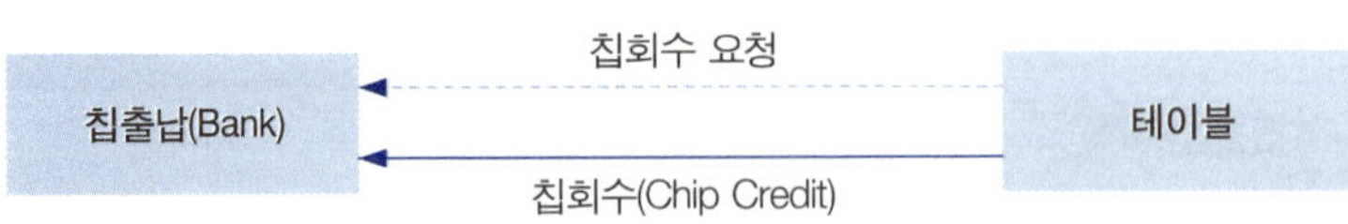

[그림 7-7] 칩크레딧

5. 칩교환

고객이 현금을 칩과 교환하고자 하는 경우에는 테이블이나 별도의 칩교환창구를 이용하면 된다. 우리나라의 카지노는 환전상 업무까지 대행할 수 있어 고객이 외화를 가져오면 원화로 바꾸어주며, 다시 원화를 외화로 바꾸어준다. 일반적으로 환전부서에서 외화를 원화로 교환해주지만, 게임테이블에서 직접 외화를 내놓는 고객들도 있다. 이런 경우에는 헬퍼(Helper)라는 카지노직원이 고객의 외화를 환전부서로 가져가서 원화로 교환하여 고객에게 가져다준다.

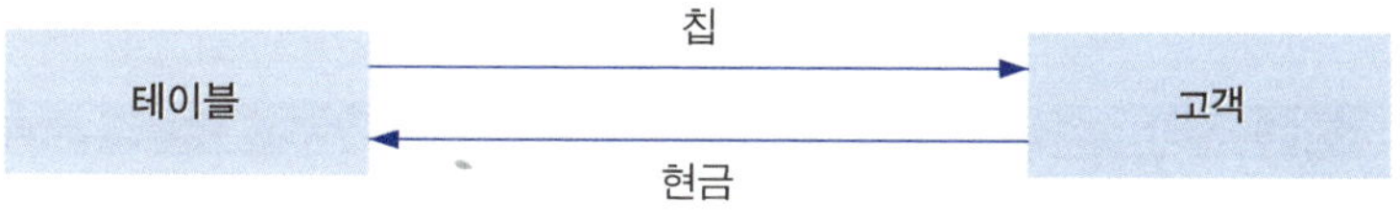

[그림 7-8] **칩교환**

6. 리필(Refill)

게임을 마친 고객이 칩을 현금으로 교환하기 위해 칩을 현금출납(Cage)으로 가져오면, 출납원이 칩을 계산하여 현금으로 교환해준다. 고객이 현금으로 바꾼 칩은 모두 모아서 다시 칩출납(Bank)으로 보내지는데, 이것을 리필이라고 부른다.

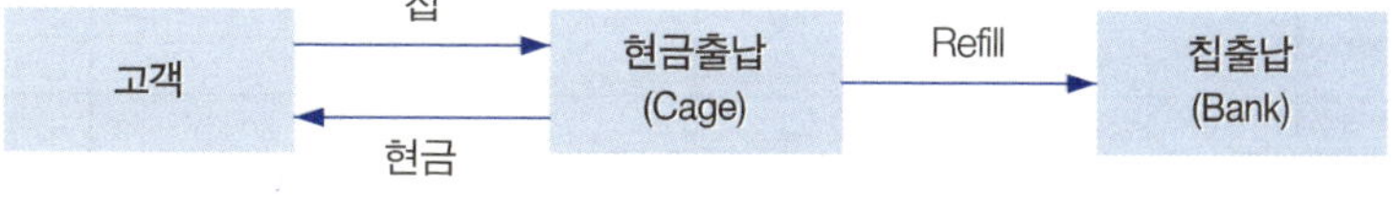

[그림 7-9] **리필**

7. 드롭박스 회수

앞에서도 설명했듯이 테이블에서 고객이 현금을 칩으로 교환하면 현금은 테이블에 부착된 드롭박스라는 상자에 투입된다. 이 드롭박스는 카지노에 따라 1일 1회 혹은 교대마다 수거되어 현금계산실로 옮겨진다. 이렇게 드롭박스를 수거하는 작업을 테이크(Take)라 한다. 드롭박스의 수거는 카지노회계상 가장 중요한 절차로 철저한 감시가 요구된다. 일반적으로 드롭박스를 수거할 때는 테이크담당직원 외에 안전관리담당직원이 참관하고, 운영관리직원은 카메라로 유심히 감시한다. 이렇게 회수된 드롭박스의 현금은 일일집계표에 기록된다.

테이블번호	현금	수표	기타	계	비고
BJ-1					
BJ-2					
계					
BC-1					
BC-2					
계					
R-1					
R-2					
계					
기타					
합계					

[그림 7-10] **일일집계표**(BJ, BC, R)

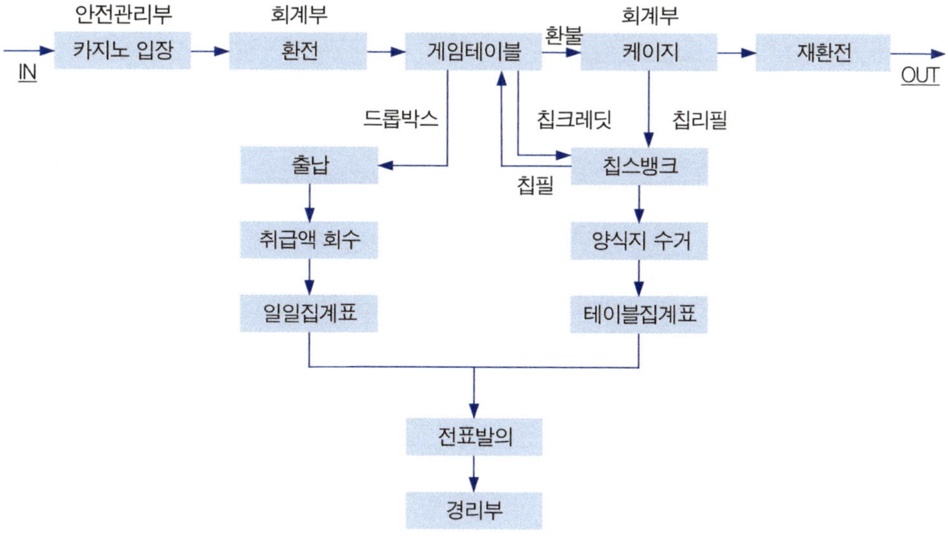

[그림 7-11] **카지노 영업흐름도**

8장

카지노마케팅

마케팅이란 소비자의 욕구를 확인해내고, 이를 충족시켜줄 상품이나 서비스를 제공해주는 일련의 과정들을 의미한다. 마케팅활동을 전통적인 판매와 비교한다면 전자는 고객의 욕구를 발견하고 이를 충족시켜줄 상품을 개발하며 서비스를 제공하는 데 목적이 있다면, 후자는 일단 생산부터 하고 판매하는 데 목적이 있다. 마케팅을 쉽게 이해할 수 있는 예를 들어보자. 알래스카에 냉장고를 판매한다는 것은 쉽게 생각하기 어려울 것이다. 왜냐하면 알래스카는 워낙 춥기 때문에 냉장고가 필요 없다고 생각하기 때문이다. 가령, 추운 곳에서 생선을 얼리면 녹이기 어려워 바로 먹을 수 없을 것이다. 그러나 냉장고를 사용하면 적당한 온도에서 생선을 얼리기 때문에 바로 먹을 수 있어서 편리할 것이다. 이렇듯 마케팅에서는 소비자의 욕구를 발견해내는 것에 초점을 두고 있다.

일반적으로 기업의 표적시장을 효율적으로 달성하기 위해서는 마케팅믹스(Marketing Mix)를 어떻게 하느냐에 달려 있다. 여기서 마케팅믹스는 Product(상품), Price(가격), Place(유통경로), Promotion(촉진)으로 구성되며, 이를 4P라고도 한다. 호텔을 포함한 관광산업에서는 인적 서비스가 차지하는 비중이 높기 때문에 People이 포함된 5P를 제안하기도 한다.

제1절

카지노시장 세분화와 표적시장의 선정

효율적인 마케팅전략을 수립하고 마케팅노력을 집중하기 위해서는 전체 시장을 세분화한 후 이에 따른 표적시장을 선정하는 것이 바람직하다. 여기서 전체 시장을 세분화한다는 것은 관련된 특성에 따라 동질적인 하위집단으로 나누는 것을 말하며, 이를 시장세분화(Market Segmentation) 또는 세분시장이라고 한다.

1. 인구통계학적 특성에 따른 표적시장의 선정

1) 국적별 표적시장

과거에는 일본관광객이 우리나라 카지노산업의 주요 표적시장이었다. 그러나 최근 중국관광객의 급증으로 인하여 중국인이 우리나라 카지노이용객 중 절반 이상을 차지하고 있어 중국관광객이 우리나라 카지노산업의 주요 표적시장으로 부상하고 있다. 따라서 우리나라 카지노산업의 1차 표적시장은 중국, 2차 표적시장은 일본, 3차 표적시장은 대만과 홍콩이라고 할 수 있다.

2) 카지노 동기별 시장세분화

카지노 방문동기를 토대로 시장을 세분화하면 크게 도전·승리 추구자(Challenge & Winning Seekers), 다목적갬블링 추구자(Multipurpose Gambling Seekers), 경갬블링 추구자(Light Gambling Seekers)로 구분된다(Lee et al., 2006). 도전·승리 추구자는 카지노가 주목적이고, 카지노에 혼자서 오래 체류하면서 주로 테이블게임을 즐기며, 소득이 높고 베팅액수가 높은 High Roller에 속한다. 경갬블링 추구자는 카지노가 주목적이 아니라 다른 관광여정의 일부로 당일 방문하는 겸목적 그룹이며, 친구나 친척과 함께 카지노를 방문하여 머신게임을 주로 즐기는 소액베팅자로 카

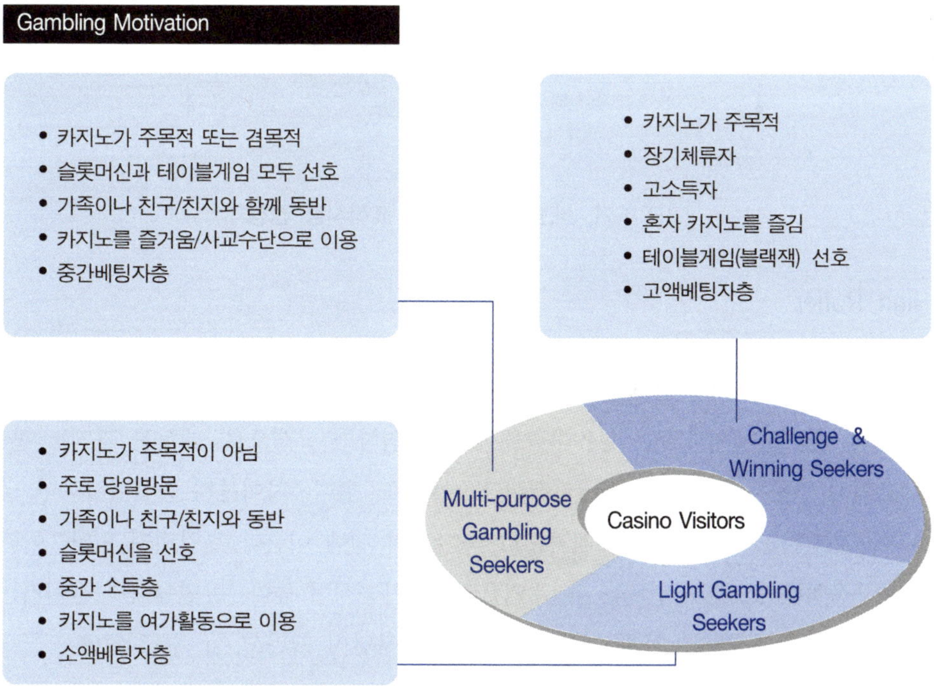

자료: Lee, C. K., Lee, Y. K., Bernhard, B. J., & Yoon, Y. S.(2006). Segmenting casino gamblers by motivation: A cluster analysis of Korean gamblers. *Tourism Management*, 27(5), 856~866.

[그림 8-1] 카지노 동기별 시장세분화

지노를 여가활동의 일환으로 이용한다. 다목적갬블링 추구자는 카지노를 주목적 또는 겸목적으로 방문하고, 슬롯머신과 테이블게임 모두를 선호하며, 가족이나 친구/친지와 함께 방문하는 중간 베팅자 그룹으로 카지노를 사교나 유흥수단으로 이용한다.

2. 베팅액수에 따른 표적시장 선정

베팅액수를 세분화 기준으로 카지노 표적시장을 선정하는 방법이 있다. 어떤 표적시장이 가장 많은 수익을 가져다준다고 단정할 수는 없지만, 주요 고객별로 각기 다른 마케팅전략을 수립하여 판촉활동을 전개하는 것이 바람직하다.

[그림 8-2] 베팅액수에 따른 표적시장 선정

1) High Roller

VIP 고객이라고도 부르며, 한 번에 많은 돈을 베팅하는 이른바 고액베팅자를 말한다. 보통 미화 10만 달러 이상을 예치하거나 신용대출을 받아 게임하는 고객으로, 대부분 카지노 판촉직원의 초청에 의해 방문하기 때문에 초청고객이라 부르기도 한다. 하이롤러 중에서 100만 달러 이상을 가지고 게임하는 사람도 전 세계적으로 약 400여 명에 이른다고 알려져 있다. 이러한 고객들을 많이 유치하면 카지노업체는 큰 수익을 올릴 가능성이 높다. 반면에 단기간이기는 하지만 베팅액수가 크므로 카지노업체로서는 그만큼 위험부담이 크다고 할 수도 있다.

대규모 카지노에서는 하이롤러를 유치하기 위한 다양한 판촉활동을 벌이고 있다. 즉 게임하러 오겠다고 의사를 밝히면 특별전용기를 보내기도 하며, 카지노에 머무르는 동안 객실·식음료 등을 무료(콤프)로 제공하기도 한다. 또한 많은 돈을 잃었을 경우에도 10% 정도의 디스카운트를 제공해 주기도 한다. 국내 카지노들은 대체로 이러한 초청고객 위주의 영업을 하고 있지만, 국내 관광자원·숙박시설·카지노시설의 한계로 재방문을 유도하는 데 많은 취약점을 안고 있다. 따라서 초청고객과 동반고객들이 게임뿐만 아니라, 다양한 레크리에이션 활동을 함께 즐길 수 있는 대규모 테마파크나 리조트 형태의 개발이 요구된다.

2) Premium Mass

최근 High Roller(VIP)보다는 Premium Mass Market이 증가하고 있다. 일반적으로 VIP 시장은 정켓이나 하우스 크레딧을 사용하게 된다. 그러나 Premium Mass Market은 전통적인 VIP 시장보다 자신이 지참한 금액 내에서 베팅하는 사람들이므로 하우스 입장에서는 크레딧 회수의 부담이 없다. 따라서 High Roller(VIP)의 관리비용까지 생각하면 카지노업체의 마진은 Premium Mass Market이 더 높다. Premium Mass 고객 측면에서도 VIP가 받는 특수 서비스 비용이나 전문모집인에게 주는 커미션을 자기 자신이 직접 받는 혜택을 누릴 수 있다.

해외에서는 VIP 시장이 상대적으로 적고, Premium Mass 시장이 많은 편이다. 좀 더 구체적으로 설명해보면, VIP 고객에게는 담당 마케터가 출입국 관리부터 체류기간 동안 모든 일정(이벤트 포함)을 관리해주는 반면, Premium Mass 고객에게는 출입국 정보나 예약 등에 대해서는 도움을 주나 담당 마케터 대신 일반 호스트직원이 정해진 콤프 내에서 접대한다.

해외에서 Premium Mass가 주요 시장으로 부각되는 것은 Mass 시장보다는 고객의 질이 좋고 방문횟수가 많으며, VIP 시장보다 관리비용이 적게 들어가기 때문이다. 그러나 우리나라 외국인 전용 카지노의 경우 이런 Premium Mass 시장을 마케터가 직접 담당하면서 VIP 고객으로 만들어 간다고 볼 수 있다.

3) Mass Market

Mass Market은 High Roller와는 달리 저액을 베팅하는 고객을 말한다. 일반적으로 Mass Market은 순수 카지노목적 방문객이라기보다는 다른 목적으로 방문하다가 카지노를 이용하는 이른바 겸목적 방문객이라고 할 수 있다. 가령, 컨벤션을 참가할 목적으로 방문하면서 Nightlife의 일환으로 카지노를 이용하는 사람들이 여기에 해당된다. 또한 여행사에 의해 모집된 단체관광객은 순수 카지노목적이 아닌 단순한 여행스케줄상의 한 부분으로 카지노를 이용하는 사람들이다. 따라서 이들은 비교적 적은 돈으로 베팅하는 사람들로 테이블게임보다는 주로 슬롯머신이나 비디오머신을 선호한다.

라스베이거스와 같이 대규모 리조트 카지노에서 Mass Market이 차지하는 비중은 이용객이나 매출액 측면에서 매우 높기 때문에 중요한 시장으로 인식되고 있다. 그러나 우리나라 외국인전용 카지노는 외국인만을 대상으로 하기 때문에 Mass Market의 비중은 낮은 편이다. 따라서 내외국인을 대상으로 하는 복합리조트 카지노인 경우 Mass Market의 비중은 높다.

4) Junket

정킷은 오로지 게임을 목적으로 카지노를 방문하는 사람들로, 적게는 2~3명에서 많게는 10명 내외의 팀단위 고객으로 전문모집인에 의해 모집한다. 전문모집인은 고객들을 모집하고 그들로부터 프런트머니(Front Money[1])를 받아 카지노에 입금시킨 후 고객들이 게임할 수 있도록 도와준다. 경우에 따라 그들이 머무는 동안 카지노업체는 객실과 식음료 비용뿐만 아니라 항공료까지

1 예치금으로 플레이어가 Cage에 예치해놓고 필요시 사용함.

부담하기도 한다. 전문모집인은 고객이 카지노에서 신용대출을 받아 게임을 하고 떠났을 경우 고객에게서 신용대출금액을 환수받아 카지노에 상환하기도 한다. 특히 정켓은 비수기 타개책으로 활용할 수 있는 시장이며, 다음과 같이 4가지 형태로 분류할 수 있다.

(1) 정규정켓

정규정켓은 전문모집인에 의해 조직된 보통 8명 이상의 카지노 이용단체로 보통 3~4일간 체류하면서 게임을 하며, 미국의 경우 보통 수요일이나 목요일에 왔다가 일요일에 떠난다. 정규정켓은 전문모집인이 동반하며, 개인당 신용대출금은 1만 달러 이상이고, 항공기・객실・식음료를 무료로 제공받는다.

(2) 미니정켓

미니정켓은 8명 이상으로 구성된 카지노이용객으로 보통 1~2일 정도 체류한다. 신용대출금액은 5,000달러 수준이므로 참가자당 수입잠재력은 비교적 낮으며, 항공・숙박・식음료에 대해서 제한된 무료서비스만을 제공받는다. 정규정켓에 비해 게임수준 및 베팅액수는 낮은 편이나 장래의 중요한 잠재고객으로 식음료 및 숙박비에 대한 추가적인 수입을 올릴 수 있다.

(3) 업앤백

업앤백(Up and Back)은 8명 이상으로 구성된 카지노이용객으로 보통 8~12시간 동안 체류하며, 주로 슬롯머신을 이용하는 사람들이다. 따라서 고객으로부터의 수입잠재력은 정규 및 미니정켓에 비해 낮은 편이다. 신용대출금은 1,000달러 이하 수준이며, 보통 한끼의 식사를 무료로 제공받는다. 이들 고객당 수입잠재력은 매우 낮으나 추가적인 식음료수입을 발생시킴은 물론, 테이블게임이나 슬롯머신에 다른 참가자들을 끌어들이는 소위 '바람잡이' 역할을 할 수 있다.

(4) 개별정켓

개별정켓은 전문모집인이 항공기와 호텔예약, 공항에서 호텔까지의 교통편의 등을 사전에 수배해주면 개별적으로 일반 항공기를 이용하여 공항에 도착하고, 리무진서비스를 받아 카지노 호텔에 도착한다. 개별정켓은 전체 정켓프로그램에서 많은 부분(보통 25%)을 차지하고 있기 때문에 매우 중요한 고객층이다.

정켓프로그램은 마카오·필리핀 등에서는 활발하게 운영이 되고 있으며, 특히 마카오의 경우에는 전체 매출의 40% 이상을 차지할 정도로 매우 중요한 판촉수단으로 활용되고 있다. 우리나라는 예전에 비해 많이 줄어들고 있는 추세이다. 카지노대국인 미국에서조차 거의 찾아보기가 힘들 정도로 사양되었다. 그 이유는 정켓커미션 등의 계산을 위해 노동력이 별도로 투입되어 인건비를 상승시킬 뿐만 아니라 수익성도 낮으며, 정켓고객들이 게임에서 이길 경우에도 카지노업체는 커미션 등을 지불해야 하므로 카지노로서는 이중부담이 되기 때문이다. 많이 행해지는 정켓프로그램에는 롤링게임(Rolling Game 또는 Dead Chips Game), 커미션게임(Commission Game), 디스카운트게임(Discount Game), 셰어게임(Share Game)이 있으며, 카지노마다 세부규칙은 약간씩 다르지만 여기서는 일반적인 규칙을 다루어 보고자 한다.

가) 롤링게임(Rolling Game)

일명 데드칩게임이라고도 부르며, 일반 머니칩이 아닌 특별용도의 칩(Play Chips 또는 Dead Chips)을 사용하는 게임이다. 카지노 측에서 정켓고객의 프런트머니에 해당하는 금액의 데드칩을 교환하여 고객에게 주면, 고객은 그 칩을 사용하여 게임을 한다. 이때 고객이 이기면 딜러는 머니칩으로 지급하고, 고객이 지면 딜러가 데드칩을 가져가는 방법으로 게임을 계속한다. 고객이 갖고 있는 데드칩을 모두 잃으면 1회 순환한 것으로 간주하여 총 1회전 금액의 일정 비율(보통 1.65%)을 전문모집인에게 커미션으로 지급하는 게임이다. 보통 50만 달러 이상을 예치해야 하며, 항공료·객실·식음료는 제한된 범위에서만 제공된다. 이러한 정켓프로그램은 고객방문을 유도하여 매출액을 증대시키는 장점이 있지만, 고객의 승패에 관계없이 전문모집인에게 커미션이 지급되므로 카지노업체에게는 이중부담이 될 수 있다. 일반적으로 중국고객들이 이러한 정켓프로그램을 선호한다.

나) 커미션게임(Commission Game)

보통 5만 달러 이상을 예치하는 고객에게 승패에 관계없이 총베팅금액의 일정 비율(보통 0.5%)을 커미션으로 지급하는 게임으로 항공료·객실·식음료는 모두 고객이 부담한다. 이 게임도 고객방문을 유도하여 매출액 증대에 기여할 수는 있지만, 고객의 승패에 관계없이 커미션이 지불되므로 카지노업체로서는 고객이 이길 경우 이중부담이 되며, 베팅금액 누계 시 고객과의 이견차이로 마찰가능성이 높다. 또한 누계파악을 위해 노동력이 투입되어야 하므로 인력의 낭비를 가져올 수 있다. 일반적으로 일본고객들이 이러한 정켓프로그램을 선호한다.

다) 디스카운트게임(Discount Game)

보통 10만 달러 이상 예치하는 고객에게 잃은 금액의 일정 비율(보통 10%)을 돌려주는 게임으로 항공료·객실·식음료는 카지노에서 부담한다. 고객이 이길 경우에는 디스카운트가 없으므로 앞의 게임보다는 위험부담이 적지만, 카지노업체 사이에 고객유치를 목적으로 디스카운트 비율을 높이는 과당경쟁이 일어날 수 있다.

라) 셰어게임(Share Game)

보통 100만 달러 이상 예치한 정켓고객의 승패를 카지노업체와 전문모집인이 사전에 계약한 비율(6 : 4 또는 7 : 3)로 나누거나 부담하는 계약게임이다. 카지노업체는 정켓고객이 예치한 총금액의 7% 정도를 전문모집인에게 지급하며, 고객의 항공료·객실·식음료를 부담하게 된다. 예를 들어 카지노와 전문모집인이 6 : 4로 계약한 상황에서 고객이 50만 달러를 Loss 했다면 카지노는 30만 달러(50만 달러 × 60%), 전문모집인은 20만 달러(50만 달러 × 40%)의 이득을 나눈다. 이와는 반대로 고객이 50만 달러를 Win 한 경우 전문모집인은 20만 달러를 카지노업체에 지급해야 한다.

제2절 카지노의 마케팅믹스

카지노의 마케팅믹스(Marketing Mix)는 표적시장을 겨냥한 마케팅목표를 효율적으로 달성하기 위해 전략적인 결정을 거쳐 선정한 마케팅수단들을 상대적인 중요성에 따라 결합한 것이다. 카지노의 마케팅믹스는 일반적인 마케팅믹스인 4P's, 상품(Product), 가격(Price), 판매촉진(Promotion), 경로(Place)로 설명될 수 있다.

1. 상품

카지노상품이란 카지노이용객의 욕구를 충족시키기 위해 고안된 물리적·상징적 서비스의 총체라고 말할 수 있다. 카지노의 주요 상품은 카지노시설(테이블게임, 슬롯머신과 비디오게임), 딜러의 숙련도, 실내 분위기라고 볼 수 있다. 테이블게임과 머신게임의 종류 및 규모는 우리나라와 라스베이거스가 다를 수 있다. 딜러의 숙련도는 우리나라가 가장 높게 평가되고 있다.

카지노상품에는 카지노시설뿐만 아니라 카지노상품을 보조해주는 부대시설도 포함된다. 예를 들면, 라스베이거스 카지노의 보물섬, 인공화산, 피라미드 모양의 건물들, 뉴욕거리, 현란한 네온사인 등은 고객의 관심을 끌기에 충분한 상품들이다. 이러한 테마상품들은 가족단위 여행객을 유치하는 데 결정적인 역할을 하며, 라스베이거스가 미국인들에게 가장 인기 있는 휴가장소로 손꼽히는 이유이다. 따라서 라스베이거스에는 테마공원 또는 리조트 개념의 카지노를 건설하는 것이 유행이다. 이러한 리조트 개념 카지노의 시초는 지난 1989년 라스베이거스에 세워진 미라지 카지노이며, 뒤를 이어 럭서, 트레저 아일랜드, MGM 그랜드, 뉴욕뉴욕, 벨라지오 등이 세워졌다. 이러한 추세는 앞으로도 계속될 전망이다. 그 밖에 숙박시설·식당·바·연예장·쇼룸·엔터테인먼트 등도 카지노상품을 구성하는 중요한 요소들이다. 오늘날 라스베이거스가 '카지노의 메카'라는 상징적 의미를 갖게 된 것은 이러한 카지노상품들의 결합을 통해 가능했던 것이다.

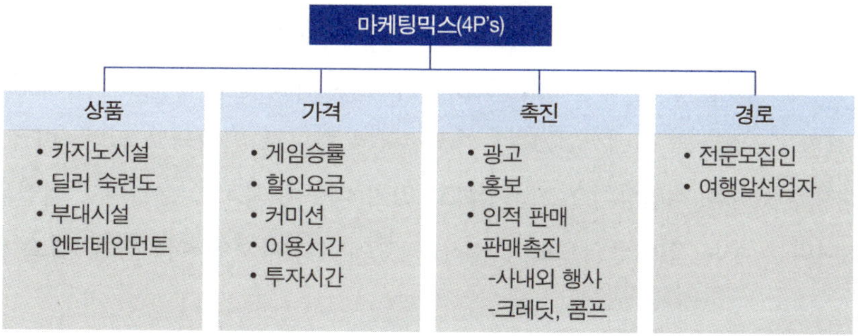

[그림 8-3] **카지노의 마케팅믹스**(4P's)

2. 가격

가격이란 고객이 카지노상품이나 서비스를 제공받기 위해 지불해야 할 금액을 말한다. 좀 더 넓은 의미로는 고객이 상품 또는 서비스를 소유하거나 이용할 목적으로 지불해야 할 가치의 합계라고 말할 수 있다. 여기에서 가치란 단순히 금전적인 것만을 포함하는 것이 아니라, 상품이나 서비스를 소유하거나 이용하는 데 투자한 시간을 포함한다. 가장 많이 쓰이는 가격경쟁은 카지노에서 제공하는 게임승률이다. 특정 카지노에서 머신게임의 배당률을 높게 하거나 테이블게임의 규칙을 조정하여 고객에게 유리하게 하여 운영하면 고객의 방문을 증가시킬 수 있게 된다. 예를 들어 블랙잭게임에서는 6덱 게임보다 고객에게 유리한 1덱 또는 2덱의 테이블게임을 많이 제공하거나, 모든 17에서 딜러가 더 이상 카드를 뽑지 않고 멈추면 고객이 증가할 수 있다. 룰렛에서 더블 '0' 게임 대신 싱글 '0' 게임을 제공하거나 바카라게임의 커미션 비율을 4%로 내리는 등 하우스승률을 낮추면 고객의 게임참여를 유도할 수 있다. 카지노에서 항상 염두에 두어야 하는 것은 고객이 긴 시간 동안 게임을 즐길 수 있게 하여 소비한 돈의 가치를 느끼게 하는 것이다.

카지노 할인요금(Casino Rate)도 고객의 방문을 유도할 수 있는 가격정책의 한 방법이다. 카지노 할인요금은 무료숙박권을 제공받을 수 없는 카지노고객이나 고액베팅자의 요구에 따라 그의 친구 및 친지에게 제공되는 특별 객실할인요금으로 보통 공식요금의 25~50%를 할인받게 된다. 이러한 카지노요금은 고객의 베팅현황을 검토한 후 제공하거나 마케팅매니저가 잠재 카지노고객이라고 판단할 때 제공한다. 이러한 요금제도는 카지노이용객에게 할인요금을 제공함으로써 잠재고객을 확보할 수 있다는 점에서 중요한 가격전략의 하나로 인식되고 있다. 미국 라스베이거스의 경우 카지노 호텔을 직영방식으로 운영하고 있기 때문에 특히 성수기에도 객실을 할당할 수 있으나, 우리나라는 주로 임대방식으로 운영하고 있어 객실확보에 어려움을 겪고 있다.

3. 촉진

촉진은 크게 광고, 홍보, 인적 판매, 판매촉진으로 세분될 수 있다. 인적 판매는 판촉직원이 직접 고객을 방문하여 판매활동을 하는 것이다. 우리나라의 카지노업체들이 가장 많이 이용하는 촉진활동은 바로 인적 판매이다. 즉 우리나라의 주요 표적시장이라고 할 수 있는 일본과 중국 등지에 해외판촉사무소를 설치하여 기존 고객을 관리하고, 새로운 잠재고객을 발굴하며, 전문모집인과의 우호적인 관계를 유지해왔다. 그러나 중국정부는 자국 내에서 카지노마케팅 활동을 엄격히 규제하고 있으므로 우리나라 외국인전용 카지노의 중국 내 판촉은 어렵게 되었다.

미국의 일부 대형 카지노업체에서는 미국 내 대도시에 판촉부를 설치하거나 외국에 해외판촉사무소를 설치하여 운영하고 있다. 라스베이거스의 대규모 카지노 리조트는 고객을 유치하기 위해 호스트를 고용한다. 호스트의 주요 활동은 ① 고액베팅자를 발굴하여 유치하고, ② 고객의 게임수준에 따라 교통・숙박・식음료 등 콤프의 수준을 결정하며, ③ 고객에 관한 정보를 제공하고 카지노업체와의 좋은 관계를 유지하는 것이다. 또한 카지노업체의 임직원이나 판촉부 직원은 그들이 잘 아는 고객을 통해 초청고객을 유치하기도 한다. 초청고객은 고액베팅자나 정킷고객의 친구・친지들이며, 이들의 주요 방문목적은 카지노뿐 아니라 관광을 즐기는 데 있다.

광고는 미국의 경우 거의 자유롭게 허용되지만, 영국이나 일본에서는 지역주민이나 자국민 보호를 이유로 카지노광고를 불법화하고 있다. 이러한 이유로 광고방법도 TV나 신문을 통한 대중광고보다는 특정 집단만이 접할 수 있는 기내 잡지나 외국신문 등에 광고하는 것이 고작이다.

판매촉진은 광고, 홍보, 인적 판매에 포함되지 않는 나머지 촉진활동으로 카지노의 특별판촉이 여기에 속한다. 이는 특별 이벤트행사를 준비해 카지노고객을 유치할 목적으로 실시하는 촉진활동으로 사내 특별판촉과 외부 특별판촉으로 구분된다. 사내 특별판촉으로는 카지노가 주관하여 진행하는 골프대회, 블랙잭 또는 바카라 게임대회가 있으며, 외부 특별판촉으로는 다른 카지노 또는 다른 지역에서 개최되는 특별 이벤트행사에 자사 카지노고객을 초청하여 보내주는 방법이다. 가령 카지노에서 하이롤러를 자사 비행기를 이용해 초청하여 월드컵경기를 직접 관전하게 한 후 게임에 참여하게 하는 프로그램을 개발하는 방법 등을 들 수 있다.

다른 판매촉진활동으로는 신용대출과 콤프의 제공을 들 수 있다. 신용대출 제공은 반복고객 또는 다른 카지노에 게임기록이 있는 신규 고객에게 칩을 신용대여하는 제도로서 게임참가 유도가 주목적이다. 이러한 신용대출을 제공할 때 가장 중요한 것은 고객의 상환능력 여부를 파악하여 적당한 금액을 설정하는 것이다. 상환할 능력이 없는 고객에게 많은 금액을 제공하면 환수하지 못할 위험이 크기 때문이다. 미국에는 100만 달러 이상의 신용대출 한도를 보유하고 있는 고객도 많이 있으며, 카지노의 판단에 따라 무제한으로 제공할 수도 있다. 그러나 우리나라는 카지노별・고객별로 한도액이 설정되어 있어서 양질의 고객에게 마케팅수단으로 제공하는 데에는 어려움이 있다. 콤프는 고객에게 객실이나 식음료 등을 무료로 제공하여 지속적으로 게임을 하도록 유도하는 수단이다. 고객은 무료서비스를 받으면 다음에는 더 많은 콤프를 받고 싶어 하므로 처음부터 고객의 게임 정도에 맞는 적절한 수준의 콤프를 제공해야 한다.

4. 경로

경로는 상품이 최종소비자에게 전달되는 유통과정을 의미한다. 제조업의 경우 상품이 생산되는 곳과 소비되는 곳이 다르기 때문에 수송이나 도・소매상과 같은 중간단계가 필요하다. 반면에 카지노와 같은 서비스업은 생산과 소비가 한곳에서 이루어진다. 또한 제조상품은 소비자가 있는 곳까지 전달될 수 있으나, 카지노상품은 소비자가 반드시 카지노업체를 방문해야 한다.

그렇지만 카지노에도 일반 제조업의 중간상인과 같이 카지노상품을 판매해주는 사람들이 있다. 첫 번째 중간상인은 전문모집인이다. 전문모집인은 카지노고객을 모집하여 카지노업체로 보내줌으로써 카지노상품을 판매해주는 역할을 한다. 두 번째 중간상인은 여행알선업자이다. 전문모집인이 카지노를 목적으로 방문하는 고액베팅자를 모집한다면, 여행알선업자는 일반 관광객을 관광코스의 일부로 카지노로 안내해주는 자이다. 카지노업 영업세칙에 따르면 알선업자란 "카지노영업장에 관광 또는 게임을 하려는 고객을 안내하고 카지노업자에게 일정한 대가를 받는 자"를 말한다. 여행알선업자가 인도하는 단체는 카지노가 주목적이 아니기 때문에 주로 저액베팅자들이다.

제3절
카지노서비스

카지노업에서 인적 서비스가 차지하는 비중은 매우 높다. 가령 테이블게임에서 딜러의 숙련도는 고객을 감동시킬 수도 있고, 실망시킬 수도 있다. 서비스는 고객에게 기억될 만한 경험을 제공해주기 위한 인적 노력이다. 서비스는 보고 만질 수는 없지만, 고객의 기억 속에 오랫동안 남아 있을 수 있다. 따라서 고객에게 얼마나 좋은 인상을 남길 수 있는 서비스를 제공하느냐가 카지노의 성패를 좌우할 것이다. 이러한 이유로 선진 카지노에서는 고객서비스부서를 별도로 두고 서비스만족 여부에 대한 고객의 피드백을 통해 서비스 향상에 노력하고 있다.

1. 서비스의 구성요소(Albrecht, 1988)

① **서비스상품:** 서비스의 구성요소 중 고객이 대가를 지불하고 이용할 수 있는 것으로 카지노에서는 고객이 이용하는 테이블게임, 슬롯머신, 부대시설(객실 · 식당 · 쇼핑시설 · 테마파크 등) 등이 해당된다.

② **서비스전달:** 서비스가 행해지는 과정으로 가장 빈번하게 서비스불만의 문제를 야기할 수 있는 요소이다. 예를 들면, 딜러가 카지노의 룰을 잘 몰라 고객에게 잘못 적용한 경우, 어학실력이 부족하여 게임이 원활하지 못한 경우 등이 여기에 해당된다.

③ **서비스수준:** 고객이 대가를 지불하고 종업원에게서 받는 서비스의 질적 수준을 나타내며, 카지노에서 딜러의 숙련도 · 친절도와 환전 시의 정확성 · 신속함 등이 여기에 해당된다.

④ **서비스 분위기:** 서비스가 고객에게 전달되는 환경을 뜻한다. 여기에는 조명시설이나 배경음악과 같이 서비스가 제공되는 장소의 실내장식이나 분위기 및 음료 서비스 등이 해당된다.

자료: Albrecht, K.(1988). *At America's Service*. Illinois: Dow Jones-Irwin.

[그림 8-4] **서비스의 구성요소**

2. 서비스의 여섯 가지 죄악

① **무관심**(고객이 질문을 해도 모르는 척하거나 "No"라고 답하는 행위): ⓐ 외국인 호텔투숙객들 중 대부분의 불만사항은 종업원에게 질문했을 때, 모르는 척하거나 "No"라고 답하는 경우로, 외국인들은 종업원이 무례하다고 느끼고 있다. 그 원인을 살펴보았더니, 그러한 종업원들은 어학능력이 부족하여 지레 겁을 먹고 질문하면 바쁜 척한다든지, 아예 처음부터 "No"라고 대답한다고 한다. ⓑ 외국인 카지노이용객 설문조사에 따르면, 카지노이용객 중 비록 높은 비율은 아니지만, '종업원의 어학능력 개선'을 제안한 이용객이 전체의 5%로, 이는 카지노종업원 100명 중 5명은 언어소통이 되지 않아 고객에게 무관심하거나 무례한 행동을 하게 된 것으로 나타났다.

② **발뺌 · 핑계**: 고객이 도움을 청했을 때, "죄송합니다. 이것은 저희 부서의 책임이 아닙니다" 또는 "다른 부서로 가보십시오"라고 발뺌하거나 책임을 전가하는 행위를 말한다. 고객이 잘못했음을 정당화시킴으로써 고객의 불만이나 부탁을 거절하는 행위를 말한다.

③ **냉담**: 고객에게 적개심을 갖는 태도, 퉁명스럽게 대하는 태도, 불친절하거나 불성실하게 대하는 태도를 말한다.

④ **생색내기**: 고객을 지나치게 높여 부르거나 과장된 칭찬을 하는 것은 오히려 해가 된다.

⑤ **로보트식 태도:** "감사합니다. 다음 손님……"과 같이 지나치게 기계적으로 고객을 대하는 태도를 말한다.

⑥ **지나친 조직규정:** 종업원이 조직의 규정을 지나치게 따름으로써 예외적인 일이나 상식에 대처할 수 없는 경우를 말한다.

3. 제조업형 구조에서 서비스형 구조로 전환

기존의 제조업형 구조에서는 최고경영진이 제일 위에, 종업원이 제일 밑에 위치한다. 이것은 바로 고객과의 접촉에서 전방직원의 역할이 매우 미약하다는 것을 의미한다. 또한 고객은 조직도에서 아예 나타나 있지 않다. 이러한 조직구조하에서는 고객지향적 · 서비스지향적 기업이 될 수가 없다. 따라서 서비스산업의 조직도에서는 고객이 최상위에 있어야 한다. 우리가 흔히 사용하는 "고객은 왕이다"라는 슬로건은 바로 이러한 구조하에서만 가능하다.

서비스산업에서 고객 다음으로 중요한 계층은 바로 전방직원(서비스직원 · 영업직원)이다. 전방직원이 카지노상품이나 회사의 규정에 대해서 잘 모른다면, 고객에게 카지노상품을 판매하기는 커녕 불만만 야기할 뿐이다. 따라서 카지노매니저들을 1차로 전방 서비스직원에게 자사의 상품을 잘 설명해야 한다. 가령, 과거 힐튼호텔 사례로 단골바이어가 남산스위트룸을 선호했는데 프론트직원이 이 고객이 선호하는 객실을 잘 알고 제공해준 경우가 있다. 전방직원은 고객의 피드

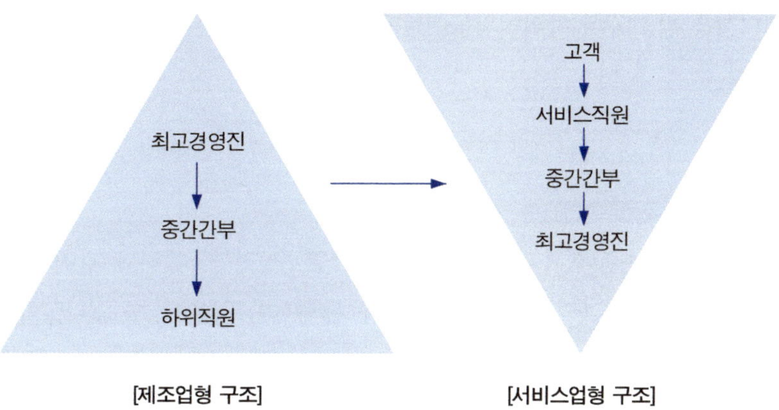

자료: Albrecht, K.(1988). *At America's Service*. Illinois: Dow Jones-Irwin.

[그림 8-5] **서비스산업의 구조변화**

백이나 불만사항을 직접 들을 수 있는 사람이므로 회사의 서비스를 개선하는 데 결정적인 역할을 한다. 서비스산업에서 중간간부의 역할은 전방직원 위에서 군림하는 것이 아니라, 전방직원이 고객에게 좋은 서비스를 제공할 수 있도록 도와주고 지원해주는 역할을 해야 한다.

4. 서비스경영

1) 서비스경영이란?

기업을 움직이는 첫 번째 힘은 고객을 위해 수준 높은 서비스를 창출할 수 있도록 전사적 조직을 갖추는 것이다(Albrecht, 1988). 백화점 · 항공사 · 호텔 · 카지노업체 등에는 고객서비스부서가 있다. 그러나 문제는 불만족한 고객은 현장 서비스직원에게 문제점을 토로하지, 고객상담 부서까지 찾아가서 불만을 토로하지 않는다는 점이다. 따라서 서비스경영의 철학은 조직 전체가 하나의 커다란 고객서비스부서처럼 움직여야 한다는 것이다.

서비스경영의 첫 번째 접근은 고객에게 훌륭한 서비스를 제공하는 것을 조직구성원 최고의 임무로 만들 수 있는 서비스문화를 정착시키는 것이다. 이러한 접근은 서비스의 질을 기업운영의 열쇠로 간주하는 최고경영진의 역할로부터 시작된다. 매니저들이 서비스임무를 이해하고 지원하며 서비스 향상에 기여할 준비가 되어 있다면, 이들은 전방 서비스직원들이 고객을 돌볼 수 있도록 지원하는 역할을 수행해야 한다. 또한 매니저들은 서투른 서비스에 대해 하위직원들을 꾸짖기보다는 리더십을 발휘하여 하위직원들이 훌륭한 서비스를 창출하는 데 필요한 사항들을 지원해 주어야 한다.

2) 진실의 순간

제조상품은 한 장소에서 고객과의 접촉 없이 생산될 수 있다. 그러나 카지노와 같은 서비스상품은 서비스제공자와 고객과의 직접적인 접촉을 통해서만 창출될 수 있다. 즉 서비스상품은 '이를 생산하고 전달하는 인간활동의 과정'이라고 볼 수 있다. 고객은 카지노에 들어가서 나갈 때까지 여러 가지 서비스를 경험하게 된다. 여기서 고객이 카지노서비스를 경험하면서 수준 높은 서비스의 인상을 받았을 때를 '진실의 순간'이라고 한다.

카지노에도 가령 ① Receptionist의 따뜻하고 친절한 영접, ② 딜러의 상냥하고 진실하며 수준 높은 게임운영, ③ 주방의 음식과 음료, ④ 웨이터의 친절한 서비스, ⑤ 신속한 환전서비스, ⑥ 신용대출 관리, ⑦ 적절한 콤프와 유흥 제공, ⑧ 고객의 사후관리 서비스 등 많은 진실의 순간

추위에 떠는 승객들에게 빵과 커피를

어느 겨울날 도시 간을 운행하는 한 항공기가 기체고장으로 이륙할 수 없었다. 승객들은 추위에 떨면서 기다릴 수밖에 없었다. 이 광경을 보다 못한 카운터직원은 중간 매니저에게 커피나 빵을 승객들에게 무료로 제공해줄 것을 요청했으나 거절당했다. 카운터직원은 할 수 없이 자기 친구가 근무하는 공항 카페테리아에 가서 사정 이야기를 하고, 자기가 책임질 테니 승객들에게 빵과 커피를 무료로 제공해줄 것을 부탁했다. 나중에 이 사실을 알게 된 항공사 사장은 카운터직원의 역할에 감동하고 승진시켰다. 이 이야기는 전방직원이 회사를 위해 얼마나 중요한 역할을 할 수 있는지를 잘 지적해준다.

진실의 순간(Moment of Truth)

'진실의 순간' 또는 '결정적 순간'이란 용어는 고객과의 접점에서 발생하는 짧은 순간을 의미하는 것으로 1980년 스칸디나비아 항공사(SAS) 사장인 얀 칼슨(Jan Carlson)이 회사경영에 도입하여 성공한 개념이다. 이 개념이 '결정적 순간'이라고도 불리는 이유는 고객이 기업의 종업원 또는 특정 자원과 접촉하면서 받는 서비스의 품질을 인식할 때 중요한 역할을 하기 때문이다.

원래 '결정적 순간'은 스페인의 투우용어로 투우사와 소가 1 대 1로 대결하는 최후의 순간을 말한다. 이 순간의 직후에는 반드시 어떤 식으로든 결판이 난다. 이와 마찬가지로 서비스에서의 '결정적 순간'은 서비스제공자가 고객에게 서비스의 품질을 보여줄 수 있는 지극히 짧은 순간이면서, 동시에 서비스에 대한 인상을 좌우한다. 이 같은 순간은 보통 종업원과 고객이 접촉하는 순간에 발생한다.

얀 칼슨 사장은 『고객을 순간에 만족시켜라: 결정적 순간』이라는 책에서 한 해에 1,000만 명의 승객이 각각 5명의 스칸디나비아 항공의 종업원과 접촉했다는 사실을 강조했다. 1회의 접촉시간은 평균 15초였다. 이 한 순간 한 순간이 결국 스칸디나비아 항공사의 성공을 좌우하며, 이 '결정적 순간'이 항공사 전체의 이미지를 결정한다는 사실을 인식해야 한다고 종업원들에게 역설했다. 이 결정적 순간의 개념을 도입한 칼슨은 불과 1년 만에 연 800만 달러의 적자경영에서 7,100만 달러의 흑자경영으로 전환시켰다.

자료: 엄서호(1998). 레저산업론. 학현사.

들이 존재한다. 이러한 진실의 순간들 중 카지노이용객의 목적 및 취향에 따라 달리 느낄 수도 있겠지만, 대부분의 이용객들은 딜러의 서비스(상냥함 · 친절함 · 진실함 · 숙련도)를 결정적인 진실의 순간으로 인식할 것이다.

미래 간호사의 편지

▮ 의사의 따뜻한 말 한마디 수술환자 불안 달랠 '명약'

수술에 들어가기 전에 수술기기 등을 점검하는 것은 기본이다. 하지만 환자들의 불안감 해소에는 소홀한 경우가 적지 않다.

환자들은 수술장소는 물론, 사용될 의료기기를 무척 궁금해한다. 수술 후 가족과의 면회 등 모든 과정을 알고 싶어 한다. 하지만 병원 측은 간단한 수술절차만 설명하곤 한다. 올해 79세이신 한 할머니가 허리 디스크수술을 받으러 입원했고, 수술 하루 전까지도 가족들과 밝은 표정으로 대화했다. 그러나 수술 30분 전이 되자 심리상태가 몹시 불안해졌다. 정상이던 혈압이 210까지 올랐고, 결국 그날 수술을 할 수 없었다. 만약 할머니 곁에 따뜻하게 웃는 간호사나 의사가 있었다면 어땠을까?

수술 전 대기실을 편안하고 아늑하게 꾸며보면 좋을 것 같다. 벽지를 하늘색이나 연두 등 자연과 가까운 색으로 한다든지, 음악을 틀어놓는 것도 한 방법이다. 마음을 정화하고 긴장을 풀 수 있는 아로마향도 좋다. 하지만 가장 좋은 방법은 환자의 손을 잡고 눈을 마주하면서 신뢰감을 조성하는 것이다. 수술이 그렇게 무섭고 두려운 것이 아니라는 것을 알려주는 따스한 마음이다.

물리치료나 기본적인 간호활동뿐만 아니라, 환자를 편안하게 그리고 공감할 수 있도록 하는 심리적 치료가 진정한 간호가 아니겠는가? 의료발전을 위해서도 이러한 진정한 의미의 간호가 시행되어야 한다.

자료: 조선일보(2004. 5. 22). 미래 간호사의 편지.

3) 서비스의 3박자

높은 수준의 서비스를 유지하기 위해서는 3박자(서비스전략, 서비스직원, 시스템)가 잘 맞아야 한다(Albrecht, 1988). 이러한 3박자는 개념상으로는 단순하고 이해하기 쉽지만, 현실적으로 형식에 치우쳐 종종 실천에 옮기기 어려운 경우가 많다.

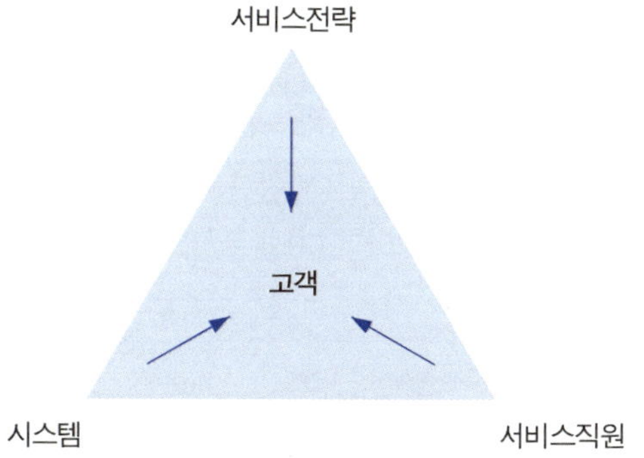

자료: Albrecht, K.(1988). *At America's Service.* Illinois: Dow Jones-Irwin.

[그림 8-6] **서비스전략의 구조**

(1) 서비스전략에 대한 이해

'고객 제일주의'를 실천할 수 있는 전략들이 개발되어야 한다. 그러나 이러한 전략들이 개발되었다 할지라도 서비스직원에게 잘 전달되지 않는다면, 서비스 질의 향상에 기여할 수 없다. 서비스전략이란 고객에게 서비스를 전달하는 특수한 방법이다. 서비스전략은 기업의 경쟁적 포지셔닝(Positioning)을 설정하는 데 중요한 역할을 한다. 간단히 말해서 서비스전략이란 "고객이 왜 우리 상품을 선택하는가"라는 질문에 대한 답이라고 볼 수 있다.

서비스전략은 첫째, 단순한 슬로건이 아닌 구체적이고 실천지향적인 것이어야 하며 둘째, 조직의 구성원이 이해할 수 있고, 행동으로 옮길 수 있는 것이어야 하며 셋째, 고객에게 중요한 혜택을 제공하고, 고객이 기꺼이 구매하고자 하는 것에 초점을 맞추어야 하며 넷째, 경쟁자와 차별할 수 있는 것이어야 하고 다섯째, 내용이 단순하고 고객에게 쉽게 설명할 수 있어야 한다.

(2) 고객지향적 서비스직원

서비스매니저는 훌륭한 서비스가 고객에게 제공될 수 있도록 격려하고 도와주어야 한다. 훌륭한 서비스직원은 고객의 현재상태를 잘 파악하고, 고객의 욕구에 즉각 대응하며, 고객의 불만사항을 즉시 해결함으로써 재방문을 유도할 수 있는 사람이다. 가령 고객의 불만사항을 간과하거나 타 부서의 탓으로 돌린다면, 그 고객은 발길을 끊고 말 것이다. 항상 고객의 목소리에 귀를 기울이는 자세가 필요하다.

손님이 짜다면 짜다!

도봉산 입구에 잘 알려진 칼국숫집이 있다. 가격이 저렴할 뿐만 아니라 국물이 담백해서 줄을 서서 기다릴 때가 자주 있을 정도다. 이 칼국숫집에 재미난 글귀가 있는데, 그것은 '손님이 짜다면 짜다'란 것이다. 고급 레스토랑이 아닌 평범한 국숫집에서 이런 표현이 나왔기 때문에 더욱 가슴에 와닿는다. 이는 입맛을 소비자 입장에 맞추겠다는 주인의 고객지향적 태도이며, '고객이 왕이다'란 뜻이 담겨져 있다.

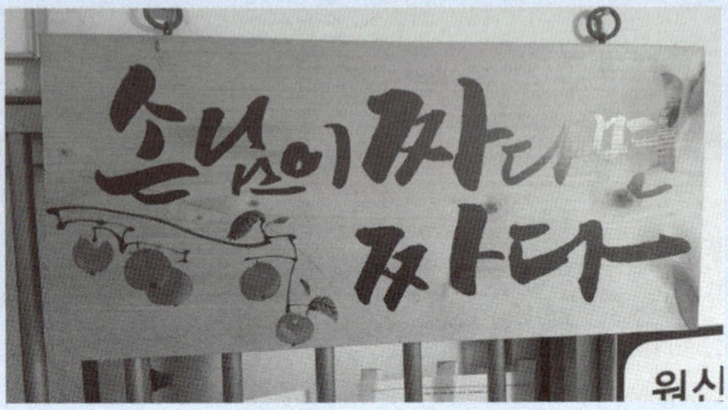

(3) 고객친화적 시스템

서비스직원을 지원하는 조직시스템은 조직의 편리를 위해서가 아니라 고객의 편리를 위해서 고안되어야 한다. 카지노시설이나 정책·규정 등은 고객의 불만을 합리화하기 위해서가 아니라, 고객의 만족을 증진시키기 위해서 만들어져야 한다. 고객이 카지노에 입장하여 게임을 즐기고 나갈 때까지는 수차례의 서비스사이클을 거치게 된다. 카지노서비스도 야구나 축구의 팀워크와 같다. 즉 위의 3박자를 토대로 각 구성원들 모두가 훌륭한 서비스를 창출할 때 고객은 만족하는 것이다.

고객의 간절한 부탁, 그리고 근무지 이탈

어느 날 한 호텔투숙객이 중요한 서류를 객실에 남겨놓은 채 비행기를 탔다. 다음 날 필요한 중요한 서류였으나 목적지에 도착했을 때는 이미 저녁이어서 다시 비행기를 타고 서류를 찾아오기에는 늦은 시간이었다. 그는 투숙한 호텔에 전화하여 그 서류를 가져다줄 것을 간곡히 부탁했다. 이를 들은 한 호텔직원은 서류가방을 들고 공항에 급히 달려갔다. 다행히도 마지막 비행기 좌석이 남아 있었다. 서류가방을 건네주고 돌아오는 비행기 속에서 호텔직원은 마냥 시무룩하기만 했다. 시각을 다투는 일이었기에 보고도 없이 근무지를 이탈했기 때문이었다. 그러나 그가 막상 호텔에 도착했을 때는 일렬로 서 있는 직원들에게서 열렬한 박수갈채를 받았다.

4) 서비스 챔피언은 어떻게 다른가?(Albrecht, 1988)

(1) 서비스의 질이 이윤을 창출한다고 믿는다

우수한 서비스기업의 최고경영자들은 사업의 효과를 평가함에 있어서 원가개념보다는 질에 기준을 둔다. 그들은 질이 우수하면 이윤은 자동으로 따라온다고 믿는다. 쉐라톤 호텔체인의 한 회장은 "쉐라톤은 이윤지향적 회사다. 그러나 이윤을 창출하는 힘은 바로 인적·질적 서비스다"라고 말했다.

(2) 자기의 고객을 잘 파악한다

서비스 챔피언들은 조직과 상호작용하는 고객을 이해하는 일에 몰두하며, 고객의 욕구·태도·인식·가치·구매동기에 잘 부응하기 위해 최선을 다한다. 그들은 고객의 마음속에서 서비스 상품을 정의하고 최신화한다. 한 백화점 사장은 "우리는 영업사원 모두가 고객과 개인적으로 그리고 장기적으로 인간관계를 형성하여 고객의 필요와 욕구를 알도록 격려한다. 우리 직원 중 어느 누구도 고객의 이름을 부르며, 고객에게 향후 특정 상품의 Sale 기간을 알게 하는 것을 이상하게 생각지 않는다"라고 말했다.

외국인 카지노이용객들은 자기의 이름을 기억해주는 것을 가장 인상 깊게 생각할지도 모른다. 이름을 기억하고 불러준다는 것은 친구를 만난 것과 같은 친근감과 제2의 고향에 온 것 같은 편안함을 느끼게 해주기 때문이다. 이렇듯 고객과 좋은 인간관계를 유지한다면, 그 고객의 특성 및 욕구를 잘 파악하여 최선의 서비스를 제공할 수 있다. 또한 그 고객으로부터 피드백을 자연스럽게 받을 수 있으므로, 불만사항이 있는 경우 바로 해결할 수 있어 고객을 잃지 않는다. 여러 카지노 중 한 카지노를 선택하라고 한다면, 카지노이용객은 자기를 가장 잘 기억해주고 편안하게 대해주는 곳을 선택할 것이다.

(3) 서비스 챔피언들은 과업이나 규정·부서·절차보다는 고객의 입장에서 우선 생각한다

서비스 챔피언들은 과업지향적이라기보다는 결과지향적인 사람들이다. 그들은 기업운영에 있어서 고객의 욕구를 파악하지 못할 정도로 소극적이지 않다. 스칸디나비아 항공사 사장인 얀 칼슨은 "스칸디나비아 항공사에서 가장 중요하게 생각하는 것은 고객의 만족이다. 우리는 비행기와 같은 고정자산의 관리인이 아니다. 우리가 원하는 만큼 항공기를 보유할 수는 있지만, 만일 사람들이 우리 항공기를 이용하지 않는다면 항공기 자체는 아무런 의미가 없다. 따라서 서비스가 바로 가장 중요한 자산이다"라고 말했다. 이는 고객을 만족시켜 주는 서비스는 항공사의 자산이라는 것을 잘 말해준다. 마찬가지로 아무리 좋은 카지노시설을 갖추고 있다 할지라도 사람들이 이용하지 않는다면 그 시설은 무용지물에 불과하다. 훌륭한 카지노서비스를 통한 고객만족이 가장 중요한 것이다.

(4) '고객을 위해서라면 무엇이든 하는 태도'를 갖고 있다

서비스 챔피언들은 1일 업무에 중점을 두기보다는 고객의 문제를 해결하고 고객의 욕구를 충족시키는 데 주안점을 둔다. 고객이 필요로 하는 상황에서는 규정을 우회해서라도 고객의 욕구에 기꺼이 응한다. 고객의 비일상적인 요구를 업무에 방해되는 일로 간주하는 것이 아니라, 그들의 서비스상품에 가치를 부여하는 기회로 삼는다. 시간과 비용에 대한 작은 투자가 때때로 장기적으로 큰 이익을 가져다준다는 사실을 알고 있기 때문에 고객이 원하는 것은 무엇이든 행할 자세가 되어 있다.

추억을 담은 사진

롱스(Longs)란 약국의 한 대리는 사진현상실로부터 고객의 사진을 직접 찾아 공항에 황급히 달려가 폴란드로 막 떠나려고 하는 고객에게 사진을 건네주었다(미국 약국에서는 사진을 현상하기도 함). "그 사진들은 그녀가 캘리포니아에 있는 가족들을 방문하고 남긴 매우 가치 있는 추억들입니다"라고 그는 말했다. 나중에 고객의 아버지로부터 감사의 편지를 받아 이 사실을 알게 된 영업부장은 "그 고객에게 사진을 건네주는 과정에서 우리는 다소 비용이 들었습니다. 그러나 우리가 정말로 손해를 입었다고 생각하십니까?"라고 반문했다.

(5) 필연적인 실수를 노련하게 극복한다

서비스 챔피언들은 조직 전체가 공동책임의식을 가져야 한다고 주장한다. 그들은 고객의 요구를 거절하거나 불만에 대한 책임을 전가하지 않는다. 만일 고객에게 문제가 발생하면 맞대응하는 것이 아니라, 그 문제를 즉시 해결하려고 노력한다. 그들은 조직의 실수를 성공적으로 극복하는 것은 고객의 마음과 구전효과에 엄청난 영향을 줄 수 있다는 사실을 잘 알고 있다.

(6) 훌륭한 서비스는 전체 부서직원의 팀워크에서 나온다

보스턴 에디슨사의 회장인 스티븐 스위니(Stephen Sweeney)는 "우리 회사는 10% 내외의 아주 작은 규모의 직원들만이 고객과 직접 접촉합니다. 우리는 주로 '보이지 않는' 서비스를 제공하는 회사입니다. 그러나 우리는 총체적 서비스 개념을 믿습니다. 즉 회사의 전체 구성원들은 하나의 서비스팀으로서 서로의 부서를 도우며 함께 일합니다. 그렇게 함으로써 총체적 상품은 고객의 욕구에 부응할 수 있습니다"라고 말했다.

(7) 경영진을 조력자 내지는 지원자로 본다

스칸디나비아 항공사 사장인 얀 칼슨은 그의 매니저들에게 "당신은 전방 서비스직원(하위직원)에게 지시하기 위해 여기에 있는 것이 아니오. 그들을 도와주고 지원해주기 위해 여기에 있는 것이오. 그들이 도움을 청할 때 당신은 지시할 것이 아니라 그들의 말에 귀를 기울여야만 하오"라고 말했다. 우수한 서비스기업의 매니저들은 업무의 방향을 정하고 우선순위를 설정하며 결정을 내리는 것 외에, 전방 서비스직원이 고객에게 서비스를 효율적으로 제공할 수 있도록 돕는 것이 자신들의 임무라고 생각한다.

(8) 고객뿐만 아니라 부하직원도 잘 보살핀다

매리어트 호텔체인의 2세인 윌라드 매리어트 주니어(Willard Marriott, Jr.)는 매니저들에게 "부하직원들을 잘 보살펴 주십시오. 그러면 그들은 당신의 고객을 잘 돌볼 것입니다"라고 항상 말한다. 이것은 물질적인 보상의 의미가 아니라, 부하직원을 제조과정의 일부나 숫자로 보지 않고 인간적으로 대하는 사려 깊은 리더십을 발휘하라는 것을 의미한다.

(9) 성과에 영원히 만족하지 않는다

서비스 챔피언들은 서비스상품을 개선하고 세련되게 만드는 방법을 항상 찾고 있다. 그리고 서비스의 질을 앞선 방법으로 측정 및 평가하며, 항상 현상태에 만족하지 않는다.

5) 서비스의 측정

고객이 카지노서비스에 대해 어느 정도 만족하고 있는지를 정기적으로 측정하는 것은 바람직한 일이다. 만족도 측정을 위해서는 우선 카지노서비스에 있어서 고객들이 가장 중요하게 생각하는 영향요인들을 밝혀내야 한다. 가령 카지노의 게임종류, 내부 분위기, 유흥, 식음료, 콤프, 딜러의 숙련도와 정직, 친절성, 고객과의 의사소통 및 협조, 게임의 승률, 신용대출 관리, 어학능력, 환전절차, 숙박시설, 항공노선 등을 들 수 있다. 일단 고객이 카지노서비스를 가장 중요하게 생각하는 영향요인들을 밝혀낸 후 이러한 요인들에 대해 고객들이 어떻게 느끼고, 어느 정도 만족하고 있는지를 측정한다. 측정방법으로는 개별 인터뷰와 자기기입식 설문조사 등이 있다. 이런 방법을 통해 카지노업체는 자신의 서비스수준을 평가할 수 있으며, 고객이 불만족스러워하는 서비스항목을 개선할 수 있는 기회를 갖게 된다.

6) 고객 데이터베이스의 구축

카지노업체에서 가장 중요한 것은 바로 고객에 관한 정보이다. 고객의 이름과 주소, 고객의 개인배경(직업, 생일, 회사의 창립기념일), 게임정보(선호하는 게임종류, 베팅액수, 게임시간, 윈·로스, 방문횟수, 신용대출정보), 기호나 취미(선호하는 음식종류, 객실종류, 술종류, 여가활동, 선호하는 스포츠나 이벤트) 등을 들 수 있다. 위와 같은 고객정보를 컴퓨터를 통해 데이터베이스로 구축해 놓는다면 중요한 마케팅자료로 활용될 수 있다. 예를 들어 고객이 선호하는 스포츠나 이벤트 정보를 미리 알 수 있다면, 월드컵이나 국제골프대회, 카지노대회 등의 표적시장이 누구인지를 쉽게 파악하여 초청할 수 있다. 고객의 베팅수준, 선호하는 게임종류와 신용대출정보, 기호와 취미 등을 사전에 알 수 있다면, 고객이 원하는 최상의 서비스를 제공할 수 있다.

카지노이용객의 심리적 특성은 민족성이나 개성에 따라 다양하다. 따라서 고객에 관한 데이터베이스를 구축하여 사전정보를 알 수 있다면, 고객에게 만족스러운 서비스를 제공할 수 있으며, 그 결과 단골고객을 만들 수 있다. 한국 카지노를 방문하는 이용객 중 전체의 34%가 친구나 친지의 추천에 의한 경우임을 감안해볼 때, 단골고객이야말로 카지노업체의 중요한 홍보요원이 될 수 있다. 한 조사결과에 따르면 서비스에 만족한 고객은 8명에게 홍보하고, 불만족한 사람은 16명에게 악담한다는 사실을 잘 명심해야 할 것이다.

고객에 관한 데이터베이스는 영업장에서 고객에게 게임을 제공하는 영업부 직원에게도 유용한 판촉자료로 활용될 수 있다. 고객에 관한 정보를 미리 안다면 고객과의 대화도 자연스러울 수밖에 없다. 게임이 재미있었는지, 카지노에서 제공된 서비스에는 얼마나 만족했는지, 언제 카지노를 다시 방문할 계획인지 등을 물어볼 수 있다. 카지노에 불만족한 고객은 현장에서는 좀처럼 불만을 토로하지 않으며, 그 이후로 발길을 끊게 된다. 이러한 고객은 다른 사람에게 악담함으로써 카지노업체의 이미지를 손상시킨다. 따라서 불만족한 고객도 영업직원이 접촉해야 할 중요한 대상이다. 이러한 사람을 현지에서 접촉하여 불만족한 사항이 무엇인지를 귀담아 듣고, 사과의 말과 함께 회사에서 취할 수 있는 모든 수단을 강구해야 한다. 또한 카지노에서 많은 돈을 잃었을 경우에는 위로와 함께 카지노업체에서 할 수 있는 모든 서비스를 제공하는 것이 바람직하다. 이러한 고객은 자기의 불만사항을 경청하여 해결해주고 위로해준 데 대해 감사하게 생각하고 재방문을 시도할 것이다.

살아 있는 정보가 진정한 정보이다. 따라서 일단 고객의 데이터베이스가 구축되면, 이를 '최신자료로 갱신하는 작업'이 매우 중요하다. 고객의 주소가 바뀌거나 고객의 직함이 바뀌었는데도 옛날 그대로 발송한다면, DM(Direct Mailing)은 회사의 자원을 낭비하고 고객을 불쾌하게 만드는 도구로 변할 것이다.

제4절 콤프

1. 콤프의 정의

콤프란 'Complimentary Service'의 약자로 카지노고객에게 무료 또는 할인가격으로 제공되는 객실 · 식음료 · 항공료 · 연회 등의 서비스를 일컬으며, 그 밖에 체류기간 동안 제공되는 리무진 · 쇼핑 · 관광 등을 모두 포함한다. 콤프는 일반적으로 카지노나 호텔 내에서 사용이 가능하다. 그러나 강원랜드에서는 지역경제를 활성화하기 위해 콤프를 카지노 외부지역(예 식당 등)까지 확대해 실시하고 있다.

2. 고객 게임평가

고객의 게임 정도에 따라 객관적인 콤프를 제공하기 위해서는 무엇보다 영업장 간부에 의한 고객의 게임평가가 중요하다. 고객을 평가하는 방법에는 여러 가지가 있지만, 직접 고객평가를 담당하는 플로어퍼슨은 고객의 이름, 회원번호, 선호게임종류, 칩교환액, 평균베팅액, 게임시간, 최고 및 최저 베팅액, 윈·로스 등을 고객평가 기록카드에 기록한다. 고객이 게임테이블을 떠나면 담당입력직원에게 이 카드를 전달하고 컴퓨터에 입력하도록 한다. 입력이 끝나면 다음과 같은 공식에 기초하여 이론적 기대수익이 자동적으로 산출된다.

이론적 기대수익=평균베팅액×게임시간×시간당 게임 수×카지노업소 승률×게임숙련도

위의 공식은 고객이 게임하는 금액 가운데 카지노의 이윤이 될 몫을 미리 예측할 수 있는 식이다. 명심해야 할 것은 위의 공식은 단순히 이론적인 기대수익이지 실제 수익과는 다를 수 있다는 점이다. 가령 시간당 40회 정도가 진행되는 메인바카라게임(승률 1.2%)에서 평균베팅액이 1천 달러인 고객이 4시간 게임할 경우 카지노의 이론적 기대수익을 계산해보자(게임숙련도 제외).

1,000달러×4시간×40×1.2%=1,920달러

ACCOUNT	NAME	GAME	TABLE	SEAT	DATE	PIT CLERK

AVAIL CREDIT	SHIFT GRAVE DAYS SWING	GAME SPEED SLOW MEDIUM FAST

CREDIT	CHIPS	CASH	PLAYER TYPE/AVERAGE BET HARD	AVERAGE	SOFT
			FIRST BET	WIN	LOSS
			TIME-IN A P	TIME-IN A P	WALK
			CASH	CHIPS	CREDIT
			SUPV 1	SUPV 2	CLERK

[그림 8-7] 고객평가 기록카드

이론적 기대수익은 1,920달러지만 이를 모두 콤프로 제공하게 되면 카지노수익은 없게 된다. 그러므로 많은 카지노에서 이론적 기대수익의 약 10~30% 정도를 콤프로 제공한다. 이 경우 카지노에서는 192달러에서 576달러까지 콤프를 제공할 수 있다. 하지만 고객이 짧은 시간에 많은 돈을 잃었을 경우에는 위의 공식에 기초하기보다는 고객이 잃은 금액에 기초하여 콤프를 제공하기도 한다. 이와 같이 콤프를 효율적으로 운영하기 위해 여러 가지 상황을 고려하여 고객의 카지노 기여도를 측정하기도 한다. 대표적인 것으로는 고객의 게임 정도에 기초한 신용대출 라인과 게임을 하기 위해 고객이 카지노에 맡긴 돈 등이 있다.

3. 통제

콤프는 고객의 재방문을 유도하기 위한 마케팅수단이다. 경영진은 드롭액과 콤프액을 비교하여 콤프가 적절하게 사용되었는지의 여부를 파악할 수 있다. 카지노에서 제공하는 콤프액수가 증가했을 경우에는 드롭액도 늘어나야 한다. 그렇지 않으면 콤프가 비효율적으로 사용되고 있다는 뜻으로 해석될 수 있다. 또한 제공되는 콤프액수가 감소했을 경우에는 드롭액도 같이 감소해야 한다. 만일 드롭액에 변화가 없다면 과거에 콤프제도가 방만하게 운용되었다는 뜻이다.

고객에게 콤프를 많이 제공하면 할수록 고객은 더 많은 콤프를 원한다. 사실 콤프제공을 늘이는 것은 쉬워도 줄이는 것은 여간 어려운 일이 아니다. 카지노고객은 자신에게 조금이라도 더 많은 콤프의 혜택을 제공하는 카지노를 찾아다니게 마련이므로 모든 카지노에서는 고객의 게임 정도 및 신용대출 등을 기초로 적절한 콤프 제공수준을 결정하는 것이 매우 중요하다. 콤프의 남발을 줄이기 위해서는 고비용 콤프를 제공할 수 있는 권한을 소수의 경영진에게만 한정하고, 기타의 간부들은 저비용 콤프만 제공할 수 있게 하며, 고객평가를 전산화하여 고객평가표를 기초로 객관적인 콤프를 제공하도록 하는 정책수립이 필요하다.

제3부

카지노산업의 정책과 제도

9장

카지노정책

UNDERSTANDING THE CASINO INDUSTRY

제1절 카지노정책의 의의

오늘날 주요 관광선진국에서는 카지노를 합법화하여 관광사업으로 장려하고, 외화획득은 물론 세수확보 및 경제활성화를 목적으로 육성하고 있는 추세이다. 이와 같이 카지노가 관광산업에서 차지하는 비중이 점차 커짐에 따라 카지노와 관련된 정책기능이 강조되고 있다.

카지노정책은 카지노산업의 발전을 위한 정책·행정기능을 종합적으로 조정하고 추진하기 위한 업무범위와 방향을 제시하는 시책이다. 즉 카지노정책은 카지노행정을 세부적으로 집행하는 방법 및 내용을 의미한다.

정책은 일반적으로 정부기관이 결정한 미래의 행동지침이며, 복잡한 행정절차를 통해 공식적으로 결정된 조직목표인 것이다. 카지노정책을 수립하는 이상적인 방법은 가능한 한 모든 행동지침과 이로 인해 나타날 수 있는 모든 결과에 대해 주의 깊게 검토함과 동시에, 다양한 가치관을 비교·평가한 후에 대안을 선택하는 것이다. 이러한 의미에서 카지노정책은 국가가 카지노산업의 육성을 위해 일정한 목표를 설정하고 이에 부응하는 카지노시책을 입안하여 시행하는 것이다. 따라서 카지노정책이 일단 수립되면 다음의 몇 가지 효력이 발생한다.

① 카지노정책은 집행자에게 특정 시책을 시행할 수 있도록 권한을 부여하는 효력이 있다.

② 카지노정책은 그것과 부합되지 않는 시책을 수행하지 못하게 하는 금지행위이다.

③ 카지노정책은 카지노산업 발전에 대한 지도를 함에 있어 제기될 수 있는 각종 행위를 규제하는 효력이 있다.

오늘날 카지노정책은 카지노산업을 고부가가치형 관광 · 레저산업으로 육성하는 데 전력을 다하고 있으며, 다만 '과유불급'(過猶不及)[1]이라는 말처럼 도가 지나쳐 도박이 되지 않도록 정부는 감시와 규제에 또한 만전을 기하고 있다. 이렇듯 현재 카지노를 허용하는 대부분의 국가는 카지노의 허가와 운영상태를 관리하여 검은 돈의 유입을 차단하고, 카지노의 수요와 공급이 적절히 이루어지도록 하며, 게임과정에서 공정하게 게임의 규정을 지키도록 하고 있다. 또한 수입금과 같은 현금흐름이 투명하게 이루어지도록 하며, 관광객 유치, 고용창출, 세수확대 등을 통해 국민경제에 기여하도록 한다. 그러므로 카지노정책은 카지노의 공정성 · 투명성 확보, 국민경제 기여, 지역사회에 대한 폐해 방지 등에 그 의의가 있다.

제2절 카지노정책의 현황

1. 카지노산업 정책

카지노산업에 대한 정부의 정책에는 관광진흥법 · 시행령 · 시행규칙과 카지노업의 영업 · 회계에 관한 투명성을 확보하기 위한 카지노업 영업준칙 고시와 카지노 전산시설기준, 카지노기구 기준 고시가 있다. 이 외에도 중장기 업무계획 및 연도별 업무계획과 같은 카지노관련 정책, 카지노 허가관련 정책 등이 있다.

우리나라의 카지노산업 정책은 다른 나라와 달리 외국인 관광객만이 입장하여 게임할 수 있게 규정하여 현실적으로 관광외화 획득뿐만 아니라, 외래관광객 유치에도 크게 기여함에도 불구하고, 카지노관련 법규가 사행행위 등 규제 및 처벌 특례법에 포함되어 있어 카지노산업의 발전에 문제가 있었다. 이에 따라 카지노산업을 건전한 외화획득산업으로 육성하기 위해 관광진흥법에 의한

1 지나침은 오히려 모자람만 못하다는 뜻.

관광사업으로 새로이 규정하고자 1994년 8월 3일 제7차 관광진흥법 개정을 단행했다. 그 주요 내용은 다음과 같다.

① 카지노업을 관광외화 획득을 위한 관광사업으로 육성하기 위해 관광사업의 범위에 새로이 카지노업을 포함시켰다.

② 카지노업에 대한 허가 등 행정권한을 지방경찰청장에서 문화체육관광부장관으로 이관하고, 문화체육관광부장관이 카지노업을 허가함에 있어 공공의 안녕·질서유지, 국민정서 또는 카지노업의 건전한 발전 등을 위해 필요한 경우에는 그 허가를 제한할 수 있도록 했다.

③ 카지노사업의 건전한 육성·발전을 도모하기 위해 카지노사업자는 문화체육관광부장관이 고시하는 영업준칙을 준수하도록 했다.

④ 카지노사업자는 대통령령이 정하는 바에 의해 총매출액의 10분의 1 범위 내에서 일정 금액을 관광진흥개발기금에 납부하도록 했다.

⑤ 카지노사업자의 위반행위에 대한 처벌의 형량을 상향조정하는 등 위반행위자에 대한 제재를 강화·보완하여 불법 및 변태경영을 방지하도록 했다.

⑥ 기존의 카지노사업자에 대해 1996년 11월 5일까지 한시적으로 이 법에 의한 허가를 얻은 것으로 보아 영업을 허용하되, 그 이후 신규허가는 외화획득실적 등 문화체육관광부령이 정하는 일정 요건을 충족한 자에게만 하도록 했다.

한편 외자유치를 촉진하고 카지노종사원 취업제한 완화 등 규제완화를 위해 1998년 말 관광진흥법의 일부 조항을 개정했다. 또한 투명성 보장차원에서 세계에서 가장 세밀하다는 미국 뉴저지주의 카지노 관리규칙을 모델로 카지노산업을 효율적으로 통제할 수 있는 한국형 표준원칙을 정하여 1999년 '카지노 영업준칙'을 고시했다. 그 주요 내용은 다음과 같다.

① 카지노업의 원활한 운영을 위한 조직 및 인력을 갖추도록 하고 각 부서 간 직무를 통해 상호 견제할 수 있는 기구조직을 구성하도록 했다.

② 카운트룸, 출납창구 등의 시설기준을 정하여 효과적인 내부통제를 할 수 있는 기틀을 마련했다.

③ CCTV 설치기준을 정하여 카운트룸에서의 계산하는 장면 등 주요 장면은 반드시 녹화하도록 함으로써 불법행위에 대한 감시체계를 마련했다.

④ 게임기구 및 게임규칙을 표준화하여 변태영업의 소지를 제거했다.

⑤ 카지노영업장 입장 시부터 게임종료 후 수입금 계산 시까지 모든 절차를 미국 뉴저지주의 통제제도를 모델로 하여 불법행위를 봉쇄할 수 있는 근거를 마련했다.

⑥ 일자별로 매출액을 점검할 수 있는 체계를 마련하고, 신용대출 제공 등 회계와 관련된 주요 사항은 반드시 기록을 유지·보관하도록 하여 회계의 투명성을 확보했다.

2012년 3월 19일에는 카지노 영업준칙 일부를 수정하여 카지노 영업환경 변화에 부응하고, 관련 정의를 명확히 규정했으며, 관광진흥법의 내용과 상충되는 조항을 정비했다. 콤프의 범위에 기프트카드(Gift Card)를 포함했고, 전문모집인의 정의를 명확히 했으며, 카지노 머신 신종기구 도입을 추가했다. 카지노 출입금지 대상자에 대한 규정을 개정했고, 수기로 기록·유지하던 규정을 전산시스템에 연계시켜 자동으로 기록·관리하도록 관련 조항의 내용을 정비했다.

카지노는 투자비에 비해 매출액 및 수익이 매우 높은 사업이므로 카지노업에 진출하고자 하는 업체들이 많아 신규허가가 공정하게 이루어지지 않을 경우 특혜시비가 있을 수 있다. 따라서 카지노 신규허가 여부 검토 시 첫째, 대규모 관광단지 개발이 요구되는 지역에 한정할 것 둘째, 영종도와 같은 국제신공항 건설지역이나 '폐광지역 개발지원에 관한 특별법'이 정한 특정 지역에 한정할 것[2] 셋째, 특혜시비가 일지 않도록 지역균형을 기하고 공정한 선정방안을 강구할 것 넷째, 국가적 차원에서 외화획득효과는 가장 크고 각종 사회문제는 최소화할 수 있는 지역일 것 다섯째, 국가적인 차원에서 외화획득효과가 극대화될 수 있도록 투자주체와 신규허가지역을 선정할 것 등과 같은 사항을 충분히 고려할 필요가 있다.

과거의 단순한 카지노시설만 제공하던 시대에서 앞으로는 테마형 복합리조트 설립을 추진해야 하며, 이를 통해 일반대중 관광객 및 회의참가자들을 유치할 수 있도록 해야 할 것이다.

2. 폐광지역의 카지노정책

1989년부터 시작된 정부의 석탄산업 합리화정책으로 강원도 태백시 정선군과 영월군 일대의 탄광들은 폐광되거나 석탄채굴량을 줄이기 시작했고, 지역경제가 급속도로 피폐해지면서 지역주민의 수도 급감했다. 강원도 남부지역에서는 탄광지역 진흥사업의 추진과 별도로 지역경제를 회생시키기 위한 지역주민의 다양한 노력이 전개되었지만 큰 성과를 거두지 못했다. 특히 1994년 12월 강원도 정선군 고한·사북지역은 타지역에서 유치를 거부하는 핵폐기물 처리시설을 유치하겠다고 나설 정도로 벼랑 끝의 지역경제 회생을 위해 자구노력을 기울였다. 그러나 여전히 가

2 제주국제자유도시특별법(2004년 1월 29일)에서는 5억 달러 이상 투자하는 외국인에게는 외국인전용 카지노를 허가해주는 것으로 규정함.

시적인 성과가 없자, 1995년 2월 이 지역 주민 수천 명이 지역경제 회생에 관한 정부의 근본적인 대책을 요구하는 시위에 돌입하게 되었다.

1995년 3월 초 지역주민의 시위와 관련해 당시 통상산업부는 감산지원 위주였던 탄광지역정책에서 탈피하여 개발을 통한 지역경제의 활성화 방향으로 전환하겠다는 종합대책을 발표했다. 또한 실효성 있는 대책이 될 수 있도록 특별법을 제정하고, 교통접근성이 열악한 폐광지역을 고원관광지역으로 개발할 수 있도록 내국인 출입을 허용하는 카지노를 유치하겠다는 대책안을 제시했다.

1995년 12월 29일 '폐광지역 개발지원에 관한 특별법'이 2005년까지 한시 적용되는 법으로 국회에서 통과되었으며, 2015년까지 1차 연장되었다가 이후 2025년까지 추가로 연장되었으며, 2021년도 국회에서 법이 개정되어 2045년까지 다시 연장되었다. 이 법 제11조(관광진흥법 적용의 특례)에서 문화체육관광부장관은 폐광지역 중 경제사정이 특히 열악한 지역 중 한 곳에 한해 카지노업을 허가할 수 있도록 했다. 또한 카지노업의 허가를 받을 수 있는 자는 공공성 및 효율성이 확보될 수 있도록 요건에 적합해야 하고, 문화체육관광부장관은 과도한 사행행위 등의 예방을 위해 출입을 제한하는 등 영업에 관한 제한을 할 수 있도록 명시하고 있다.

당초 문화체육관광부는 내국인출입을 허용하는 카지노는 각종 부작용으로 득보다 실이 많다는 점에서 강력히 반대했다. 그러나 폐광지역에 카지노산업이라는 유인책이 없이는 여타 관광시설에 대한 투자유치가 곤란하고, 석탄산업을 계속하거나 대체산업을 개발해야 하지만, 이것이 한계에 달한 점을 감안하여 카지노업체의 공익성을 확보하고 지역경제에 기여한다는 것을 조건으로 오직 한 곳에 한해 카지노를 허가하기로 결정했다. 폐광지역 내에서 운영하는 카지노는 카지노장을 둘러싼 범죄 및 범죄조직의 증가, 카지노로 인한 과소비, 카지노장 주변지역 주민의 카지노 중독 및 재산탕진, 현금거래에 의한 자금유출 및 탈세, 범죄조직의 불법자금 유입 및 불법고리대금업, 카지노를 통한 돈세탁 등 각종 폐해에 대한 우려가 있으므로, 문화체육관광부는 폐광지역 카지노관련 각종 제도개선방안을 마련해야 한다.

폐광지역 카지노관련 일반 법령제도로는 관광진흥법령 규정이 있으나, 카지노업체는 폐광지역의 카지노산업 유치로 인해 발생할 것으로 예상되는 사회문제를 최소화하기 위해 출입자의 신분확인 및 등록카드 발급, 일정 금액의 칩환전자에 대한 기록유지 및 관계기관 통보 의무화, 카지노사업자 및 종사자의 고객비밀 유지, 카지노장에서 칩의 증여·양도·양수·대여 금지 및 돈세탁 방지 등을 강구해야 한다.

폐광지역에 카지노 신설을 허용하기로 한 '폐광지역 개발지원에 관한 특별법'(폐특법)은 석탄산업의 사양화로 낙후된 폐광지역의 경제를 진흥시켜 지역 간의 균형 있는 발전과 주민의 생활향상을 도모하는 것을 목적으로 제정되었다. 이 법에서 '폐광지역'이라 함은 탄광이 있었거나 현재 있는 지역과 그 인접지역으로서 폐광 또는 석탄산업의 감축에 따라 지역경제가 현저히 위축되어 있는 지역을 말한다. 동법의 카지노관련 주요 내용은 다음과 같다.

- 산업통상자원부장관은 폐광지역 중에서 다른 산업의 유치가 곤란한 지역의 경제를 진흥시키기 위해 필요한 경우에는 도지사의 신청을 받아 폐광지역 진흥지구를 지정할 수 있다(법 제3조). '지역균형개발 및 지방 중소기업 육성에 관한 법률' 제9조의 규정에 의한 개발촉진지구 중 특별한 개발이 필요한 지역으로서 대통령이 정하는 요건에 해당하는 지역을 진흥지구로 지정한다. 산업통상자원부장관은 진흥지구를 지정하고자 하는 경우에는 국무회의의 심의를 거쳐야 한다. 지정된 진흥지구를 대통령이 정하는 규모 이상으로 변경하는 경우에도 또한 같다. 진흥지구를 지정한 경우에 산업통상자원부장관은 대통령이 정하는 바에 따라 그 내용을 고시해야 한다.
- 문화체육관광부장관은 경제사정이 특히 열악한 폐광지역 한 곳에 예외적으로 내·외국인의 출입이 가능한 카지노업의 허가를 할 수 있다(법 제11조).
- 사업시행자 등은 개발사업의 시행으로 인한 지역주민의 이주대책을 수립하고, 그들을 우선 고용하도록 하며, 그 지역에서 생산되는 공산품과 농·수·축산물을 우선 구매하도록 한다(법 제13조).
- 진흥지구 안의 개발계획에 대해 시행자가 실시계획의 승인을 얻는 경우에는 '지역균형개발 및 지방중소기업육성에 관한 법률' 제18조 1항의 규정에 의한 결정·허가·신고·인가·동의·승인·협의 등 외에 다음 각 호의 허가·신고·승인·대부·지정·해제 등을 받은 것으로 본다(법 제12조).

폐광지역 카지노를 공공성과 효율성을 갖추어 운영하기 위해 설립된 법인이 '주식회사 강원랜드'이다. (주)강원랜드는 침체된 강원남부 폐광지역의 경제회생과 국내 관광산업의 활성화를 도모하기 위해 석탄합리화사업단(현, 한국광해관리공단)·강원도개발공사·정선군·삼척시·태백시·영월군 등이 공동출자하여 설립한 공공성격의 법인체로서 황폐화된 강원남부 폐광지대에 카지노리조트를 설립하여 문화·체육·오락·휴양시설을 갖춘 국민관광 종합단지를 조성하고 국가경제 및 지역경제 발전에 기여하는 것을 그 목적으로 하고 있다.

(주)강원랜드의 설립자본금은 1,000억 원으로 공공부문이 51%, 민간부문이 49%를 차지한다. 1998년 4월 공공부문이 투자한 510억 원(51%)을 설립자본 총액으로 우선 설립된 (주)강원랜드의

기관별 출자금액을 보면, 카지노가 위치한 정선군은 현물출자 24억 원을 포함해 49억 원, 강원도 66억 원, 태백시 12억 5,000만 원, 삼척시 12억 5,000만 원, 영월군 10억 원, 한국광해관리공단 360억 원 등이다. 민간부문 투자의 경우 1999년 7월 삼성증권 주관하에 주식을 공모하여 유치한 적이 있다.

[표 9-1] (주)강원랜드 기관별 출자지분 및 금액

(단위: 백만 원)

기관별	계	강원도	태백시	삼척시	영월군	정선군	한국광해 관리공단	민간부문
출자금액	100,000	6,600	1,250	1,250	1,000	4,900	36,000	49,000
출자지분	100%	6.6%	1.25%	1.25%	1%	4.9%	36%	49%

[표 9-2] 메인카지노 시설현황

구분	주요 시설	기타 부대시설	
카지노	• 게임기기 –테이블게임: 193대 –전자테이블게임: 4대(단말기 160) –머신게임: 1,360대(슬롯머신, 비디오머신) –일반 룸 / 금연게임룸 –VIP / V–VIP용	• 식음업장 –엔터테인먼트 라운지(70석) –카지노바(24석) –파인 레스토랑(221석) –카지노 뷔페(290석) –VIP 라운지(20석)	• 영업지원시설 –칩스뱅크 –카운트룸 –은행 –환전소 –모니터실 등
호텔	• 객실종류 –양실: 450실 –한실: 27실(일반실 404실, 스위트 룸 73실) • 객실 레이트(Rate) –스탠더드(12평형): 404실 –스위트(20 · 35 · 45평형): 72실 –프레지덴셜(94평형): 1실	• 식음업장 –뷔페식당(176석) –스포츠 바(108석) –커피 라운지 & 바(136석) –대연회장(450석) –소연회장(40석)	• 부대업장 –비즈니스센터 –피트니스센터 –소극장 –홍보관 –기념품점 등
컨벤션호텔	• 호텔 250실 • 컨벤션센터(2,040명 동시수용)		
골프장	• 18홀 골프장 –해발 1,130m 위치 –골프장면적 32만 6천 평		
스키장	• 18개 슬로프 –총슬로프길이 21km –슬로프면적 28만 평	곤돌라 3기, 리프트 5기	
콘도	• 903실(밸리 123실, 마운틴 437실, 힐콘도 343실)		
워터월드	• 국내 최대 실내외 풀장		

▲메인카지노

▲하이원 리조트

▲스키장

강원랜드는 카지노시설만을 중심으로 운영할 경우 도박장 이미지가 고착화될 우려가 있을 뿐만 아니라, 다양한 여가시설의 부족으로 향후 폐특법 만료 시 경쟁력이 약화될 가능성이 있다고 판단되고, 강원랜드의 궁극적인 목표인 가족형 종합관광단지를 완성할 목적으로 2005년 18홀 규모의 골프장과 2006년 12월 국제수준의 스키장을 개장하여 가족단위의 관광객을 유치하고 있다.

메인카지노는 크게 카지노장과 호텔로 구성되며, 카지노에는 테이블게임 193대, 전자테이블게임 4대, 머신게임 1,360대가 설치되어 있다. 카지노 룸에는 일반 영업장과 VIP 룸(고액베팅룸)으로 구성되어 있으며, 금연자를 위한 금연룸이 설치되어 있다. 호텔은 477실 규모로 양실 450실, 한실 27실을 갖추고 있다. 또한 컨벤션호텔을 추가적으로 건설했는데, 여기에는 2,040명을 동시에 수용할 수 있는 컨벤션센터와 250실의 호텔객실이 있다. 골프장(18홀), 스키장(18개 슬로프), 콘도(903실), 워터월드를 건설하여 리조트로 발전하고 있다.

[기고] 한국형 복합리조트 경쟁력 높이려면

이충기
경희대 관광학과
고황명예교수

국가 청렴도 세계 순위 5위인 싱가포르는 카지노 시설을 포함한 복합 리조트(IR · Integrated Resort)인 마리나베이샌즈와 리조트월드센토사를 개발해 자국 관광 산업을 유례 없는 성공 모델로 만들었다. 그동안 카지노가 없던 일본에서도 싱가포르 사례를 벤치마킹해 대규모 카지노 시설을 포함한 IR을 2030년 오사카에 오픈할 예정이다. 필리핀과 베트남 또한 IR 개발을 통한 관광객 유치에 나서고 있다. 이렇듯 인근 국가들의 IR 개발 전략에 한국은 계속 밀리고 있다는 인상을 지울 수 없다.

대도시를 배후로 한 인근 국가의 IR과 다소 다른 운영 형태이기는 하지만 국내에는 카지노와 스키장, 골프장, 콘도미니엄, 워터파크, 트레킹 시설 등 천혜의 자연 속에 다양한 시설을 갖춘 강원랜드가 있다. 강원랜드는 마리나베이샌즈나 오사카 IR처럼 내국인이 카지노에 출입할 수 있을 뿐만 아니라 스키 · 골프 등 다양한 목적형 고객이 찾고 있고 숙박 시설 및 워터월드 등을 갖춰 가족 관광객들도 방문하고 있다.

강원랜드는 국내 유일의 공공 부문 복합 리조트로 정부가 카지노 등 영업 전반을 관리한다. 우리나라는 인근 국가에 비해 사행 산업에 대한 국민의 인식이 부정적이고 국가의 통제와 관리가 필요하다는 측면에서 보면 강원랜드를 '한국형 복합 리조트(K-IR)'로 발전시켜 국가 관광산업의 경쟁력을 확보하는 기회로 삼아야 할 것이다.

더구나 인구 고령화로 지방 인구가 급속히 소멸하는 위기 속에서 지방 소도시를 배후로 한 한국형 IR 개발에 성공할 수 있다면 국가 인바운드 관광산업의 인프라 구축에 기여할 뿐만 아니라 지역 경제 활성화를 통한 균형 발전에도 큰 도움이 될 것이다.

최근 주변국에서 복합 리조트를 서둘러 개발하는 배경에는 카지노 외에 테마파크·컨벤션·공연장·쇼핑센터 등 다양한 비(非)카지노 부문을 통해 대중 관광객을 적극적으로 유치하고 이를 통해 긍정적인 이미지를 창출하려는 생각이 자리잡고 있다. 마카오는 비카지노 부문 정책 강화를 통해 엔터테인먼트 도시로의 전환을 모색하고 있고 싱가포르는 기존 IR에 비카지노 부문을 지속 확대하고 있다.

이러한 국제적 추세에 대응하기 위해 강원랜드는 올 1월 관광산업 전문가들로 구성된 '강원랜드 경쟁력 강화 특별위원회'를 발족했다. 이는 국가 관광산업 발전과 폐광 지역 경제 진흥을 위한 대통령 공약인 '강원랜드를 가족 단위 사계절 복합레저 관광지구로 재편 및 활성화하겠다'는 내용과도 관련이 있다. 위원회에서는 강원랜드를 국제적 수준의 리조트로 만들기 위해 대규모 쇼핑 단지, 문화 복합 시설, 웰니스센터, 스카이브릿지 어트랙션 등 비카지노 부문의 개발을 고심하고 있다.

카지노 부문 또한 고객 유치를 위한 시설로서 중요하다. 카지노(게이밍) 부문은 캐시카우 역할을 통해 나머지 비카지노 부문을 부양하는 경우가 많기 때문이다. 따라서 카지노 게임 공간, 게임 종류 및 수, 베팅 한도, 영업시간 등 국내 카지노 산업에 적용되는 규제를 해외 IR과 경쟁할 수 있는 수준으로 재검토하는 게 바람직할 것이다. 한 예로 강원랜드 카지노 이용객을 대상으로 한 필자의 조사 결과에 따르면 이들 이용객의 가장 큰 불만은 게임 좌석 부족(33.2%)이었다.

일본 오사카 IR이 개장될 경우 연간 약 760만 명의 한국인이 일본 IR을 방문할 것으로 예상되고 이로 인한 지출액은 연간 약 2조 5800억 원에 이른다는 필자의 연구 결과를 고려할 때 비카지노 부문을 강화한 한국형 IR 개발은 주변국 IR에 대한 대비뿐만 아니라 국가 관광산업의 경쟁력 확보를 위해서라도 더 이상 늦출 수 없는 사안이다. 정부도 이에 대해 충분히 인식해 관련 기관, 기업, 학계와 함께 경쟁력 확보를 위한 행동에 나서야 할 때다.

자료: 서울경제 2024년 2월 19일자(https://www.sedaily.com/NewsView/2D5F5EK3F0)

제3절

카지노산업의 정책방향

1. 정책방향

카지노정책은 카지노산업이 종합오락산업으로 고급 관광산업이라는 관점에서 외화획득의 극대화를 추구하고, 공정성·투명성을 확보하여 사회기여도를 높일 수 있도록 해야 한다. 즉 카지노산업이 게임산업의 대명사로서 육성·발전되면서 국가경제와 지역개발에 기여하도록 해야 한다. 게임산업이 게임이라는 유희를 통해 인간에게 삶의 활력을 주려면 게임이 도박화되지 않도록 게임금액을 소액화해야 하고, 배당률이 높아야 하며, 과도한 게임중독에 대한 규제방법이 마련되어야 한다. 정부가 이러한 원칙으로 게임산업을 육성하면서 관리·감독을 철저히 한다면 막대한 국가수입을 올릴 수 있고, 게임산업 종사자의 고용을 창출시켜 경제가 어려운 시기에도 효자산업이 될 수 있다. 카지노산업의 바람직한 정책방향은 다음과 같다.

첫째, 인간에게 즐거움을 주는 게임산업에 대한 정책이 일관되어야 한다. 카지노, 경마(경륜·경정 포함), 복권, 컴퓨터게임은 게임산업이다. 현재 여러 기관에서 담당하거나 소관부서가 없는 이 분야를 게임산업이라는 일관된 분야로서 전담할 단일행정기구가 설치되어야 한다.

둘째, 게임산업을 향락·퇴폐사업으로 보는 시각이 아직도 남아 있다. 게임산업을 향유하는 계층은 주로 여유계층으로서 최소한 의식주를 충족하는 계층이다. 이들에게서 얻은 수익금을 실업기금·관광진흥기금 등 적절한 복지재원으로 활용한다면 소득의 재분배라는 파생효과도 기대할 수 있다. 필리핀의 경우 카지노를 국영기업체에서 운영하며, 카지노수입 중 운영비를 제외한 나머지를 모두 국가재정 및 공공사업(도로·학교·병원 건설, 시공무원 급여지출, 의약품 및 학생교과서 구입, 문화발전기금 등)에 쓰고 있다. 다만 이를 위해서는 수입금을 공익화하고 투명화하려는 노력이 필요하다. 동시에 어두운 이미지의 게임산업을 고급화해야 한다. 영국의 로열 에스코트(Royal Ascot) 경마는 영국왕실에서 참가하는 전통 있는 경마대회이다. 경마관람자 모두 모자를 쓰고 품위 있게 게임에 참여하고 TV를 통해 중계함으로써 누가 보아도 사행심을 부추기는 도박이 아닌 고급스러운 게임으로 인식되고 있다.

또한 카지노게임을 건전한 여가활동의 일환으로 인식하기 위해서는 단순한 카지노시설을 벗어나 다양한 여가시설을 제공하는 리조트 카지노로 탈바꿈해야 한다. 라스베이거스는 다양한 테마 및 컨벤션시설을 운영함으로써 연간 약 4천만 명 이상에 이르는 국내외 관광객들을 유치하고 있다. 이러한 다양한 여가시설들이 들어서면 게임에 몰입하는 시간을 분산시킬 수 있다. 이러한 차원에서 복합리조트(IR)가 바람직하다.

셋째, 게임산업에 반대하는 주장의 근거는 사회적 부작용 때문이다. 사회적 부작용은 베팅액수의 제한, 카지노 전산시스템을 통한 특정인(도박중독자 · 범법자 등)의 출입제한, 일부 도박중독자에 대한 공공 치유프로그램의 개발 등을 통해 이를 최소화해야 한다.

넷째, 게임산업 진흥에 대한 국민의 우호적인 태도를 형성하기 위해서는 자금흐름의 투명성을 확보하고, 궁극적으로 게임산업이 국익에 기여한다는 인식을 심어주어야 한다. 이를 위해서는 게임규정을 준수하도록 국가가 지도 · 감독해야 한다. 말레이시아에서는 관리기관과 온라인을 연결해 카지노매출을 실시간으로 알림으로써 자금흐름의 투명성을 확보하고 있다. 영국 게임감독위원회의 경우 본부 및 5개 지역사무소에서 실무감독관을 포함한 70여 명이 이러한 업무를 맡고 있으며, 네바다주에서는 주정부에 게임정책국과 500여 명의 감독관으로 구성된 카지노 및 머신게임 전담감독기구를 두고 있다. 독일이나 말레이시아 등은 감독공무원이 수입관리를 직접 확인하는 체제를 갖춤으로써 부정을 방지하고 국가수입 증대를 도모한다.

원자력은 그 이용방법에 따라 모든 것을 파괴하는 폭탄이 될 수도 있고, 인류의 마지막 남은 귀중한 에너지원이 될 수도 있다. 이제 게임산업은 어려운 국가경제에 활력을 주고 국민에게 즐거움을 주는 공익산업으로 거듭나야 한다. 과거 게임산업을 반사회적 도박으로 매도하고 부작용을 두려워하여 기피하던 자세에서 벗어나 싱가포르 사례에서와 같이 게임 및 복합리조트산업이 어려운 경제를 살리고 고용을 창출하는 데 일조할 수 있도록 카지노산업 정책, 더 나아가 게임 및 복합리조트산업에 대한 정책을 추진해야 할 것이다.

2. 카지노 단지화 및 건전화

외화를 반출하여 외국에서 카지노게임으로 귀중한 외화를 탕진하는 것은 문제가 있지만, 국내의 합법화된 카지노에서 게임을 한다면 그 돈은 궁극적으로 국내에서 소비되어 종사원의 소득,

재정수입, 지역경제 활성화에 기여하게 된다. 또한 그 파급효과는 생산과 소비로 계속 이어지면서 경제활성화에 기여한다. 미국 네바다주의 라스베이거스가 1931년 경제대공황을 극복하기 위해 카지노게임 활성화정책을 추진한 사례는 시사하는 바가 크다.

소비능력을 갖춘 내・외국인이 놀이를 즐기면서 소비할 수 있는 게임장소는 지역별로 균형있게 마련되어야 한다. 필리핀은 카지노를 무기로 한국・일본・중국관광객을 적극 유치해 막대한 외화를 획득할 뿐만 아니라, 고소득 자국민을 통해 상당한 수입을 올리고 있다. 그 수입금은 공익을 위해 사용해 소득의 재분배를 가져오고 고용을 창출하며 낙후된 지역경제를 활성화하는데 기여하고 있다.

이는 우리나라의 경우에도 그대로 적용이 가능하다. 특정 지역에 카지노・컴퓨터 게임을 비롯한 머신게임, 경마・경륜・경정, 소싸움, 골프장, 스키장 등 게임단지를 만들면 그 수익금은 관광지 및 지역경제 개발에 큰 도움이 될 수 있기 때문이다. 그뿐만이 아니다. 문화예술 기반지원, 지역영세민 지원, 노인용 임대의 휴양아파트 건립지원, 지역의료사업 지원 등 문화・복지사업에 투자한다면 직접적인 게임산업단지에서의 막대한 고용창출 외에 지역경제에 대한 소비를 유도하고, 소비는 다시 생산과 소득으로 연결되어 굳이 공해를 발생시키는 공장과 같은 시설을 유치하지 않으면서도 지역경제가 활성화될 수 있다.

어차피 상당한 수준의 소득자는 다양한 즐거움을 추구하기 마련이다. 이러한 욕구의 배출구가 막히면 매스컴에 보도된 것처럼 마카오・필리핀・라스베이거스 등지의 카지노에서 즐기며 외화를 낭비하게 된다. 경우에 따라서 범죄로 연결되기까지 한다. 이처럼 고소득자가 가진 강력한 게임욕구를 외국이 아닌 국내에서 해소할 수 있도록 하여 그 소비가 국민경제 내에서 이루어져 지속적인 세수확보, 고용창출, 지역경제 활성화로 이어질 수 있도록 발상의 전환이 필요하다.

다만 예상되는 문제점에 대해 철저히 대비하는 것이 선결조건이다. 내・외국인이 출입하는 게임단지는 게임장을 둘러싼 범죄와 범죄조직의 증가, 게임으로 인한 과소비, 게임단지 주변지역 주민의 도박중독 및 재산탕진, 현금거래에 의한 자금유출 및 탈세, 범죄조직의 불법자금 유입 및 불법고리대금업, 카지노를 통한 돈세탁 등 각종 폐해에 대한 우려가 큰 것이 사실이기 때문이다. 이와 같은 사회문제를 예방하기 위해 미국 네바다주・뉴저지주와 영국 등 게임산업이 활성화된 대부분의 나라에서 운영하는 게임감독위원회의 설치를 눈여겨볼 필요가 있다.

우리나라에서도 2007년 1월 26일 사행산업통합감독위원회법을 제정하여 사행산업으로 인한 부작용을 최소화하고, 사행산업이 건전한 여가 및 레저산업으로 발전해 나가도록 사행산업통합감독위원회를 출범했다.

게임감독기관에서는 게임단지 내 질서유지, 게임산업 자금출처 확인 및 인·허가 관리, 게임장 내 돈세탁 방지를 위한 고액거래기록 유지, 게임산업의 전산화, 폐쇄회로 관리업무를 담당하도록 한다. 그리고 게임산업의 공익성 홍보, 지역주민이나 저소득층에 대한 베팅액수 제한, 게임산업의 재무제표분석, 게임산업 종사자의 윤리규정 마련, 수익금의 공정한 배분 등도 게임감독위원회의 몫이다.

게임에 대한 욕구는 인간의 본성이다. 그러나 건전한 게임을 유도하고 발전시키는 것은 단지 건전한 소비를 할 수 있는 소비처를 제공하는 것에 그치지 않는다. 건전한 게임산업 육성대책이 바로 열린 사회의 관광정책이고 경제활성화 방안이기 때문이다. 또한 관광인프라를 구축하여 대중관광객을 유치하기 위해서는 싱가포르와 같이 카지노뿐만 아니라 테마파크·컨벤션·공연장·레스토랑·쇼핑센터 등이 통합된 복합리조트를 건립하는 것이 바람직하다.

10장

세계 주요 카지노국가의 정책

UNDERSTANDING THE CASINO INDUSTRY

세계 각국이 자국의 카지노 경쟁력을 높이기 위해 각종 규제를 완화하는 데 총력을 기울이고 있지만, 사회규제 차원에서 게임종류·영업시간·음주·광고·출입·입장료·회계관리·가격 등에 대한 규제를 실시하고 있다. 이러한 규제는 공공의 안녕과 질서를 위해 카지노의 과도한 사행심 유발이나 선량한 풍속을 해치는 행위를 사전에 방지하기 위해 카지노영업 전반에 대한 엄격한 법적 통제를 가하고 있다. 또한 카지노를 합법적으로 허용하는 국가에서도 범죄조직이나 탈세 등과 같은 위법행위를 방지하기 위해 다양한 형태의 법을 규정해놓고 있다. 카지노 허가요건에 관한 일반적 사례들을 살펴보면 다음과 같다.

① 과거에 범법사실이 없는 자(미국 사우스다코다주·미시시피주 등). 예를 들면, 과거에 금고 이상의 형을 선고받은 사실이 없는 자, 매춘알선, 미성년자에게 술을 판매한 사실 등의 위법행위로 형을 선고받은 사실이 없는 자

② 게임산업관련 법규를 준수할 능력과 의지가 있는 자(영국)

③ 관리능력과 재정능력을 겸비한 자(푸에르토리코)

④ 카지노 운영·관리에 경험이 풍부한 인력을 확보한 자(호주 퀸즐랜드주)

⑤ 카지노에 대한 추가수요가 반드시 예상되는 경우(영국, 바하마, 호주)

⑥ 1,000~1,500명 수용규모의 특급 호텔을 설립할 경우(터키)

⑦ 자본금의 60%를 시민이 출자할 경우(포르투갈)

⑧ 최소 자본규모가 150만 유로(ECU)(스페인)

⑨ 특정 지역에 한해 카지노를 허용(미국 뉴저지주 · 콜로라도주)

⑩ 복합리조트에 한하여 허용(싱가포르)

제1절

9 미국

1. 콜로라도

콜로라도에서는 옛 탄광촌의 경제를 활성화하기 위한 목적으로 카지노를 허용했다. 1990년 11월 9일 콜로라도에서는 주헌법을 수정하여 블랙호크(Black Hawk), 센트럴시티(Central City), 크리플크리크(Cripple Creek) 등 세 지역에 제한된 카지노게임을 승인했다. 1991년 7월 1일 콜로라도 게임위원회(Colorado Gaming Commission)가 설립되었으며, 같은 해 10월 게임운영이 본격적으로 시작되었다. 한편 2009년 콜로라도 카지노에 몇 가지 변화가 일어났다. 즉 1회 최고 베팅액이 5달러에서 100달러로 증가되었으나 2021년 5월부터 최고베팅금 100달러 상한도 폐지시켜 현재는 최고베팅을 2,500달러까지 허용하는 카지노도 운영중에 있다. 또한 카지노게임이 3가지 종류(포커 · 블랙잭 · 슬롯머신)에서 룰렛과 다른 테이블게임이 추가되었으며, 24시간 영업이 가능하게 되었다.

2. 네바다(www.gaming.nv.gov)

1) 네바다의 카지노정책

카지노산업이 가장 발달한 미국 네바다주도 카지노로 인한 부작용을 최소화하기 위해 다양한 규정과 법적 보완장치를 마련해두고 있다. 특히 라스베이거스가 가장 안전한 곳 중의 하나로 손꼽히는 것은 규정 및 규제 시스템과 이를 수행하는 500명 이상의 직원이 상주하고 있기 때문이다.

네바다가 주의 지위를 얻게 된 1864년 이래 일부의 게임이 허용되어 왔으나, 완전한 형태의 카지노가 합법화된 것은 1931년에 이르러서였다. 그해 경제대공황은 최고조에 이르렀으며, 새롭고 완전 개방된 네바다 게임법만이 경제를 회생시키고 세입을 증가시킬 수 있다고 믿었다.

1931년에 제정된 법안은 게임규정을 지역당국에 위임했으며, 주정부의 역할은 세금을 거두는 일에만 국한했다. 이러한 특성 때문에 네바다조세위원회에 게임에 대한 지배권이 주어졌다. 그 당시 법의 제정에도 불구하고 제2차 세계대전까지는 게임이 네바다의 주요 산업이 아니었으며, 단지 지역주민이나 광산노동자 또는 휴가 중인 군인들의 기분전환을 위한 오락물이었다. 네바다 게임산업이 붐을 이루기 시작한 때는 제2차 세계대전 이후이다. 그 이유는 인근 캘리포니아주의 인구가 증가하고, 자동차가 대중화되며, 에어컨 등 카지노 부대시설이 향상되고, 상업용 항공기가 늘어나며, 새로운 마케팅 및 유흥전략이 등장했기 때문이었다.

1955년 게임법의 제정을 담당하는 상임집행기관으로서 주정부 게임감독위원회(State Gaming Control Board)가 설립되었다. 그 외에 조세위원회는 포괄적인 규제시스템(System of Regulatory Control)을 채택했다. 1959년 허가와 규정에 대한 권한이 조세위원회에서 새로 구성된 네바다게임위원회(Nevada Gaming Commission)로 이양되었으며, 그 집행에 대한 책임은 주정부 게임감독위원회에 그대로 위임되었다. 이 두 감독기관은 카지노운영에 관한 부적격한 사람을 가려내고 제재하기 위해 엄격한 심사와 조사를 실시했다.

2) 게임감독위원회 및 게임위원회

네바다에서 카지노를 설립하고자 하는 자 또는 기업은 우선 게임감독위원회에 면허를 신청해야 한다. 이 위원회는 행정전문인(Administration), 공인회계사(CPA), 전직경찰(Law Enforcement)을 필두로 총 500명 정도로 구성되어 있으며, 위원회 안에 조사과, 행정과, 회계과, 전자게임 서비스과, 집행과, 세무・면허과, 안전관리과를 두고 있다.

조사과에서는 카지노면허가 신청되면 신청자의 배경뿐만 아니라, 재정상태와 자금의 투명성 여부 등을 조사한다. 조사과 내에 특수조사정보과에서는 카지노면허를 소지한 사람들의 범법행위를 조사한다. 최종적으로 조사가 끝나면 이 게임감독위원회에서는 카지노면허 신청인을 게임위원회(Gaming Commission)에 추천한다.

게임위원회는 카지노면허 발급에 대한 최종 결정을 내리며, 또한 게임관련 법규를 제정하는 기관이다. 이 위원회는 주지사에 의하여 임명되며, 총 5인으로 구성된다. 게임감독위원회에서 게임위원회에게 카지노면허 신청인을 추천할 때는 반드시 과반수의 찬성을 얻어야 하는 것은 아니다. 그러나 게임감독위원회에서 찬반이 1 : 2 또는 0 : 3으로 표결된 경우, 게임위원회에서 면허를 발급할 경우 만장일치가 필요하다. 게임감독위원회에서 과반수의 찬성을 얻은 경우에는 게임위원회에서 3 : 2 이상의 찬성만 얻으면 면허가 주어진다.

3) 게임정책위원회

게임정책위원회(Gaming Policy Committee)는 자문기관으로 주지사가 위원장이며, 그 외에 10명의 위원으로 구성된다. 게임정책위원회는 게임정책에 관한 포괄적인 문제를 토의하기 위해 설립되었다. 그러나 게임정책위원회는 자문역할을 담당할 뿐 어떠한 법적 의사결정을 갖는 것은 아니다. 게임정책위원회는 게임위원회에서 선임한 1명, 게임감독위원회에서 선임한 1명, 주상원의원 중 1명, 주하원의원 중 1명, 인디언 부족 중 1명, 일반 시민 중 2명, 비제한적 게임허가권자 중 2명, 제한적 게임허가권자 중 1명으로 구성되어 있다.

4) 세제

게임위원회가 게임허가권을 최종적으로 교부하면 신청자는 게임허가비, 세금, 기타 게임위원회가 부과하는 세금을 납부해야 한다. 세금의 종류 및 부과액은 다음과 같다.

① **분기별 게임허가세**

ⓐ 테이블게임

- 1～16대: 테이블당 US$125
- 17～26대: $2,000+추가 테이블당 $1,200
- 27～35대: $14,000+추가 테이블당 $700
- 36대 이상: $20,300+추가 테이블당 $25

ⓑ 슬롯머신: 머신당 20달러

② **연간 게임허가세**

ⓐ 테이블게임: 1대 100달러, 2대 200달러, 3대 400달러, 4대 750달러, 5대 1,750달러, 6～7대 3,000달러, 8～10대 6,000달러, 11～13대 대당 650달러, 14～16대 대당 1,000달러, 17대 이상 16,000+16대 초과 대당 200달러 추가

ⓑ 슬롯머신: 대당 미화 250달러

③ **월별 총수입비례세**

ⓐ A: 월 미화 5만 달러까지 총수입의 3.5%

ⓑ B: 월 미화 5만~13만 4,000달러인 경우(A+총수입의 4.5%)

ⓒ C: 월 미화 13만 4,000달러를 초과할 경우(A+B+총수입의 6.75%)

④ **카지노유흥세:** 연방정부에서는 카지노 유흥매출액(식음료 · 상품 · 입장료 등)에 대해 10%의 세금을 징수하며, 50대 미만의 슬롯머신과 5대 미만의 카지노기구를 운영하는 업체에 대해서는 이를 면제해준다.

5) 허가권의 종류

① **제한적 게임허가권**(Restricted License): 15대 미만의 슬롯머신(테이블게임시설은 없는 경우)만을 운영하는 자에게 발급되는 게임허가권으로 허가기간은 1년이며, 분기별로 갱신된다.

② **비제한적 게임허가권**(Non-restricted License): 15대 이상의 슬롯머신이나 테이블게임을 1대 이상 운영하는 자에게 제공되는 허가권으로 허가기간은 1년이며, 분기별로 갱신된다.

③ **제조업자 · 공급자 게임허가권:** 게임기구 및 게임장비를 제조하거나 판매하는 자에게 제공되는 허가권으로 1년을 기준으로 허가한다.

④ **슬롯머신 장소임대운영자:** 제한이나 비제한적 게임허가장소를 임대해 슬롯머신을 운영하는 자에게 발급하는 게임허가권으로 1년을 기준으로 허가하며, 분기별로 갱신된다.

⑤ **스포츠 중계방송업자:** 스포츠경기의 확률을 제공하거나 경마를 생중계하는 자에게 제공한다.

6) 네바다주의 카지노규정

(1) 게임승인

복권을 제외한 모든 형태의 게임은 네바다법에 의해 승인된다. 여기에는 실제 게임, 게임기구, 레이스북, 스포츠 풀(Sports Pools), 하이알라이, 경견 · 경마를 포함하며, 그 외에도 베팅을 하는 게임종류인 바카라, 블랙잭, 빙고, 슈망드페르(Chemin de Fer), 키노, 클론다이크(Klondike), 몬티, 빠이가우, 룰렛, 포커, 휠오브포천 등을 포함한다.

라스베이거스에서는 게임장소를 '게임사업지구'로 지정된 곳에 한정한다. 가령 게임장소가 교회나 학교 · 병원 · 놀이터 · 미술관 및 군대와 가까이 있거나 경찰서에서 너무 멀리 떨어져 있다면 게임당국은 게임허가를 거부할 수도 있다.

(2) 규정형태

게임허가가 되면 운영권은 민간기업에 주어진다. 게임의 허가와 규정업무는 주정부와 관할 지방정부 간에 양분된다. 주정부는 게임을 허가하고 감독하는 권한을 게임감독위원회와 게임위원회의 두 기관에 위임한다. 지방정부도 게임을 허가하고 규정하는 같은 권한을 갖고 있으나, 게임허가를 주로 세금징수의 목적으로 이용할 뿐 규제를 위한 어떠한 권한도 행사하지 않는다.

(3) 게임종류

법에 의해 명시되었거나 위원회에서 인정한 게임만이 가능하며, 유일하게 금지된 게임은 추첨식 복권이다. 인정된 게임으로는 파로(Faro), 몬티, 룰렛, 키노, 빙고, 판탄, 블랙잭, 클론다이크, 크랩, 포커, 차카락, 다이사이, 휠오브포천, 슈망드페르, 바카라, 빠이가우, 빠이가우 포커, 레드독, 비트더뱅커(Beat the Banker), 피라미드 다이스(Pyramid Dice) 등이다. 스포츠북은 네바다팀과 연관된 행사나 네바다에서 열리는 아마추어행사, 선거 외에 합법적인 스포츠행사에 베팅할 수 있는 게임이다.

(4) 한계 및 규칙

허가취득자는 베팅액과 게임에 대한 상금(키노 제외)의 한도액을 그들 스스로가 설정한다. 키노의 경우는 게임감독위원회에서 최고 한도액을 승인하지 않는 한 상금으로 지불될 수 있는 액수는 25만 달러로 정해져 있지만, 몇몇 카지노에서는 100만 달러까지 지불하기도 한다.

7) 네바다주의 카지노 허가규정

(1) 운영자

게임운영에 종사하는 모든 사람은 허가를 받아야 하며, 허가권의 종류에는 제한적 허가권과 비제한적 허가권 및 슬롯루트 운영허가권의 3가지 형태가 있다. 제한적 허가권은 슬롯머신을 주사업에 부수되는 게임으로 설치할 수 있으며, 14대까지 허용한다. 비제한적 허가권은 1대 이상의 테이블게임을 운영하거나 15대 이상의 슬롯머신을 운영할 수 있도록 허용한다. 슬롯루트 운영허가권은 운영자가 다른 사람의 사업장에 슬롯머신을 설치하고 그 이익금을 나누어 가질 수 있도록 허용하고 있다(단, 그 사업장의 소유자가 허가권을 얻은 경우에 한함). 슬롯루트 운영자는 또한 장소를 임대하고 다른 사람의 사업장에 슬롯머신을 설치할 수 있다(단, 임대장소에 대한 별도의 제한적 허가권을 받아야 함).

(2) 건물주

만일 건물주가 적격하지 않거나 허가를 얻지 못한 경우 임대료를 게임수입에 기준한 비율로 받을 수 없다. 비록 건물주가 고정된 임대료를 받고 있다 할지라도 게임당국은 건물주에게 허가권을 얻도록 요구할 수 있다. 네바다법에 따르면 건물주의 부적격성이 발견되면 임대기간은 자동적으로 만료된다.

(3) 종업원

허가목적으로 보면 2가지 부류의 종업원이 있다. 첫 번째 부류는 간부급 종업원(Key Employee)으로 카지노운영에 영향력이 있고, 하위종업원을 채용 또는 해고하며, 교대근무를 감독하고, 무료숙식권을 제공하는 권한을 갖는다. Key Employee가 되기 위해서는 네바다주 경찰국의 강도 높은 Background 체크를 반드시 통과해야 한다. 허가취득자는 '연도별 주(州)종업원 보고서'를 작성하여 보관해야 하며, 그 보고서에 기록된 종업원은 적격성 여부를 판단하기 위해 소환대상이 된다.

두 번째 부류는 게임종업원으로 딜러, 박스맨(Boxman), 출납원, 경비원, 시프트보스, 피트보스, 감독관, 매니저, 기타 게임의 운영에 종사하는 종업원을 말한다. 지역 게임당국에 의해서 발부된 유효한 고용허가증을 소유하지 않으면 게임종업원으로 종사할 수 없는 경우가 대부분이다. 다음과 같은 경우 고용허가증의 발부가 거부될 수 있는데, 그 이유로는 고용허가지원서에 허위진술한 경우, 전직장에서 게임법을 이행하지 않은 경우, 정부기관에 의하여 조직범죄의 일원으로 확인된 경우, 집행유예 중에 있는 경우, 이전에 고용허가를 거절당한 경우 등을 포함한다. 고용허가를 거부당한 사람은 게임위원회에 소송을 제기할 수 있으며, 여기서도 거부당한 경우는 법원에 상고할 수 있다.

(4) 전문모집인

전문모집인은 네바다주 외의 지역에서 정켓이라 불리는 특별고객들을 위해 교통이나 숙박 등 서비스를 제공할 목적으로 카지노업체와 계약하는 사람을 일컫는다. 여기서 '특별고객'이란 허가취득 게임업체에서 유인책으로 주당 1,000달러에 해당하는 교통비·숙식비를 무료로 제공받는 사람들이다. 전문모집인은 게임자가 실제 잃은 액수의 비율을 기준으로 수수료를 받으며, 사전에 게임감독위원회에 등록해야 한다.

(5) 게임기구

게임의 결과를 결정짓는 기구 및 장비를 생산 또는 판매 · 유통하는 자는 허가를 받아야 한다. 또한 카지노게임 관련장비들은 설치 또는 사용 전에 승인을 받아야 하며, 게임에 관여한 사람들과 마찬가지로 게임기구의 생산자나 유통업자 또는 판매자는 적격성 여부를 판단할 때 소환대상이 된다. 이러한 장비로는 게임동전, 주사위, 놀이카드, 슬롯머신 연결시스템, 동전무게장비, 게임머신 추적시스템, 전산화된 경마 및 스포츠북 장비 등을 포함한다.

(6) 노동조직

게임종업원을 대표하는 노동조직은 주요 간부목록을 게임위원회에 제출해야 한다. 주요 간부란 불만사항을 처리하고, 봉급 · 근무시간 · 작업조건을 협상하는 사람들이다. 간부들은 신상명세서 · 범죄사실기록 · 조합직무명세서 등을 제출해야 한다. 게임위원회에서는 이를 조사할 권한을 가지며, 도덕적 타락을 유도한 범죄나 비윤리적 영업행위를 저지른 자, 위원회를 속인 자, 조직범죄에 연루된 자 등의 자격을 박탈한다.

3. 뉴저지

미국 뉴저지주에는 게임집행부와 카지노감독위원회를 두고 있다. 게임집행부는 1명의 디렉터(Director)만으로 구성되어 있으며, 기능은 네바다주의 게임감독위원회와 같다. 카지노감독위원회는 카지노면허 발급의 최종 결정을 내리는 기관으로 총 5명으로 구성되어 있다. 신청자가 면허를 받기 위해서는 4명 이상이 찬성해야 한다.

▲뉴저지 애틀랜틱시티 카지노감독위원회

제2절 영국

1. 게임정책

모든 카지노는 1968년 제정된 게임법안에 의하여 운영되며, 이 법안에 따라 설립된 게임위원회에 의하여 엄격하게 감독되고 있다. 영국법에 따르면 카지노업체는 게임을 장려해서는 안되며, 현존수요만을 충족시키는 범위 내에서 허가된다. 모든 카지노는 회원제에 의한 클럽형태로 운영되기 때문에 클럽회원들과 동반자 1인만이 허용된다. 카지노는 게임위원회에 의한 엄격한 심사를 통해 허가되며, 게임수요가 실제로 존재한다고 확신할 때만이 허가된다. 등록될 회원들은 적어도 18세 이상이어야 하고, 신청서를 작성해야 하며, 클럽시설 내에서 게임할 의사를 밝히는 신고서에 서명해야 한다.

2. 게임위원회의 조직

영국의 게임법에 따라 설립된 게임위원회(Gambling Commission: www.gamblingcommission.gov.uk)는 내무부 산하기관으로 위원장과 내무부장관이 임명한 6명의 비상임위원으로 구성되어 있다. 또한 본부와 5개 지역사무소에 34명의 전문감독관을 포함하여 70명 이상의 직원이 업무를 담당하고 있다. 게임위원회의 부서는 회계부, 검사·조사과, 카지노부, 빙고부, 머신부, 복권부로 구성되어 있다.

3. 게임위원회의 역할

1) 카지노 허가 여부 심사 및 면허권의 조건

영국의 게임법에 의하면 게임위원회의 동의 없이는 카지노 허가증을 발급할 수 없도록 되어 있다. 또한 국무장관은 카지노와 관련된 규정을 입법할 때 반드시 게임위원회의 자문을 받도록 되어 있다. 게임위원회는 카지노 허가에 관한 신청서가 접수되면 신청자의 자격요건과 재정상태 및 법규준수 여부 등을 심사한다. 게임위원회는 심사결과를 지방면허기관(Local Licensing Authority)에 통보하여 면허교부 여부를 결정하게 한다.

2) 카지노종사원의 승인 및 자격증 부여

영국의 게임법에 따르면 게임위원회는 카지노종사원의 자격을 심사하여 결격사유가 없는 경우 자격증을 부여하도록 하고 있다. 카지노종사원 자격증의 종류는 카지노딜러(청색), 카지노영업장 내 감사(황색), 카지노영업장 내 감독자(녹색), 카지노매니저(회색), 카지노 이사 및 임원(백색), 빙고클럽 매니저(분홍색) 등 6가지 색깔별로 구분되어 있다(문화체육부, 1997).

3) 카지노 경영감독 및 관리

게임위원회의 감독관과 경찰관은 카지노업체들에 대해 수시로 합동수사를 하도록 되어 있다. 게임위원회에서는 카지노와 빙고게임 외에도 복권과 비(非)카지노게임을 감독한다. 게임위원회는 카지노와 빙고클럽의 이익을 대변하는 단체들과의 협의를 통해 내부통제제도와 재정·게임운영의 문제점 등을 논의하여 관리방안을 모색한다. 예를 들면, 카지노협회는 내부적으로 카지노산업의 표준화·시행규칙·운영지침·법령해석 등의 서비스를 제공할 뿐만 아니라, 외부적으로는 주요 현안에 대해 정부나 게임위원회 및 매스컴을 상대로 카지노산업의 이익을 대변한다.

4) 카지노 게임기구 판매업자 및 관리업자에 대한 면허증 교부

영국의 게임법에 따르면 게임기구를 판매·보급하거나 유지·보수하는 자는 게임위원회에게서 면허를 받도록 되어 있다. 머신게임의 종류에는 상금이 비교적 높은 잭팟머신과 상금이 비교적 낮은 AWP(Amusement with Prizes)머신이 있다(문화체육부, 1997). 게임법에 의하면 잭팟머신은 카지노나 빙고클럽 내에 2대 이상 설치할 수 없었지만, 2005년부터 테이블 설치대수당 8대까지 설치할 수 있는 법이 시행되었으며, AWP머신은 영업허가증에 명시된 지역에 한해서 설치할 수 있도록 되어 있다.

제3절 호주

1. 카지노정책

호주 카지노의 특징은 지역개발 차원에서 카지노를 허가해주고 있다는 점이다. 즉 카지노개발은 전통적으로 주정부가 세입을 증대시키고 대규모 지역개발을 수행하는 수단으로 이용해 왔으며, 이를 위해 선정된 카지노업체에게 일정 기간 동안 독점권과 장기운영권을 부여한다.

2. 카지노감독위원회

현재 호주에는 주마다 카지노감독위원회가 설치되어 있으며, 카지노를 관리·감독하고 있다. 영국과 같이 호주에서도 카지노수요가 반드시 존재해야 카지노를 허가할 수 있다. 만일 카지노수요가 존재한다고 판단되어 카지노를 허가할 경우 여러 신청자들에 대한 범죄사실 유무, 자금흐름 추적(검은손과의 연루 여부), 향후 세금납부액 등을 조사하기 위해 카지노감독위원회[1]가 먼저

▲카지노감독위원회

▲카지노 내 Compliance Department

설립된다. 다시 말하면 '선 카지노감독위원회 설립, 후 카지노 허가방식'을 취한다. 따라서 카지노의 투명성 보장과 사회적 부작용을 최소화할 수 있는 방안 및 조치들을 마련해놓은 후에 카지노를 허가하기 때문에 매우 효율적인 감독시스템이라고 할 수 있다. 또한 카지노업체에 대한 의존도를 배제하고 독립성을 유지하기 위해 카지노감독위원회의 운영비는 주정부에서 직접 지원을 받는다. 카지노장 내부에는 규정을 준수할 수 있도록 Compliance Department가 있으며, 여기에는 전직 카지노감독위원회 직원이 근무하고 있다.

시드니가 속해 있는 뉴사우스웨일스주의 카지노감독위원회는 50명의 직원으로 구성되어 있으며, 이 중에서 25명은 카지노관련 업무를 담당하고, 22명은 라이선스 업무를 담당한다. 카지노업무 담당관들은 카지노감독관·회계감사관·매니저로 구성되어 있다. 카지노감독위원회에서는 카지노가 준수해야 할 사항으로 운영자, 카지노시설, 카지노 운영 및 관리, 범죄, 사회적 부작용(도박중독 등) 등을 포함하고 있으며, 이의 준수 여부를 조사하여 문제점 및 개선방안을 포함한 공식보고서를 상급기관에 제출한다.

1 카지노감독위원회에서 신청자를 선정할 때의 기준은 ① 과거에 범법사실이 있는지의 여부(자본출처 포함), ② 카지노와 부대시설에 대한 미적 디자인 여부, ③ 주정부에 대한 세금납부액에 기초함.

제4절

마카오 · 싱가포르 · 말레이시아

1. 마카오

1) 게임감찰조정국(DICJ)

마카오는 카지노뿐만 아니라 복권, 경마, 경견과 같은 사행산업 부문을 감독하기 위해 1930년 마카오 게임감찰조정국[DICJ: Direccao de Inspeccao e Coordenacao de Jogos(Macao Gaming Inspection and Coordination Bureau)]을 설립하여 운영하고 있다. 게임감찰조정국에서 관할하는 카지노관련 법령을 살펴보면, 카지노와 관련된 운영규칙, 대주주와 경영진의 요건, 카지노관련 세금, 전문모집인 자격, 카지노게임의 신용(Credit) 관리 및 운영 등을 포함한다.

2) 카지노 자유화의 이정표(Milestones of Casino Liberalization)

마카오는 2000년 7월 게이밍위원회가 설립되었고, 2001년 8월 새로운 게이밍법이 제정되어 3개 영업권(Concession)이 부여되었다. 2001년 10월에서 2002년 2월 공개입찰과정을 통해 3개 영업권자(Concessionaire)가 승인됨에 따라 SJM(Sociedade de Jogos de Macau, subsidiary of STDM), Galaxy Casino, Whynn Casino가 선정되었다.

또한 1차 영업권을 허가받은 업체(Galaxy) 내부 간 운영방식에 있어 이견이 발생하여 주영업권자 밑에 하위영업권(Sub-concession)으로 분리했으며, 그 결과 Venetians Macao가 하위영업권자로 승인되었다. 이에 따라 SJM과 Wynn도 형평성 차원에서 하위영업권자가 승인되었고, 그 결과 SJM은 MGM Grand Paradise를 하위영업권자(2005년 4월), Wynn은 Melco PBL Jogos(Macau)를 하위영업권자(2006년 9월)로 각각 승인되었다.

3) 새로운 게이밍 법률: "Macau 2.0"

마카오는 'Macau 2.0' 비전이란 새로운 게이밍법 발표를 통해 카지노와 Non-gaming 개발에 대한 명확한 방향을 설정했으며, 주요 내용을 요약하면 다음과 같다(Ho & Phillips, 2023).

(1) 게이밍 영업권자(카지노 운영자)[Gaming Concessionaire(Casino Operator)]

게이밍 시설은 마카오 행정관의 승인을 받아야 하는데, 현재 마카오에는 6개 영업권자에 의해 30개의 카지노가 승인되었으며, 여기에는 위성카지노(Satellite Casino)도 포함된다. 영업권자는 마카오 법인상장 주식회사여야 하고, 최소 자본금은 MOP 50억(USD 6억 2,500만)이며, 법인 설립 시 주식자본금은 전액 현금으로 지급해야 한다. 또한 5% 이상의 주주는 양도, 주식, 귀속의 의결권과 관련된 사전 규제 승인을 득해야 한다.

각 영업권자는 한 명의 상무이사(Managing Director)에게 관리권한(관리자 대리인)을 위임해야 하며, 상무이사는 마카오의 영주권자여야 하고, 그 영업권자 지분의 15% 이상(이전에는 10%)을 보유해야 한다. 또한 상무이사 선임은 적합성(자격요건)과 마카오 행정관의 승인을 득해야 한다. 마카오에서 영업권자는 다른 주체(예 정켓 프로모터, 위성카지노 관리회사)와 게임수입을 공유하는 것이 금지되며, 운영권자는 내부통제요건, 책임도박(Responsible Gambling), 그리고 게임감찰조정국(DICJ)에서 수시로 통보되는 지침들을 준수해야 한다.

(2) 위성카지노 관리회사(Management Company of Satellite Casino)

위성카지노는 라이선스를 받은 영업권자(Concessionaire)에 의해 운영되는 시설이지만, 제3자에 의해 소유되고 관리되며, 관리회사는 영업권자와의 관리계약 하에 위성카지노 구역을 관리한다. 또한 위성카지노 관리회사는 마카오 행정관(Macau Chief Executive)에 의해 승인되며, 한 영업권자 이상에게 관리(경영) 서비스를 제공해서는 안 된다.

관리회사는 MOP 150만(USD 187,500)을 마카오 정부에 보증해야 하고, 영업권자와 관리회사는 수익을 나누거나 커미션을 기준으로 해서는 안 되며, 경영커미션(Management Fee)만으로 보수를 받을 수 있다. 관리회사는 고용하기 전 관리계약은 마카오 행정관(Macau Chief Executive)에 의해 승인되며, 이 계약서에는 서비스 범위, 카지노 범위, 계약기간, 커미션, 지불방식을 포함해야 한다. 관리회사는 카지노관리계획을 준비하여 게임감찰조정국(DICJ)에 제출해야 한다. 현재 위성카지노는 전체 30개 카지노 중에서 11개이며, 영업권자가 2023년부터 10년 간 새로운 영업권을 부여받음에 따라 10년 간 운영된다.

(3) 게이밍 프로모터(정켓 프로모터)[Gaming Promoter(Junket Promoter)]

게이밍 프로모터는 카지노에서 승인된 게임판촉활동에 종사하는 회사를 의미하는데, 마카오는 카지노업체를 위해 VIP 고객을 유치하는 게이밍 프로모터에 대한 라이선스 시스템을 운영하고 있다. 마카오 정켓은 전통적으로 카지노업체의 마케팅 에이전트로서 역할을 하며, 고액베팅 VIP 고객을 모집하고 서비스를 제공하는 책임이 있다. 지난 20년과 달리 정켓 프로모터의 라이선스를 발급・갱신・취소하는 기관은 게임감찰조정국(DICJ)이 아닌 재정경제비서관의 권한 안에 있다. 마카오는 게이밍 프로모터 라이선스를 다른 사람에게 이전하지 못하도록 하고 있다.

카지노와 영업권자 당 연간 최대 게이밍 프로모터 수는 일정 수준으로 정해져 있으며, 지역 게이밍개발정책과 영업권자들의 전반적인 운영여건에 달려 있다. 정켓회사의 최소 자본금은 MOP 1,000만(USD 125만)으로 설정되어 있고, MOP 150만(USD 187,500)도 라이선스를 위해 납부해야 한다. 모든 영업권자가 게임수입을 다른 주체와 공유하는 것이 금지되어 있기 때문에 게임 프로모터도 롤링칩 양의 합의된 비율에 따라 커미션 방식으로 보수를 받을 수 있다. 마카오는 정켓 커미션 비율을 순베팅금액(순롤링)의 최대 1.25%까지로 제한하고 있다. 과거와는 달리 새로운 법하에서 게이밍 프로모터는 하나의 카지노 영업권자와만 계약을 맺고 영업할 수 있다.

(4) 협력자(정켓 대리인)[Collaborators(Junket Agents)]

협력자(대리인)란 게이밍 촉진업무를 수행하기 위해서 게이밍 프로모터에 의해 선정된 자연인이며, 이들 하위대리인은 게임감찰조정국(DICJ) 감독관(Director)의 승인을 받아야 한다. 협력자는 플레이어들을 모집하고, 정켓으로부터 커미션을 대가로 데드칩(비현금)을 판매하는 역할을 수행한다.

또한 협력자는 게이밍 크레딧을 플레이어에게 확대하고, 다른 사람이나 자신의 이름 또는 다른 사람의 이름으로 카지노칩과 현금을 입금하는 것이 금지된다. 이러한 승인된 대리인들은 한 정켓 이상과 일할 수 있지만 게임감찰조정국에서 카지노에서 운영할 수 있는 연간 최대 협력자 수를 결정할 수 있으며, 승인된 협력자들의 보증금은 MOP 500,000(USD 62,500)이다.

(5) 게임세(Gaming Tax)

마카오의 게이밍 세제 시스템은 특별게임세(Special Gaming Tax), 특별부담금(Special Levies), 연간 게임수수료(Annual Gaming Premiums)로 구성된다. 마카오는 영업권자에게 총게임수입(GGR: Gross Gaming Revenue)의 35%에 해당하는 특별게임세를 부과하고, 총게임수입(GGR)의 2%에 해당하는 사회·경제·문화 개발을 위한 공공기금(Public Fund)을 부과하며, 도시개발·관광진흥·사회보장을 위한 3%의 추가세금을 부과한다.

위의 40% 게임세와는 별개로 연간 고정 및 변동 수수료(Premium)가 부과되는데, 영업권자는 연간 영업권에 대해 고정수수료로 MOP 3,000만(USD 375만)를 납부해야 한다. 또한 변동수수료로 Mass-market 게임 테이블은 연간 MOP 150,000(USD 18,750), 특별용도(예 VIP)로 예약된 게임 테이블은 MOP 300,000(USD 37,500), 각 게임머신은 MOP 1,000(USD 125)가 부과된다.

(6) 세금 인센티브제도(Tax Incentive Scheme)

외국인 관광시장을 개척하는 것은 다양한 게임산업을 개발하기 위한 마카오 정부정책의 핵심요소 중 하나로 중국 외 지역의 여가 및 비즈니스 관광객을 유치하는 영업권자에게 세금 인센티브를 제공한다. 이에 따라 일반대중 카지노 층과는 별도의 외국인들을 위한 지정된 게임구역을 설치할 수 있으며, 외국인들을 위해 지정된 게임구역에서 발생한 총게임수입(GGR)은 특별추가부담금(5%)이 제외된다.

(7) 최대 테이블 수와 최소 총게임수입

영업권자에게 부여되는 매년 테이블 및 머신 수는 다양한데, 마카오 경제, 게이밍 정책, 운영측면과 Non-gaming을 포함한 투자에 달려 있다. 최대 테이블 및 머신 수는 6,000~12,000개이다. 또한 영업권자는 게임활동에 대한 최소한의 수익을 발생시키도록 요구되며, 각 테이블과 머신에 대한 연간 수입은 각각 MOP 700만(USD 875,000), MOP 300,000(USD 37,500)이며, 요구된 최소 수익을 충족하지 못할 경우 세금차액과 동일한 특별 수수료가 세금의 부족분을 보상하기 위해 청구된다.

(8) 공정한 사업으로서의 책임도박(Responsible Gambling)

영업권자는 인식과 보호장치를 통해 도박폐해를 줄여야 하며, 이를 위해 영업권자는 카지노장 내 책임도박 정책과 프로그램을 실행할 의무가 있다. 특히, 모든 게임관련 정보 또는 활동은 카지노의 게임구역에서만 유포될 수 있으며, 외부유포 시에는 마카오 해당 관할권의 법률을 준수해야 한다.

책임도박은 플레이어 대면 커뮤니케이션, 카지노 직원을 위한 책임도박 교육, 적절한 지원과 상담을 제공하는 전문팀을 포함하여 게임운영과 통합되어야 하며, 영업권자는 21세 미만 개인의 카지노 출입, 근무 및 도박을 금지하고, 시의 책임도박법에 따른 기타 요구사항을 준수하도록 해야 한다. 영업권자는 책임도박 실행과 차년도관련 계획을 포함한 연간보고서를 제출해야 한다.

(9) 공정한 사업으로서의 기업의 사회적 책임(CSR: Corporate Social Responsibility)

마카오 게이밍법은 영업권자에게 윤리적으로 사업을 수행하고 도시의 사회·경제적 발전에 기여하도록 규정하고 있다. 영업권자의 사회적 책임(CSR)은 지역 중소기업 지원, 지역산업의 다양화 지원, 노동권익 보장 및 포괄적 고용, 공익활동·교육·과학기술·환경보호·문화·스포츠활동 지원을 포함한다.

(10) Macau 2.0의 주요 시사점

가) 카지노 게이밍 통제 강화

마카오는 최근 게이밍산업의 규제시스템을 강화하고 있는데, 카지노 게이밍 생태계는 마카오 정부의 엄격한 감독을 받고 있다. 특히 새로운 게이밍 규제시스템은 카지노에 관련된 다양한 그룹을 규제하고 감독한다. 모든 관련 당사자는 청렴한 배경을 유지해야 하고, 불미스러운 일에 연루되지 말아야 한다.

나) 게이밍보다 Non-gaming 우선 시

마카오의 명시된 정책은 항상 게이밍으로부터 벗어나 다양화된 경제구조로 확장하는 것인데, 다양한 Non-gaming(호텔, 컨벤션센터, 테마파크, 공연장 등) 프로젝트가 영업권 요건과 다양한 소비자 니즈를 충족하기 위해 영업권자에 의해 요구된다. 영업권자들은 향후 10년에 걸쳐 자본집약인 프로젝트를 실시할 것이며, 공약한 Non-gaming 및 매력물에 대한 투자는 다양한 여가활동을 제공하여 결국 카지노가 아닌 관광과 엔터테인먼트의 원천이 될 것이다.

다) Premium Mass로의 전략적 선회

영업권자가 해외관광객을 유치하는 것은 마카오 정부의 정책이다. 따라서 마카오는 도시의 전략적 목표에 기여하지 않는 VIP 중심의 비즈니스에 더 이상 의존하지 않는다. 마카오의 비즈니스 초점은 정켓 모델에서 벗어나면서 해외시장은 영업권자가 Premium Mass와 레크리에이션 플레이어 모두를 두 배로 늘리는 것이며, 특히 양질의 고급 고객을 목표로 하는 Premium Mass-market은 마카오 카지노들을 위한 전략적 목표로, 게이밍산업의 잠재적인 핵심 수익 추진요인이다. 마카오 정부는 해외관광객을 유치하기 위해 해외고객으로부터 발생한 게임수입에 대해서는 총게임수입의 5%를 공제해준다.

2. 싱가포르

1) 갬블링규제위원회(Gambling Regulatory Authority)

싱가포르는 2006년 통과된 카지노규제법(Casino Control Act)을 토대로 2008년 내무부 산하에 카지노규제위원회(Casino Regulatory Authority)를 설립했다. 카지노규제위원회에서는 카지노 인·허가와 운영에 관한 관리감독을 수행한다. 그런데 카지노규제위원회는 2022년 갬블링규제위원회(Gambling Regulatory Authority)로 변경되었으며, 이 위원회는 2022년 갬블링규제위원회법(Gambling Regulatory Authority Act), 2022년 갬블링규제법(Gambling Control Act), 그리고 2006년 카지노규제법(Casino Control Act) 하에 권한을 부여받았으며, 갬블링산업을 규제하기 위한 규정을 만드는 권한이 주어진다.

갬블링규제위원회는 감사부문을 두고 있으며, 크게 운영부문과 정책·개발부문으로 나뉘어져 있다. 운영부문은 규정준수, 장비, 조사, 면허발급·모니터링, 운영정책, 연구·분석, 감독부서 등을 포함하며, 정책개발부문은 재정·자원관리 서비스, 인적자원관리, 정보통신기술, 법률서비스, 갬블링정책·계획·커뮤니케이션 부서 등을 포함한다.

싱가포르에서는 복합리조트(IR) 내 카지노 면적을 전체의 5% 이내로 제한하고, 대신 Non-gaming

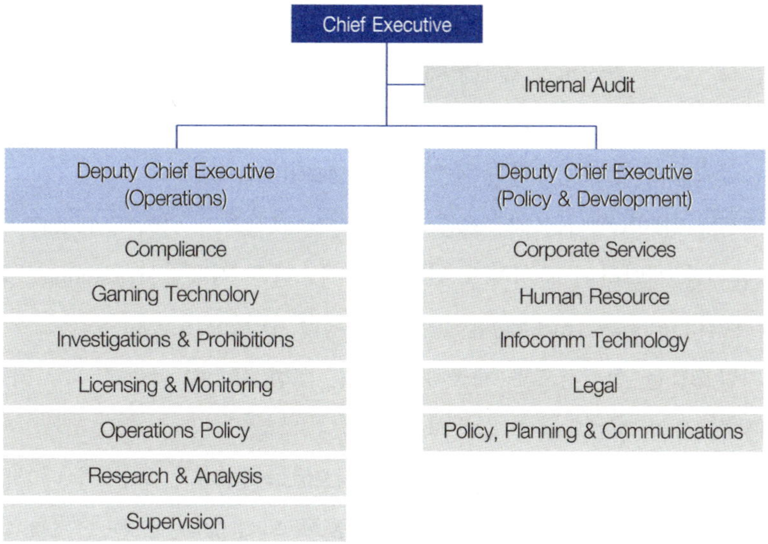

자료: https://www.gra.gov.sg/who-we-are/organisation-structure

[그림 10-1] 갬블링규제위원회 조직도

시설(호텔, 전시장, 쇼핑, 놀이공원, 박물관 등)은 전체의 90% 이상을 차지하도록 규정하고 있다. 또한 싱가포르는 2030년까지 2개의 복합리조트만 운영하는 것으로 규정하고 있다.

3. 말레이시아

말레이시아 카지노에는 내국인 중 회교도인(Muslims)은 출입할 수 없다. 참고로 말레이시아 인구 중 회교도인 비율은 약 60% 이상을 차지한다. 또한 21세 미만의 미성년자는 카지노에 출입할 수 없다. 그 밖에 조직폭력배 · 범죄자 · 돈세탁가능자 · 신용불량자 등도 카지노에 출입할 수 없다. 리조트월드겐팅 카지노를 출입하기 위해서는 내국인의 경우 신분증(ID)을, 외국인의 경우 여권(Passport)을 반드시 지참해야 한다. 카지노장 입구에서는 보안요원(Security)들이 신분증이나 여권을 검사한다. 회교도인들의 이름은 종교적으로 지어지기 때문에 신분증을 제시할 경우 이를 쉽게 식별할 수 있다고 한다.

카지노장의 보안요원은 전직경찰이 대부분이고, 나머지는 군출신으로 구성되어 있다. 또한 리조트월드겐팅 입구에는 경찰병력이 파견되어 배치되어 있으며, 경찰청과 협조체제가 잘 이루어져 있어 조직폭력배 · 범죄자 · 돈세탁가능자 · 신용불량자 등에 관한 사전정보를 통해 이들의 출입을 금지시키고 있다. 카지노장 출입구에는 금속탐지기가 설치되어 있어 총기류를 소지한 사람을 사전에 검색할 수 있다. 금속탐지기의 모양은 비교적 자연스럽게 설치되어 있으며, 공항에 설치되어 있는 금속탐지기보다는 훨씬 자연스러워 보인다.

리조트월드겐팅 카지노에서는 자금흐름의 투명성을 보장하기 위해 Dynamic Reporting System 이란 소프트웨어를 개발하여 운영하고 있다. 이 시스템은 회계감사(Auditing), 회계(Accounting), 고객추적 및 관리(Customer Tracking)를 동시에 수행할 수 있으며, 재무부와도 온라인으로 연결되어 있어서 자금흐름을 실시간으로 제공하고 있다. 또한 재무부 소속직원도 카지노에 파견되어 영업시간(24시간) 동안 자금흐름을 감독하고 있다.

Dynamic Reporting System은 다음과 같은 방식으로 작동된다. 우선 각 테이블의 딜러는 칩스 환전 시 고객에게서 받은 현금을 단말기에 입력하도록 되어 있다. 또한 콤프를 받기 위해 자신의 기록을 입력하기를 원하는 사람은 카지노 카드를 제시하면 딜러가 단말기에 입력한다. Dynamic Reporting System에는 개인의 기록뿐만 아니라, 카지노수입, Win과 Loss 상태 등 자금흐름에 관한 상세한 정보들이 실시간으로 저장되어 있다. 그러나 이 시스템에 접근할 수 있는 직원은 극히 제한되어 있으며, 정보를 확인하기 위해서는 이 시스템에 패스워드를 입력해야 한다. 이 시스템은 리조트월드겐팅 카지노에서 오랫동안의 노력 끝에 개발하여 사용해 왔으며, 정부로부터 카지노 자금의 투명성을 검증받는 데 결정적인 역할을 해왔다.

카지노고객의 안전을 위해 당첨금에 대해서는 원칙적으로 현금을 가지고 이동하지 못하도록 하고 있으며, 필요한 경우 보안요원을 동행시켜 고객의 신변을 보호하거나 영수증으로 대체 또는 송금해준다. 리조트월드겐팅 내에는 전당포가 한 곳도 없다. 대신 환전소와 현금인출기가 설치되어 있다. 또한 고리대금업자가 발붙일 수 없도록 하기 위해 직원과 보안요원 그리고 CCTV가 이를 철저히 감시하고 있다.

▲ Dynamic Reporting System

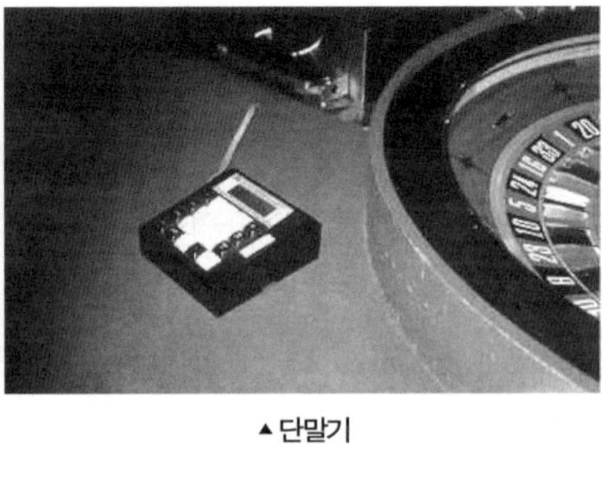
▲ 단말기

제5절
한국

1. 사행산업통합감독위원회

사행산업통합감독위원회(이하 '사감위')의 설립은 2005년 바다이야기라는 아케이드게임이 등장하면서 2006년 이로 인한 사행성과 중독성이 전국에 걸쳐 심각해짐에 따라 NGO에서 사행산업에 대한 관리감독의 필요성을 제시하면서 시작되었다.

사감위는 2007년 1월 26일 「사행산업통합감독위원회법」의 제정・공포로 2007년 9월 17일 국무총리 산하기관으로 설치되었다. 사감위의 주요 임무는 사행산업 건전화를 위한 통합적 관리・감독을 목적으로 하고 있다. 사감위는 합법화된 사행산업을 관리・감독하고 있는데, 여기에는 경마・경륜・경정・카지노・복권・체육진흥투표권(스포츠토토)・소싸움경기를 포함한다.

2. 사행산업통합감독위원회 조직 및 기능

사감위는 위원장 1명, 위촉직 위원 10명, 당연직 위원 4명(차관급: 기획재정부・행정자치부・문화체육관광부・농림축산식품부)으로 구성되어 있다.

사감위 조직은 위원장 밑에 사무처장, 그 밑에 기획총괄과, 예방치유과, 감독지도과, 조사홍보과, 불법사행산업감시신고센터로 구성되어 있다. 기획총괄과는 사행산업관련 기획총괄과 총량조정 및 관리업무, 예방치유과는 중독실태 조사연구와 한국도박문제관리센터 지도 및 감독업무, 감독지도과는 사행산업 현장 감독 및 지도업무, 조사홍보과는 사행산업관련 조사연구와 대국민 홍보업무를 담당한다. 또한 불법사행산업감시신고센터는 불법도박에 대한 단속과 수사의뢰 및 모니터링을 담당하고 있으며, 현직 경찰이 파견되어 근무하고 있다.

한편 미국이나 호주와 같은 선진국에서는 게임감독위원회가 허가권과 감독권을 동시에 갖고 있다. 우리나라의 경우 정부부처에서 허가권을 갖고, 사감위는 감독권만을 갖는 이원화 구조를 갖고 있다. 가령 카지노업의 경우 문화체육관광부가 허가권을 갖고 있고, 사감위는 감독권을 갖고 있다. 따라서 장기적으로는 업무의 효율성과 일관성 차원에서 일본처럼 카지노관리위원회를 설치하여 카지노 허가권과 감독권을 함께 갖는 일원화 구조가 바람직할 것이다.

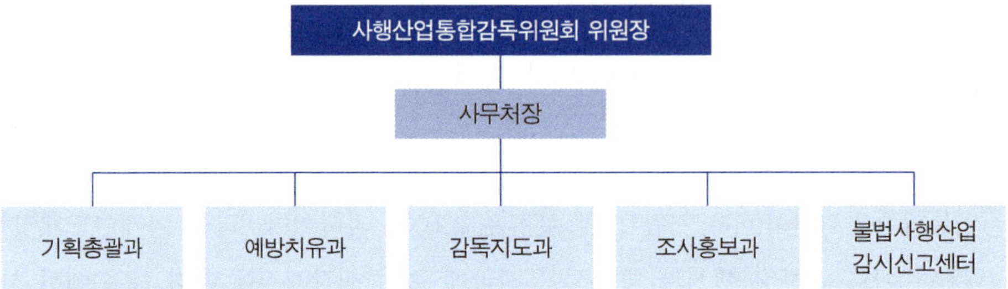

구분	주요 업무	직원
기획총괄과	• 사행산업관련 기획총괄 • 사행산업 총량조정 및 관리	12
예방치유과	• 중독실태 조사연구 • 한국도박문제관리센터 지도감독	5
감독지도과	• 감독지도관련 종합계획 수립 • 사행산업 감독지도	11
조사홍보과	• 사행산업 정책관련 대국민 홍보계획 수립 시행 • 사행산업관련 조사연구 수행	5
불법사행산업 감시신고센터	• 불법사행산업 감시 · 고발 및 수사의뢰 • 불법도박 사이트의 모니터링	14
계		47

자료: http://www.ngcc.go.kr/Committee/System.do

[그림 10-2] **사행산업통합감독위원회 조직 및 기능**

11장

카지노관련 법령

UNDERSTANDING THE CASINO INDUSTRY

우리나라에서 카지노업은 '사행행위 등 규제 및 처벌특례법'에 의해 사행행위영업으로 규정되어 오다가 1994년 8월에 관광진흥법에 의한 관광사업으로 새로 규정되었다. 관광진흥법에 의한 카지노관련 법규의 개정은 카지노업이 관광외화 획득뿐만 아니라, 외래관광객 유치에도 기여하는 바가 크므로 카지노업의 건전한 발전을 도모할 수 있도록 관련법제를 개선・보완하는 데 그 취지가 있었다. 또한 카지노업을 관광사업과 매우 밀접한 사업으로 보고 외래관광객 유치를 위해 다른 관광사업과의 연계를 강화하기 위한 조치로 볼 수 있다.

카지노의 허가・감독관청은 1991년 5월 경찰법(법률 제4369호)이 제정되기 전까지는 내무부장관 또는 시・도지사였으나, 경찰청이 신설됨에 따라 시・도에서의 허가는 지방경찰청장으로, 2개 이상의 시・도에 걸친 영업 등에 대해서는 경찰청장으로 이관되었다. 그러나 1994년 말 행정개편으로 인해 관광사업의 주무부서가 교통부에서 문화관광부(현재 문화체육관광부)로 이관되었다. 따라서 카지노업은 문화체육관광부 국제관광정책관실에서 허가・지도・감독을 맡고 있다.

1995년 7월에는 카지노업의 영업 및 회계 등에 관한 사항이 규정된 '카지노업 영업준칙'이 마련됨에 따라 카지노업의 영업활동에 대한 세부사항이 설정되었다. 카지노업 영업준칙은 1998년 1월 머신게임의 도입으로 인해 개정된 이래 8회 개정되어 2020년 5월 현재 총 5장과 부칙으로 이루어져 있다. 또한 1996년 5월에 '카지노 전산시설 기준'이 고시되어 카지노 전산시설 설치기준이 규정되었다. 참고로 카지노관련 법령은 법제처 국가법령정보센터(www.law.go.kr)에 들어가면 열람이 가능하다.

제1절
카지노업의 허가관련 법규

관광사업을 경영하기 위해서는 우선 등록·지정·신고·허가 중 하나의 절차를 밟아야 한다. 위의 절차 중 가장 엄격한 것이 허가이며, 관광사업 중 카지노업이 여기에 속한다. 관광진흥법 제5조 1항에 따르면 "카지노업을 경영하려는 자는 전용영업장 등 문화체육관광부령으로 정하는 시설과 기구를 갖추어 문화체육관광부장관의 허가를 받아야 한다"라고 규정하고 있다. 다른 관광사업은 등록 또는 지정을 받아 누구나 사업을 할 수 있도록 문호가 개방되어 있는 반면에, 카지노업은 실정법상 등록 또는 지정보다 강한 의미의 허가를 받도록 하고 있다. 이러한 조치는 카지노업이 공공의 안녕 및 질서와 국민정서에 미칠 영향을 감안한 것으로 볼 수 있다.

카지노업에 대한 허가는 신규허가와 변경허가 및 조건부 허가로 구분된다. 신규허가는 카지노업을 경영하고자 할 때 최초로 받아야 하는 허가를 말한다. 이때 허가의 내용은 대표자, 상호, 영업소 소재지, 시설내용 등을 포함한다. 변경허가라 함은 카지노사업자가 이미 허가받은 내용 중 중요사항을 변경하고자 할 때 받는 허가를 말한다. 조건부 허가란 문화체육관광부장관이 카지노업의 신규허가를 함에 있어서 대통령령이 정하는 기간 내에 문화체육관광부령으로 정하는 시설 및 기구를 갖출 것을 조건으로 하는 것을 말한다. 이 경우 대통령령이 정하는 조건부 영업허가의 기간은 그 허가를 받은 날로부터 1년 이내로 한다. 카지노업의 허가유형별로 허가사항을 살펴보면 [표 11-1]과 같다.

관광진흥법 제21조에서 각각 카지노 허가요건은 관광숙박업 중 호텔업시설(관광숙박업의 등급 중 최상등급을 받은 시설에 한하며, 시·도 안에 최상등급의 시설이 없을 경우에는 그다음 등급의 시설에 한함) 또는 국제회의업시설의 부대시설 안에서 카지노업을 하고자 하는 경우, 우리나라와 외국 간을 왕래하는 여객선 안에서 카지노업을 하고자 하는 경우로서 대통령령이 정하는 요건에 적합한 경우에 한정하고 있다. 이러한 카지노 허가요건은 관광호텔 카지노와 여객선 카지노에 따라서 그 요건이 다르게 적용된다(동법 시행령 제27조 제2항).

첫째, 관광호텔업 또는 국제회의시설업의 부대시설 안에서 카지노업을 하고자 하는 경우이다. 이 경우 전국에 있는 모든 5성급 관광호텔이 허가대상이 아니라, 국제공항이나 국제여객터미널

[표 11-1] 카지노업의 시설기준

법조항	세부 조항내용
관광진흥법 시행규칙 제29조	• $330m^2$ 이상의 전용영업장 • 1개소 이상의 외국환환전소 • 제35조 제1항에 따른 카지노업의 영업종류 중 4종류 이상의 영업을 할 수 있는 게임기구 및 시설 • 문화체육관광부장관이 고시하는 기준에 적합한 카지노 전산시설 - 하드웨어의 성능 및 설치방법에 관한 사항 - 네트워크의 구성에 관한 사항 - 시스템의 가동 및 장애방지에 관한 사항 - 시스템의 보안관리에 관한 사항 - 환전관리 및 현금과 칩의 수불관리를 위한 소프트웨어에 관한 사항
카지노업 영업준칙	• 출납창구 • 환전영업소 • 카운트룸 • 폐쇄회로 설비

[표 11-2] 카지노업의 허가유형과 허가사항

허가유형	허가사항	허가시기
신규허가	• 대표자 • 상호 • 영업소 소재지 • 시설내용	최초로 허가받을 때
변경허가	• 대표자의 변경 • 영업소 소재지 변경 • 영업장소의 위치 또는 면적의 변경 • 시설 또는 기구의 2분의 1 이상의 변경 또는 교체 • 검사대상시설의 변경 또는 교체 • 영업종류의 변경	변경하고자 할 때
조건부 허가	• 설치한 시설에 관한 서류 • 설치한 카지노기구에 관한 서류	허가받은 후 1년 이내 (1회에 한하여 6개월 연장 가능)

이 있는 시 · 도 내에 있거나 관광특구 내에 있는 관광호텔이어야 하며, 또한 다음과 같은 요건에 적합해야 한다. 다만 관광진흥법 시행령이 2015년 8월 4일자로 개정되어 제27조 제2항 1호 가목(종합관광호텔업 또는 국제회의시설업의 전년도 외래관광객 유치실적이 문화체육관광부장관이 공고하는 기준에 적합할 것)은 삭제되었다.

① 외래관광객 유치계획 및 장기수지전망 등을 포함한 사업계획서가 적정할 것

② 사업계획의 수행에 필요한 재정능력이 있을 것

③ 현금 및 칩의 흐름 등 영업거래에 관한 내부통제방안이 수립되어 있을 것

④ 그 밖에 카지노업의 건전한 운영과 관광산업의 진흥을 위해 문화체육관광부장관이 공고하는 기준에 맞을 것

둘째, 우리나라와 외국 간을 왕래하는 여객선 안에서 카지노업을 하고자 하는 경우이다. 이 경우 외국 간을 왕래하는 모든 여객선이 허가대상이 되는 것이 아니라, 다음의 요건에 적합한 여객선이어야 한다.

① 여객선이 2만 톤 이상으로 문화체육관광부장관이 공고하는 총톤수 이상일 것

② 외래관광객 유치계획 및 장기수지전망 등을 포함한 사업계획서가 적정할 것

③ 사업계획의 수행에 필요한 재정능력이 있을 것

④ 현금 및 칩의 흐름 등 영업거래에 관한 내부통제방안이 수립되어 있을 것

⑤ 그 밖에 카지노업의 건전한 운영과 관광산업의 진흥을 위해 문화체육관광부장관이 공고하는 기준에 맞을 것

카지노업의 신규허가는 최근 신규허가를 행한 날 이후에 외래관광객이 60만 명 이상 증가한 경우에 한하여 이를 행할 수 있되, 외래관광객의 증가추세, 카지노이용객의 증가추세, 기존 카지노사업자의 총수용능력 및 총외화획득실적, 기타 카지노사업자의 건전한 발전을 위해 필요한 사항을 고려하여 그 증가인원 60만 명당 2개 사업자 이하의 범위 안에서 허가할 수 있다. 그러나 문화체육관광부장관은 공공의 안녕 및 질서유지 또는 카지노업의 건전한 운영과 관광산업의 진흥을 위해 필요하다고 인정하는 때에는 대통령령이 정하는 바에 의하여 카지노 허가를 제한할 수 있다.

정부는 허가의 공고 등을 명확히 하여 카지노 허가의 투명성을 제고하고자 2016년 2월 3일 관광진흥법 제21조의 2(허가의 공고 등)를 신설하였다.

① 문화체육관광부장관은 카지노업의 신규허가를 하려면 미리 다음 각 호의 사항을 정하여 공고하여야 한다.

ⓐ 허가대상지역

ⓑ 허가 가능업체 수

ⓒ 허가절차 및 허가방법

ⓓ 세부 허가기준

ⓔ 카지노업의 건전한 운영과 관광산업의 진흥을 위해 문화체육관광부장관이 정하는 사항

② 문화체육관광부장관은 제1항에 따른 공고를 실시한 결과 적합한 자가 없을 경우에는 카지

노업의 신규허가를 하지 아니할 수 있다.

카지노업을 경영하기 위해 신규허가를 받고자 할 때에는 다음의 서류를 첨부하여 문화체육관광부장관에게 제출하여야 한다(동법 시행규칙 제6조 제1항).

① 신청인(법인의 경우에는 대표자 및 임원)의 성명, 주민등록번호 및 본적을 기재한 서류

② 정관(법인만 해당한다)

③ 사업계획서

④ 타인소유의 부동산을 사용하는 경우에는 그 사용권을 증명하는 서류

⑤ 문화체육관광부장관이 공고하는 허가요건에 적합함을 증명하는 서류

이러한 서류 외에 카지노 허가 심사방법 및 요령에 대해서는 관광진흥법 · 시행령 · 시행규칙에서 특별히 정한 사항이 없으므로 문화체육관광부장관이 허가할 때 신설된 관광진흥법 제21조의 2에 의거 공고한 세부 허가기준에 따라 별도로 결정할 것으로 보인다.

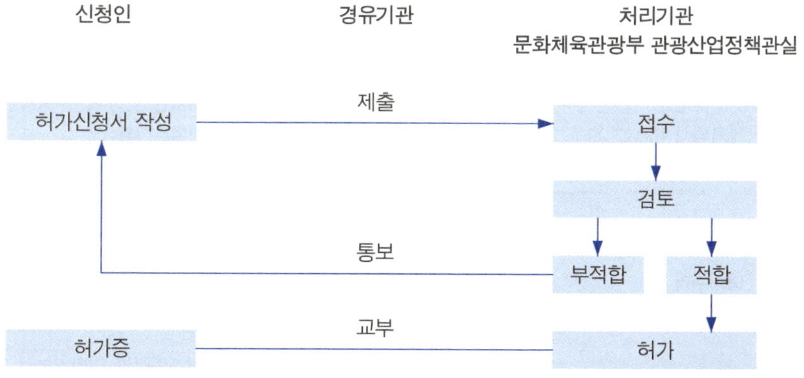

[그림 11-1] **카지노업의 허가절차**

관광진흥법 이외 개별법에 근거한 투자유치관련 카지노 허가 특례규정을 정리하면 [표 11-3]과 같다.

[표 11-3] 투자유치관련 카지노 허가 특례규정

구분	경제자유구역법 제23조의 3	기업도시법 제30조	새만금법 제63조	제주특별자치도법 제171조의 6	크루즈법 제11조
총 투자규모	외국인투자 5억 달러 이상	5천억 원 이상	외국인투자 5억 달러 이상	외국인투자 5억 달러 이상	-
투자자 요건	외국인투자자	내·외국인 투자자 (사업시행자)	외국인투자자	외국인투자자	내·외국인 투자자
기타 요건	• 범죄수익 미해당 • 신용평가등급 '투자적격' 이상 • 관광사업 3종류 이상 경영 • 영업개시 신고 전까지 3억 달러 이상 투자 영업 개시 후 2년까지 총 5억 달러 이상 투자	• 카지노 허가 신청 시에 이미 3천억 원 이상을 투자 • 신청내용이 실시계획에 부합할 것 • 관광진흥법에 따른 카지노업에 필요한 시설·기구·인력 등을 확보	• 범죄수익 미해당 • 신용평가등급 '투자적격' 이상 • 관광사업 3종류 이상 경영 • 영업개시 신고 전까지 3억 달러 이상 투자 영업개시 후 2년까지 총 5억 달러 이상 투자	• 범죄수익 미해당 • 신용평가등급 '투자적격' 이상 • 관광사업 3종류 이상 경영	• 신용평가등급 '투자적격' 이상 • 관광진흥법에 따른 카지노업에 필요한 시설·기구·인력 등을 확보 • 실현 가능한 사업계획서 • 영업거래에 대한 내부통제
시설요건	• 카지노업을 신청한 자가 투자한 특1급 호텔 또는 국제회의시설	• 관광레저형 기업도시 안에 위치한 특1급(없는 경우 특2급) 호텔 또는 국제회의시설	• 카지노업을 신청한 자가 투자한 특1급 호텔 또는 국제회의시설	• 제주특별자치도 안에 위치한 호텔 또는 국제회의시설	• 2만 톤 이상의 크루즈선
허가취소	• 투자를 이행하지 아니한 경우 • 투자자금이 범죄수익 등에 해당하게 된 경우	-	• 투자를 이행하지 아니한 경우 • 투자자금이 범죄수익 등에 해당하게 된 경우	• 투자를 이행하지 아니한 경우 • 투자자금이 범죄수익 등에 해당하게 된 경우 • 허가조건을 위반하는 경우	• 영업제한사항을 미준수한 경우 • 여객운송사업 면허가 취소된 경우 • 여객운송사업을 폐업한 경우
위탁경영	가능	-	가능	가능	가능 (1,300m^2 이하인 경우)
사전 심사제 (5천만 달러 납입 후 투자계획서 심사)	적용	미적용	적용	미적용	미적용
기타 사항	-	허가 기속 (반드시 허가)	관광레저용지	제주도지사 허가	대한민국 영해에서 영업 불가

제2절

카지노 영업관련 법령

1. 관광진흥법의 규정사항

카지노업은 외래관광객 유치 및 외화획득에 기여하고, 다른 관광사업과 연계된 관광정책을 추진하기 위해 진흥된다. 그러나 사행심을 조장할 수 있다는 우려 때문에 공공의 안녕 및 질서를 위해 관광진흥법은 카지노의 영업종류 · 영업방법 등을 엄격히 규제한다. 영업종류별 배당금에 대해서도 문화체육관광부장관에게 신고하도록 하고 있다.

또한 카지노업에 이용되는 기구의 형상 · 구조 · 재질 · 성능 등에 관한 규격 및 기준(공인기준 등)을 정해 고시해야 하며, 문화체육관광부장관이 지정하고 검사기관의 검정을 받은 카지노기구의 규격 및 기준을 공인기준 등으로 인정할 수 있도록 하고 있다(관광진흥법 제25조).

관광진흥법 제28조와 제29조에서는 카지노사업자와 이용자 모두에게 카지노업의 건전한 육성 및 발전을 위해 준수사항을 [표 11-4]와 같이 규정해놓고 있다. 여기서 준수사항은 카지노

[표 11-4] **카지노사업자 및 이용자의 준수사항**

사업자 준수사항	이용자 준수사항
• 법령에 위반되는 카지노기구를 설치하거나 사용하는 행위 • 법령에 위반하여 카지노기구 또는 시설을 변조하거나 변조된 카지노기구 또는 시설을 사용하는 행위 • 허가받은 전용영업장 외에서 영업을 하는 행위 • 내국인(해외이주법 제2조의 규정에 의한 해외이주자는 제외한다)을 입장하게 하는 행위 • 지나친 사행심을 유발하는 등 선량한 풍속을 해할 우려가 있는 광고나 선전을 하는 행위 • 제26조 1항에 규정된 영업종류에 해당하지 아니하는 영업을 하거나 영업방법 및 배당금 등에 관한 신고를 하지 아니하고 영업하는 행위 • 19세 미만을 입장하게 하는 행위 ※ 카지노사업자는 카지노업의 건전한 육성 · 발전을 위해 필요하다고 인정하여 문화체육관광부령이 정하는 영업준칙을 준수해야 한다. 이 경우 당해 영업준칙에는 카지노업의 영업 · 회계 등에 관한 사항이 포함되어야 한다.	• 내국인(해외이주법에 의한 영주권자 제외) 및 19세 미만이 입장하는 행위 ※카지노 업소에 입장하는 사람은 카지노사업자가 외국인(해외이주법 제2조의 규정에 의한 해외이주자를 포함한다)임을 확인하기 위해 신분확인에 필요한 사항을 묻는 때에는 이에 응해야 한다.

사업자나 이용자가 해서는 안 될 금지사항을 의미한다.

정부는 1972년 12월에 '관광진흥개발기금법'을 제정하여 관광진흥을 위한 정부출연금으로 관광진흥개발기금을 설치·운영해 오고 있다. 관광진흥개발기금은 관광진흥법령에 규정된 관광시설의 건설 및 개·보수, 관광지 및 관광단지 개발 등에 지원되고 있다.

관광진흥법은 카지노사업자로 하여금 총매출액의 100분의 10의 범위 안에서 일정 비율에 상당하는 금액을 '관광진흥개발기금법'에 의한 관광진흥개발기금에 납부하도록 하고 있다(관광진흥법 제30조 제1항).

관광진흥개발기금 확대의 필요성에 따라 관광진흥법에서는 카지노사업자로 하여금 매출액 중 일정 부분을 관광진흥개발기금으로 납부하도록 규정한다. 따라서 카지노업은 다른 관광사업과는 달리 기금을 납부함으로써 관광진흥에 기여하며, 전년도 매출액에 따라 매출액 10% 이내의 기금을 2회 분할하여 정부에 납부하고 있다. 앞으로 카지노업체에서 납부한 관광진흥개발기금의 일정액을 공익사업과 도박중독 예방 및 치유센터 운영자금으로 사용하는 것이 필요하다고 판단된다.

[표 11-5] 관광진흥개발기금의 징수비율

연간 총매출액	징수비율
① 10억 원 이하	• 총매출액의 1%(1,000만 원)
② 10억 원 초과~100억 원 이하	• (1,000만 원+총매출액 중 10억 원을 초과하는 금액의 5%)
③ 100억 원 초과	• 4억 6,000만 원+총매출액 중 100억 원을 초과하는 금액의 10%

또한 카지노 특별소비세에 관한 조세법이 통과되어(2008. 12. 5) 현재 부과되고 있으며, 그 범위는 다음과 같다.

① 500억 원 이하: 없음(100분의 0)

② 500억 원 초과 1,000억 원 이하: 500억 원 초과금액의 100분의 2

③ 1,000억 원 초과: 10억 원+1,000억 원 초과금액의 100분의 4

정부는 카지노사업자의 높은 수준의 윤리성 확보를 위해 법령 위반행위에 대한 제재의 실효성을 높여 카지노사업자에 대한 관리·감독을 강화하는 내용을 담은 관광진흥법 시행령 일부를 개정한 바 있는데(2015년 1월 17일), 그 내용은 다음과 같다.

첫째, 행정처분기준 강화이다. 사행산업인 카지노업의 특성상 카지노사업자에게는 다른 관광사업자보다 더 강한 수준의 윤리성과 준법정신이 요구된다. 그동안 한국 카지노산업 전반의 신뢰를 훼손하는 일부 카지노사업자의 명령 위반행위가 지속적으로 발생해 왔으나, 현행법상 카지노업의 허가 취소는 '최근 1년간 동일한 위반행위를 3~4차례 한 경우'에만 가능했다. 이에 카지노사업자의 법상 준수사항 위반에 대한 제재효과를 충분히 확보하고자, 카지노사업자에 한해 모든 위반행위 횟수에 따른 행정처분의 일반 기준을 '최근 3년간 같은 위반행위로 처분 받은 경우'로 변경하고, '변경허가 불이행, 위탁경영, 고의적인 내국인 출입, 매출액 누락' 등 주요한 법령 위반사항에 대한 행정처분 개별기준을 전반적으로 강화했다.

둘째, 행정처분을 과징금으로 갈음할 수 있는 사유의 확대이다. '카지노사업자가 사업정지처분을 받음으로써 카지노영업소 이용자에게 심한 불편을 주거나 그 밖에 공익을 해칠 우려가 있는 경우'에 대한 법집행을 탄력적으로 추진하기 위해 행정처분을 과징금으로 갈음할 수 있는 사유를 일부 확대했다.

셋째, 카지노이용자에 대한 개인정보업무의 처리규정 현실화이다. 카지노사업자가 카지노업 영업준칙에 따라 '도박중독 등을 이유로 카지노영업소 이용자의 출입을 제한'하려고 할 때 주민등록번호 등 개인정보자료를 처리할 수 있도록 관련규정을 현실화했다.

구분	1차	2차	3차	4차
변경허가 불이행 (법 제5조 제3항 위반)	사업정지 1개월	사업정지 3개월	취소	-
변경신고 불이행 (법 제5조 제3항 위반)	사업정지 10일	사업정지 1개월	사업정지 3개월	취소
위탁경영 (법 제11조 위반)	사업정지 3개월	취소	-	-
공익을 위한 지도와 명령 불이행 (법 제27조 위반)	사업정지 10일	사업정지 1개월	사업정지 3개월	사업정지 6개월
법령에 위반되는 기구 설치 사용 (법 제28조 제1항 위반)	사업정지	취소	-	-
법령에 위반하여 기구·시설변조 및 변조된 기구사용 (법 제28조 제1항 위반)	사업정지 3개월	취소	-	-
내국인 출입(고의) (법 제28조 제1항 위반)	사업정지 3개월	취소	-	-
매출액 누락 (법 제28조 제1항 위반)	사업정지 3개월	취소	-	-
정당한 사유 없는 60일 이상 휴업 (법 제28조 제1항 위반)	사업정지 1개월	사업정지 3개월	취소	-

또한 관광진흥법 시행규칙을 개정한 바 있는데(2018년 1월 25일), 그 주요 내용은 다음과 같다.

① 시행규칙 개정 이유: 카지노업의 허가를 받은 자는 카지노 전산시설 중 주전산기를 변경 또는 교체하려는 경우에는 변경허가를 받도록 하고, 주전산기를 제외한 시설을 변경 또는 교체하려는 경우에는 변경신고를 하도록 하여 카지노업의 변경허가 및 변경신고 대상을 보다 명확히 하는 한편, 카지노기구의 영업방법을 변경하거나 영업장소를 이전하는 경우에는 그 기구를 카지노영업에 사용하는 날까지 해당 카지노기구의 검사를 받도록 검사 대상을 구체화하고, 카지노업의 영업구분을 테이블게임 · 전자테이블게임 · 머신게임으로 구분하여 영업종류를 정비하는 등 현행 제도의 운영상 나타난 일부 미비점을 개선 · 보완하려는 것이다.

② 개정된 주요 내용

ⓐ 카지노 전산시설 중 주전산기를 변경 또는 교체하려는 경우 등에는 카지노업의 변경허가를 받도록 하고, 주전산기를 제외한 시설을 변경 또는 교체하려는 경우 등에는 카지노업의 변경신고를 하도록 했다.

ⓑ 카지노사업자가 카지노기구의 영업방법을 변경하는 경우에는 그 기구를 카지노영업에 사용하는 날까지, 카지노 영업장소를 이전하는 경우에는 영업장소의 이전 후 그 기구를 카지노영업에 사용하는 날까지, 카지노기구를 영업장에서 철거하는 경우에는 그 기구를 영업장에서 철거하는 날까지 카지노기구의 검사를 받도록 했다. 그 밖에 카지노기구의 개조 · 변조 확인 및 카지노이용자에 대한 위해(危害) 방지 등을 위해 문화체육관광부장관이 요청하는 경우 검사 요청일로부터 5일 이내 검사를 받도록 했다.

ⓒ 카지노업의 영업종류를 [별표]와 같이 테이블게임 · 전자테이블게임 · 머신게임으로 구분하도록 했다.

ⓓ 카지노기구 중 머신게임을 신규로 반입 · 사용하거나 검사 유효기간이 만료되어 검사를 신청하는 경우에는 1대당 189,000원, 그 외의 경우에는 기본료 100,000원에 대당 25,000원의 수수료를 납부하도록 했다.

[별표] 카지노업의 영업종류

영업구분	영업종류	
테이블게임	1. 룰렛(Roulette) 2. 블랙잭(Blackjack) 3. 다이스(Dice, Craps) 4. 포커(Poker) 5. 바카라(Baccarat) 6. 다이사이(Tai Sai) 7. 키노(Keno) 8. 빅휠(Big Wheel) 9. 빠이가우(Pai Cow)	10. 판탄(Fan Tan) 11. 조커세븐(Joker Seven) 12. 라운드 크랩스(Round Craps) 13. 트란타 콰란타(Trent Et Quarante) 14. 프렌치 볼(French Boule) 15. 차카락(Chuck-A-Luck) 16. 빙고(Bingo) 17. 마작(Mahjong) 18. 카지노 워(Casino War)
전자테이블게임 (Electronic Table Game) • 딜러운영 전자테이블게임 • 무인 전자테이블게임	가. 룰렛(Roulette) 나. 블랙잭(Blackjack) 다. 다이스(Dice, Craps) 라. 포커(Poker) 마. 바카라(Baccarat) 바. 다이사이(Tai Sai) 사. 키노(Keno) 아. 빅휠(Big Wheel) 자. 빠이가우(Pai Cow)	차. 판탄(Fan Tan) 카. 조커세븐(Joker Seven) 타. 라운드 크랩스(Round Craps) 파. 트란타 콰란타(Trent Et Quarante) 하. 프렌치 볼(French Boule) 거. 차카락(Chuck-a-Luck) 너. 빙고(Bingo) 더. 마작(Mahjong) 러. 카지노 워(Casino War)
머신게임	1. 슬롯머신(Slot Machine)	2. 비디오게임(Video Game)

▲ Paradise City의 전자테이블게임 모습

2. 카지노업 영업준칙

카지노업 영업준칙은 카지노업체별로 상이한 카지노의 관리・영업・회계 등에 관한 기준을 통일하여 투명성을 높이고, 국민의 부정적 인식을 방지하기 위해 세계에서 가장 엄격하다는 미국 뉴저지주의 카지노 관리규칙을 참고하되, 국내 영업실정을 감안하여 1995년 7월 '카지노업 영업준칙'이란 이름으로 제정되었다가 1999년 10월 '카지노업 영업세칙'으로 개정되었으며, 2004년 7월 다시 '카지노업 영업준칙'으로 변경되었다. 2020년 5월 개정된 카지노업 영업준칙은 총 5장과 부칙으로 구성되어 있는데, 여기에는 총칙, 영업시설 및 기구관리, 영업절차, 회계제도, 카지노 종사원의 준수사항 등이 포함되어 있다.

카지노업 영업준칙을 자세히 살펴보면 다음과 같다.

제1장 총칙에서는 목적・적용범위・정의가 명시되어 있다. 카지노업 영업준칙의 목적은 카지노사업자와 카지노종사원 및 카지노이용객이 카지노 영업활동과 관련하여 지켜야 할 사항을 정함으로써 카지노업의 건전한 발전을 도모하는 데 있다.

제2장 영업시설 및 기구관리에서는 전산시설의 설치기준, 출납창구의 설치기준, 환전소의 설치기준, 카운트룸의 설치기준, CCTV 녹화, 통제구역의 설정 및 관리, 시설관리, 게임기구, 칩스, 카드관리에 대해 규정하고 있다.

제3장 영업절차에서는 고객출입관리, 환전, 게임 규칙 및 진행, 칩스 수불・출납・재환전, 드롭박스의 기준과 열쇠관리・계산절차 등에 대해 규정하고 있다.

제4장 회계제도에서는 중앙금고 관리, 회계연도, 기준 및 기록, 외부감사, 매출액 산정, 대손처리, 콤프비용의 범위 및 증빙서류, 크레딧 제공・한도・상환, 계약게임 등에 대해 규정하고 있다.

제5장 카지노종사원의 준수사항에서는 게임규칙 준수, 종사원의 품위유지, 종사원 교육 외에 머신기구 검사기관 지정 등에 대해 규정하고 있다.

3. 카지노관련 주요 제도의 변화 동향

1) 카지노 휴 · 폐업 사전신고제 도입

카지노업의 휴 · 폐업 시 종전에 사후신고제에서 사전신고제로 변경하여 비정상적인 영업 방지 및 운영의 예측가능성을 담보하기 위해 카지노사업자가 카지노업을 휴업 또는 폐업하고자 하는 때에는 문화체육관광부령으로 정하는 바에 따라 미리 신고하도록 하였다. 2018년 11월 23일 국회에서 개정내용이 의결되어 2018년 12월 11일 공포되었고, 2019년 6월 12일부터 시행하고 있다.

2) 카지노 허가 유효기간 및 갱신제 도입 추진

미국 · 싱가포르 등 카지노를 허용하고 있는 국가 및 국내의 여타 허가의 대상이 되는 사업의 대부분은 1~5년의 허가유효기간을 두고 기간만료시점에서 재허가 또는 갱신하도록 규정하고 있으며, 허가권 및 지분의 양도를 법으로 엄격히 금지하고 양수 · 양도 시에는 감독기관의 인 · 허가 등을 받도록 규정하고 있다.

국내 카지노업의 경우 과거 「사행행위 등 규제 및 처벌 특례법」에 따라 3년의 허가유효기간을 두고 3년마다 허가를 갱신하도록 하였으나, 1995년에 카지노업이 「관광진흥법」으로 편입된 이후 허가유효기간이 없어 영구적으로 허가권을 갖게 된 바 있다. 카지노 허가권은 국가가 부여한 특허적 성격을 지니고 있음에도 불구하고 타 관광사업과 동일하게 사후신고만으로 양수 · 양도 등이 가능하여 외국자본 등에 매매되는 등 국부유출의 우려가 커지고 있는 실정이다. 카지노업의 외형적 성장과 복합리조트카지노 추진에 따른 대형화, 외국계 카지노사업자의 진출 가시화 등으로 국제적 수준의 카지노업 관리 · 감독체계를 마련하기 위한 법적 · 제도적 정비가 시급하다는 견해가 있어 카지노업의 허가 유효기간을 5년으로 두고, 유효기간이 끝나면 갱신허가를 받도록 하여 주기적으로 사업자의 경영상황이나 불법행위 여부 등을 점검하기 위해 법률을 개정하려는 움직임이 있다. 또한 카지노업의 양수 등의 경우 종전의 사후신고제에서 사전인가제로 변경하는 규정 등을 마련함으로써 부적절한 사업자가 엄격한 허가심사절차를 회피하여 허가권을 획득하거나 사실상 경영에 영향을 미치는 경우를 사전검증을 통해 차단하는 등 카지노업의 건전한 육성과 발전을 도모하고자 「관광진흥법」 개정안이 2017년 7월 13일 국회에서 발의되었으나 폐기되었다. 따라서 현재 외국인전용 카지노는 갱신기간이 없다. 그러나 내국인출입카지노(강원랜드)는 3년이란 갱신기간이 있는데, 이는 특별법에 의한 기준이기 때문이다.

12장

카지노 교육제도

UNDERSTANDING THE CASINO INDUSTRY

제1절 카지노종사원 교육현황

그동안 카지노업 종사자의 양성 및 기존 종사원에 대한 교육훈련은 제도적으로 운영되지 못하고 각 사업체에 맡겨져 왔으나, 1996년도 관광종사원 교육계획에 의해 비로소 한국카지노업관광협회에서 카지노종사원을 대상으로 보수교육을 실시하게 되었다. 문화체육관광부의 연도별 교육계획에 의한 카지노업 종사원 교육은 연수교육과정이 있으며, 카지노업 종사자를 전문인력으로 양성하는 것은 각 사업체가 담당한다.

국내 카지노딜러 양성교육은 관광산업의 여타 분야와는 달리 카지노종사원에 대한 전문인력 양성교육을 담당하는 정규교육기관이나 지정교육기관이 매우 한정되어 있으며, 현재는 전적으로 사업체에 맡겨져 있어 카지노업체에서 필요할 때마다 신규 직원을 채용하여 전문인력을 양성하고 있다. 신규 채용자에 대한 전문인력 양성교육과정은 업체마다 상이하나 대체로 2~3개월 동안의 기간에 200~350시간 정도 교육을 실시하고 있다.

주요 교육내용은 블랙잭 · 룰렛이 기본이며, 바카라 등 다른 종류의 게임에 대한 운영방법이 주요 과목이다. 또한 영어 · 일본어 · 중국어를 비롯한 외국어교육, 매너 · 서비스교육 등이 있다. 강의는 게임운영방법에 대해서는 사내강사를, 외국어 · 매너 · 서비스 등의 소양교육의 경우는 대

개 외부강사에 의존하고 있다.

종사원 보수교육은 각 업체별로 기존 직원과 신입사원을 대상으로 관리자의 자질 및 업무능력 함양교육, 외국어교육, 서비스 등의 교육프로그램을 개발하여 실시한다. 교육시간은 1~12일까지로 다양하나 대체로 5일 정도가 일반적인 프로그램이다.

제2절 미국의 카지노종사원 교육제도

미국의 카지노종사원 교육제도는 크게 딜러를 배출하는 사설 딜러스쿨 또는 카지노업체별 딜러스쿨, 간부양성교육, 위탁연수교육, 그리고 정규대학의 2년제와 4년제 프로그램으로 구분할 수 있다.

1. 딜러양성교육

1) 딜러양성 전문교육기관

네바다주의 딜러스쿨은 1970년대 말에서 1980년대 초에 20여 개에 달했으나, 현재는 대부분의 카지노들이 기존직원 가운데 딜러를 우선채용하는 정책으로 인한 취업의 어려움으로 몇 군데 남아 있지 않다. 딜러스쿨의 프로그램을 이수하면 수료증을 받지만 이것이 딜러자격증은 아니다.

2) 카지노업체의 사내 딜러스쿨

현재 네바다주에는 약 200개 이상의 카지노가 있으나, MGM 그랜드만이 자체 딜러스쿨을 운영하고 있다. MGM 그랜드의 경우는 테이블게임이 165대이고 딜러의 수가 800명에 이르기 때문에 수시로 딜러가 필요하여 자체적으로 딜러스쿨을 운영하고 있다. 사내 딜러스쿨의 입학 자격조건은 MGM에 근무하는 직원으로 카지노딜러를 희망하는 사람은 누구든지 등록할 수 있도록 개방

[표 12-1] **카지노 딜러 아카데미의 주요 교육내용**

교육과정	주요 내용
• 호텔 · 레스토랑 · 카지노 경영개론	• 개론과목으로 호텔 · 레스토랑 · 카지노 경영의 기본 요소 소개
• 카지노게임	• 테이블게임의 기본 원칙
• 케이지 운영	• 카지노 케이지출납원으로서 필요한 지식과 기술 습득
• 게임법	• 네바다 게임법과 규정 및 준수사항
• 카지노게임 감독	• 카지노감독(게임 · 직원 등)
• 슬롯경영 I	• 기본 경영기법(슬롯관련 직원관리)
• 슬롯경영 II	• 진보된 슬롯머신 경영기법(보고서 분석)
• 카지노게임기법 - 블랙잭 - 크랩 - 룰렛 - 바카라 - 포커	• 블랙잭의 기본 원리(카드 · 칩 다루는 법 등) • 크랩의 기본 원리(신속 · 정확한 계산 등) • 룰렛의 기본 원리(신속 · 정확한 계산 등) • 바카라의 기본 원리(커미션, 정확한 계산) • 포커의 기본 원리(신속 · 정확한 계산 등)
• 키노 · 빙고 경영	• 키노와 빙고의 기본 원리(티켓관리 등)
• 빠이가우	• 빠이가우의 기본 원리 습득
• 빠이가우 포커	• 빠이가우 포커의 기본 원리 습득
• 환대산업 인간관계론	• 인간관계론(노사관계 · 노사협조 증진기법, 고객과의 관계 등)
• 레이스 · 스포츠북 경영	• 네바다 레이스 · 스포츠북의 운영방법

자료: National Academy for Casino Dealers(1995). *1995~1997 Course.*

되어 있다. MGM 그랜드 딜러스쿨의 수강료는 무료이고, 게임의 종류에 따라 하루에 2시간씩 1~3개월 정도 수강한다. 수강 후 자격이 인정되면 딜러 대기자명부에 등록되고, 결원이 생기면 순서에 따라 딜러로 채용된다.

2. 간부양성교육

대체로 대규모 카지노(객실 2,000개 이상)에는 자체적으로 간부를 양성할 수 있는 교육프로그램이 있으며, 간부의 직급은 플로어퍼슨, 피트보스, 시프트매니저로 구분된다. 간부의 수입은 연봉제 또는 일당제이고, 책임이 매우 막중하기 때문에 딜러의 수입이 좋은 카지노(예 MGM 그랜드, 미라지, 시저스 팰리스)에서는 간부로 일하기보다는 딜러를 선호한다. 간부가 되기 위한 특별한 자격요건은 명시된 것이 없으나, 대체로 5년 이상 딜러경험이 있는 사람으로서 본인이 원하거나 간부급 추천이 있는 경우 교육을 이수한 후 간부로 채용된다.

교육내용은 딜러의 감독과 고객파악 등의 기본적인 사항에서부터 문제발생 시 해결방법까지 광범위하며, 강사진은 외부 초청강사와 회사 자체의 간부들로 구성된다. 교육기간은 1주일에 1회 3시간씩 8주간 계속되며, 매주 시험을 보고, 마지막 주에 최종 시험을 치른다. 이때 일정한 점수를 취득해야 간부로 취업할 수 있다. 교육을 마치면 간부교육 수료증을 받는다. 담당하는 게임에 따라 간부들의 보수가 정해지기 때문에 성적이 우수하다고 승진이 빠르거나 보수 및 보너스를 더 받는 것은 아니다.

3. 위탁연수교육

1) 국제게임연구소

국제게임연구소(IGI: International Gaming Institute)는 라스베이거스의 네바다주립대학교의 부속 연구기관이다. 이 연구소에서는 특정 단체나 회사의 요구가 있을 때 프로그램을 협의해 교육을 실시한다. 교육은 대체로 카지노업계의 특정 연구 등에 대한 세미나를 통한 간부의 재교육 프로그램으로 딜러양성교육 프로그램은 아니다. 교육비용은 프로그램내용 · 교육인원 · 교육시간에 따라 결정되지만, 일반적으로 비싼 편이다.

[표 12-2] **UNLV 부설 국제게임연구소의 교육내용**

교육과정	주요 내용
• 카지노개론	• 게임법, 카지노조직
• 카지노 운영 및 관리 I	• 직원 및 안전관리
• 테이블게임 속임수 예방법	• 테이블게임의 속임수 예방 및 대처방법
• 게임기구 관리	• 슬롯머신의 운영 및 관리
• 카지노 호텔의 회계	• 회계 시스템
• 카지노 운영 및 관리 II	• 카지노 운영 및 관리 I의 확대과목
• 카지노게임 계산법	• 확률, 기대치, 하우스승률 계산법
• 게임관련 법규	• 네바다 게임규정 및 관리 시스템
• 카지노 관리에 관한 세미나	• 카지노 운영 · 관리에 관련된 세미나
• 게임의 사회학	• 게임이 지역사회에 미치는 영향분석
• 현장실습	• 카지노 현장실습

자료: International Gaming Institute(1995). *Casino Course Listings*, University of Nevada Las Vegas.

또한 국제게임연구소에서는 게임경영 세미나를 개최한다. 세미나는 크게 카지노운영과 카지노 재무분석 및 카지노행정의 세 부문으로 구성되어 있다. 카지노운영에는 테이블게임, 슬롯머신, 레이스·스포츠북, 키노운영이 포함되며, 구체적인 교육프로그램은 다음과 같다.

① **테이블게임 운영:** 게임분석, 게임믹스, 이윤 극대화 방법, 감독훈련

② **슬롯머신 운영:** 슬롯승률 계산수학, 슬롯분석 및 플레이어 게임기록 누적, 비디오게임 분석

③ **레이스·스포츠북 운영:** 수학적 분석, 경영콘셉트

④ **키노:** 경영훈련, 기술응용

카지노 재무분석에는 회계와 게임 규정·감독 및 케이지운영이 포함되며, 구체적인 교육프로그램은 다음과 같다.

① **회계:** 테이블게임 및 슬롯, 내부회계관리, 1일 및 월별 보고, 재무제표, 수입예측

② **게임규정 및 감독:** 게임규정훈련, 네바다 재무관련 규정집 분석, 규정절차 설정, 속임수 탐지법을 통한 게임보호·감독기법

③ **케이지운영:** 신용대출 및 회수원칙, 출납원훈련, 현금취급절차·감독훈련

카지노행정에는 타당성 조사와 경영개발이 포함되며, 구체적인 교육프로그램은 다음과 같다.

① **타당성 조사:** 경제적 영향분석, 계획제안서, 공중정책 이슈

② **경영개발:** 조직구조 및 경영전략, 생산성 향상을 위한 인적자원 관리, 고객만족훈련, 품질관리전략, 카지노 마케팅전략, 경영정보 시스템 개발, 품질보증, 종업원 동기부여

2) 평생교육원

평생교육원(DCE: Division of Continuing Education)은 리노의 네바다주립대학교 부속연구기관이다. 이 연구소에서는 카지노 전문경영자 양성프로그램을 개발했으며, 교육자문위원회의 지침

[표 12-3] **리노 네바다주립대학교 부설 평생교육원의 교육프로그램**

과목명	강의시간(시간)	강의료(달러)
• 게임산업 관련법	15	175
• 게임산업 보호전략	6	95
• 게임감독·관리능력	15	175
• 국내외 게임산업 추세	6	95
• 카지노 식음료운영	15	175
• 게임산업 경력전략	6	95

자료: Division of Continuing Education(1995). *Gaming Management.* University of Nevada, Reno.

을 따른다. 수료증을 받기 위해서는 2개의 필수과목, 3개의 전공필수과목, 3개의 선택과목을 이수해야 한다(총 93시간).

4. 정규교육기관

1) 주립전문대학

주정부에서 운영하는 2년제 전문대학으로 교육과정 이수 후에는 호텔・레스토랑・카지노 경영과 카지노 관리 등에 관한 자격증이 주어진다. 전문대학의 졸업에 필요한 학점은 64학점이며, 이 중에서 30학점을 이수하면 자격증을 받을 수 있는데, 교육과정은 실무 위주로 편성되어 있다.

2) 네바다주립대학교(라스베이거스)

네바다주립대학교 부속 호텔경영대학에서는 학부와 대학원 과목 중에 카지노과목을 일부 개설해놓고 있다. 그러나 전문 카지노교육은 관리자를 중심으로 한 교육프로그램을 통해 이루어진다.

제3절 카지노종사원 교육제도 발전방안

카지노종사원의 전문성을 인정하는 법적 보장제도가 필요하다.

첫째, 카지노종사원에게 정규교육기관에서 카지노에 관한 교육과정의 참여기회를 확대시킬 수 있는 제도적 장치가 마련되어야 한다. 관광진흥법에 의한 양성교육은 전문대학 이상의 교육기관에서 담당하는 것이 바람직하다. 현 상황에서는 업체에서 전문인력 양성을 위탁받아 필요에 따라 실시하는 위탁교육방식이 바람직하다. 이를 위해서 우선적으로 교수인력의 확보방안이 마련되어야 하고, 업계의 요구를 수렴한 교육과정과 교육교재의 개발 등에 대한 연구가 요구된다.

둘째, 한국카지노업관광협회 주관으로 실시하는 연도별 관광종사원 교육계획에 의한 기존 직원

보수교육은 전체 종사원의 20%까지 교육혜택을 받을 수 있도록 그 교육대상을 연차적으로 확대해 나가는 방안이 필요하다. 관광산업에 대한 이해의 확대, 직종별 전문능력의 향상, 직업윤리관의 강화를 위해서 교육방법 및 교육교재를 개발할 필요가 있다. 교육과정은 관리·딜러·출납·판촉 등 분야별로 구분하고, 이를 다시 일반 종사자와 간부직원으로 구분하여 교육내용을 달리할 필요가 있다. 이를 위해서는 미국의 경우와 같이 관리자과정 교육프로그램을 개발해야 한다. 또한 정규교육과정·보수교육과정의 교육효과와 참여도를 높이기 위해 교육수료자와 미수료자 간에 진급·보수·보너스·연수기회 등을 차별화하는 방안도 고려할 필요가 있다.

셋째, 일정 수 이상의 직원을 채용하고 있는 기업은 연간 보수총액의 일정분을 종사원교육에 투자하도록 해야 한다. 이러한 교육재원은 사내 자체교육, 카지노업관광협회의 보수교육, 장차 전문교육기관에 대한 위탁교육에 사용될 수 있을 것이다. 한편 정부는 교육투자비의 일정 비율을 매칭펀드(Matching Fund)로 할당하여 업계의 교육을 지원함으로써 종사원교육을 향상시키는 것이 바람직하다. 프랑스의 경우 10명 이상 고용하고 있는 관광사업체의 경우에 연보수의 1.2%를 교육에 재투자하도록 제도화했으며, 교육 시 일정 수준 이상인 자에 대해서는 각종 혜택(보너스·급여인상 등)을 주어 교육에 대한 동기를 부여한다.

넷째, 사내교육은 각 업체의 실정에 맞는 가장 현실적인 교육의 기회를 제공한다. 따라서 사내교육을 제도적으로 양성화하고 인정하는 것이 필요하다. 다만 사내교육의 경우에도 기본 교육수준에 대한 일정한 기준이 설정되어야 한다. 한국카지노업관광협회에서는 현재 각 업체에서 실시하고 있는 교육의 실태를 매년 공표하고, 교육과목·교육과정·교육시간 등에 대한 권장사항을 매년 제시하는데, 이를 전담할 인력을 카지노협회에 두는 것이 바람직하다.

제4절 카지노 자격증제도

1. 자격증제도의 필요성

카지노종사원 자격증제도라 함은 "카지노 업무의 전문성을 인정하는 법적 보장체제"로 정의되며, 여기서 카지노업무의 전문성은 다음과 같은 특징을 지닌다. 첫째는 업무의 본질성이다. 이는 업무의 내용이 확실한 지식과 기술에 기초하고 있어야 한다. 둘째는 업무의 복합성이다. 이는 업무내용 자체가 매우 복잡하여 사전적 이해 없이는 접근하기 어려운 것을 의미한다. 셋째는 업무의 배타성이다. 이는 업무내용이 고유성이 높으며 다른 업무와 쉽게 동질화될 수 없음을 의미한다.

이와 같은 카지노업무의 전문성을 법적 보장체제하에 두고자 하는 기본적인 목적은 첫째, 우수한 자질을 갖춘 카지노 전문인력을 확보하고 둘째, 기존 카지노종사원에 대한 경력을 공식적으로 인정해주는 데 있으며 셋째, 건전한 카지노를 육성하기 위해 정직한 카지노종사원만을 선별하여 고용시키기 위함이다.

위에서 제시한 첫 번째 목적은 향후 대량 카지노수요에 대비하기 위해 우수한 자질을 갖춘 전문인력을 사전에 확보하자는 데 있다. 급변하는 국내외 카지노 환경변화에 능동적으로 대처할 수 있는 전문성 있는 카지노인력의 원활한 공급은 카지노산업의 장기적 발전을 위해 요구되는 가장 중요한 요소이다.

두 번째 목적은 기존 카지노종사원에 대한 경력을 인정해주기 위해서 필요한 자격증제도를 설명하고 있다. 현재 기존 카지노종사원에 대해 공식적으로 경력을 인정해주는 제도는 없다. 호텔업의 경우 지배인제도(총지배인, 1·2급 지배인)가 있어 공식적인 경력인정제도가 있다. 카지노 자격증제도가 없다면 업체마다 서로 다른 임금체계와 직급체계로 경력자를 채용할 수밖에 없다. 카지노종사원의 경력과 능력을 공정하게 평가하기 위해서라도 카지노 자격증제도는 시급히 도입되어야 할 사항이다.

세 번째 목적은 부정직한 종사원을 카지노에 근무할 수 없도록 하는 제도적 장치를 마련하기 위한 것이다. 카지노의 생명은 '정직성'으로부터 시작된다. 딜러의 속임수나 부정행위가 발생할 경우 업체는 물론, 국가 이미지에도 커다란 손상을 입히게 된다. 카지노종사원의 부정행위를 예방하기 위해서 카지노 자격증제도는 반드시 도입되어야 한다.

2. 카지노종사원 자격증제도의 법적 근거

우리나라의 자격증제도는 관광에 관한 전문지식과 기술을 갖춘 자를 확보하여 서비스의 질적 수준을 높이고자 1961년 8월 처음으로 통역안내원제도를 신설했다. 현재는 관광진흥법 제38조(관광종사원의 자격)에 의거 총지배인, 1·2급지배인, 관광통역안내원, 국내여행안내원, 그리고 호텔(현관 · 객실 · 식당)종사원 자격제도를 운영하고 있다. 카지노자격증에 법적 구속력을 부여하기 위해서는 관광진흥법에 자격을 인정하는 절차를 새로 규정하는 것이 필요하다. 단, 카지노 자격증에 관한 시험은 관광산업의 다른 분야에서와 달리 필기시험 위주에서 개인능력 및 신상 위주로 전환해야 한다. 즉 미국의 뉴저지주나 네바다주와 같이 게임관리위원회의 조사과에서 과거의 구속사실, 부정행위, 조직범죄 연루 여부를 심사한 후 자격증을 부여하는 방법이 바람직할 것이다. 또한 자격증을 받은 후에도 부정행위나 범법사실이 드러날 경우 언제라도 자격증을 취소할 수 있도록 한다.

3. 미국의 카지노 License 제도(www.gaming.nv.gov)

1) Sheriff Card

미국 네바다주에서는 카지노종사원들이 받아야 하는 게임카드(Gaming Card)와 호텔 및 식음료 종업원들이 받아야 하는 비게임카드(Non-gaming Card)로 구분된다. 카드발급의 주관처는 라스베이거스 경찰서이며, 관장기관은 감독위원회(Gaming Control Board)의 조사과(Investigation Division)이다. 심사방법은 광범위한 배경조사인데, 공문서 위조 등에 관련된 구속사실 여부, 과거에 게임법을 위반하여 자격이 취소되었는지 여부 등을 조사하게 된다. 그러나 범죄집단의 구성원에게는 자격증이 주어지지 않는다. 만일 카드발급이 거부된 경우 신청자는 게임위원회(Gaming Commission)에 15일 이내에 재심을 청구할 수 있으며, 게임위원회는 관리위원회에서 전달된 서류를 검토한 뒤에 카드발급 여부에 관한 결정을 내린다. 그리고 여기에서 내려진 결정은 최종 결정으로서 번복될 수 없다. 카드의 신청가능 연령은 21세, 수수료는 20달러이며, 유효기간은 3년이다. 그러나 자격에 특별한 하자가 없는 경우에는 계속 연장할 수 있다.

2) Key Employee License

주요 종사원의 범위는 고객에게 크레딧이나 콤프를 제공해줄 수 있는 자, 회계부서담당자, 직원을 고용하거나 해고시킬 수 있는 자, Shift Supervisor, 카지노의 수익을 관리하는 자, 카지노 운영방법을 결정할 수 있는 자, 그리고 감독위원회에서 요구하는 자 등이다.

3) Alcohol Awareness Card

식음료부서 종사원들이 받아야 하는 종사원 카드로서 바텐더, 칵테일 웨이트리스, 주방장, 식당종사원 등이다. 알코올을 다루는 교육은 주정부와 계약을 맺은 사설기관 또는 네바다 라스베이거스주립대학(UNLV)에서 교육프로그램을 이수하면 되는데, 이 경우 교육시간은 5시간이다. 신청자의 연령은 21세 이상이고, 유효기간은 3년이며, 카드발급 수수료는 15달러이다.

4. 호주의 License 제도[1]

호주 카지노감독위원회(Casino Control Authority)에서는 특별종사원(Special Employee)에 대해 면허증(License)을 받도록 규정하고 있다. "Special Employee"란 다음과 같은 종사원을 의미한다.

• 카지노 관리자	• 딜러	• 환전담당자
• 간부급 직원	• Supervisor	• 현금출납(Cage)
	– Floor Person	• 칩출납(Bank)
	– Pit Boss	• 안전관리부(Security)

면허증을 신청하기 위해서는 ① 신청수수료, ② 고용허가증, ③ 사진, ④ 지문이 요구된다. 단, 면허증은 18세 미만은 신청할 수 없다. 카지노감독위원회에서는 다음과 같은 내용을 토대로 신청자의 면허증 발급 여부를 결정한다. 정직성, 청렴성, 배경, 재정적 안전성, 신청분야 업무의 적합성이다. 카지노감독위원회에서는 신청자에 대한 조사 및 평가결과를 토대로 면허증 발급 여부를 결정하게 되는데, 조사결과 적합하지 않은 경우에는 면허를 부여하지 않는다.

면허증 소지자는 영업장 내에서 신분이 확인될 수 있도록 카지노감독위원회에서 공인된 신분증을 착용해야 한다. 면허증의 유효기간은 3년이며, 다음과 같은 경우에는 취소된다.

① 면허를 받은 자가 사망할 경우

② 면허증이 취소될 경우

③ 고용계획이 만료될 경우

④ 면허를 받은 자가 스스로 면허증을 포기할 경우

1 호주 New South Wales Casino Control Authority의 Brian Farrell 감독위원으로부터 개인적으로 받은 내용임.

13장

카지노산업의 경제적 · 사회적 영향

제1절 카지노산업의 경제적 영향

1. 경제적 파급효과의 개념

카지노수입(收入)으로 인한 외화획득은 우선 우리나라의 국제수지를 개선하는 데 기여한다. 또한 카지노수입은 새로운 취업기회와 소득을 창출하고, 조세수입을 증가시키며, 지역경제를 활성화하는 데 기여한다. 이러한 긍정적인 경제적 효과 때문에 외화획득을 필요로 하는 개발도상국은 물론, 대부분의 선진관광대국에서도 카지노산업을 적극 육성하고 있는 추세이다.

카지노수입으로 인한 경제적 효과는 카지노산업 자체에만 영향을 주는 것이 아니라, 다른 연관산업에 경제적 파급효과를 발생시킨다. 이러한 연쇄효과를 예를 들어 설명해보자.

첫째, 외래관광객이 한 카지노를 이용하면서 지출한 비용은 우선 그 카지노의 수입이 되는데, 이를 직접효과 또는 1차 효과라고 한다.

둘째, 이 카지노는 그 수입의 일부를 다른 산업에서 식자재나 공산품 등을 구입하는 데 지출하며, 그 결과 이들 산업에 생산효과를 가져오게 되는데, 이를 간접효과라고 한다. 또한 이 돈을 받은 산업은 다른 산업에서 원재료를 구입하기 위해 지출함에 따라 연쇄파급효과가 발생한다. 이러한 연쇄파급효과는 그 돈이 수입(輸入)이나 세금 등으로 인해 그 경제 내를 완전히 빠져 나갈 때까지 계속된다.

여기서 직접 및 간접효과를 승수(Multiplier)라고 한다. 따라서 카지노산업의 경제적 파급효과를 산업연관모델을 이용하여 좀 더 논리적이고 체계적으로 평가하는 작업은 매우 중요한 의미를 갖는다.

[표 13-1] **카지노산업의 경제적 효과의 의미**

구분	효과발생 내용
직접효과	카지노업체가 카지노이용객에게서 받아들인 수입금을 말한다. 이는 다른 산업에 파급효과를 발생시키기 전(前)단계이므로 1차 또는 직접효과라고 부른다.
간접효과	카지노업체가 수입금의 일부를 식자재나 공산품 구입을 위해 다른 산업에 지출함에 따라 나타나는 경제적 효과를 말한다. 이러한 효과는 산업과 산업 간에 연속적으로 나타난다. 예를 들면, 농업·전기수도가스업·건설업·제조업·서비스업 등 카지노관련 산업에 경제적 효과를 발생시킨다.

자료: 이충기(2017). 관광응용경제학. 대왕사.

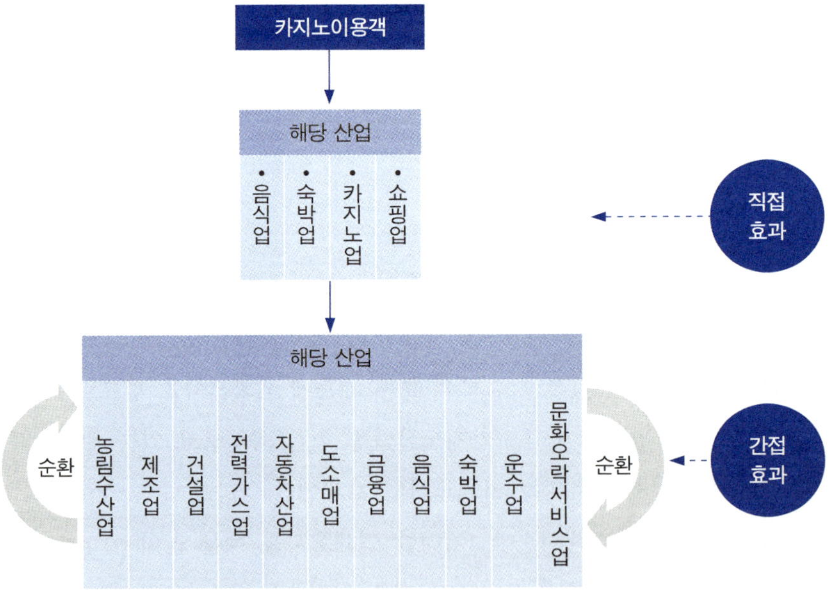

[그림 13-1] **카지노산업의 경제적 파급효과 흐름도**

2. 카지노산업에 대한 산업연관 분석방법

Leontief(1966)가 개발한 산업연관모형은 산업 간 상호 연관관계를 알 수 있을 뿐만 아니라, 카지노 외화획득액을 포함한 수출의 증가로 국가 전체 산업에 파급시킨 경제적 효과를 평가하는 데 유용한 기법이다(이충기, 2011a).

카지노산업의 경제적 효과를 분석함에 있어서 우선 어떤 부문을 산업연관표상에서 카지노산업으로 정의할 것인지가 중요한 관건이다. 카지노업을 비롯한 관광산업은 그동안 수요 측면에서 정의되어 왔기 때문에 제조업 등 타 경제부문과는 달리 산업연관표상에는 하나의 산업으로 명확히 분류되어 있지 않다. 따라서 카지노업이 속해 있는 부문을 분리시켜 하나의 독립된 부문으로 세분화하는 작업이 필요하다.

카지노산업은 현행 관광진흥법상 '카지노업'으로 분류되어 있으나, 산업연관표상에는 기타 문화오락서비스업으로 분류되어 있으며, 기타 문화오락서비스업에는 유원지 · 오락장 · 카지노 등의 서비스활동과 오락장비 임대를 포함하고 있다. 카지노산업의 경제적 파급효과를 분석하기 위한 연구방법을 제시해보면 다음과 같다.

① 한국은행에서 발간한 산업연관표로부터 일반부문은 통합하고, 카지노부문은 세분화한다.
② 국산거래표로부터 투입계수를 산출하고, 이를 토대로 카지노업의 생산승수 · 소득승수 · 고용승수 · 부가가치승수 · 간접세승수 등을 도출한다.
③ 카지노매출액 자료와 앞서 설명한 각종 승수를 고려하여 카지노산업의 총 경제적 파급효과를 평가한다.

외국인전용 카지노산업의 경제적 파급효과에 대한 분석방법은 다음과 같다.

1) 승수도출

(1) 생산승수

최종 수요 1단위가 발생했을 때, 각 산업부문이 이를 충족시키기 위해 전체 산업부문에 파급시킨 직간접 생산효과를 나타낸다. 카지노업의 생산승수는 1.8565로 나타났다. 한편 카지노업의

[표 13-2] 카지노산업의 승수

산업부문	생산승수	소득승수	부가가치승수	간접세승수	고용승수[a]
농림수산품	1.8231	0.1992	0.8601	0.0490	0.0044
광산품	1.8696	0.3270	0.8829	0.0137	0.0071
음식료품	2.1729	0.2528	0.7540	0.1399	0.0063
섬유 / 가죽제품	2.0350	0.2968	0.6254	0.0382	0.0078
한류(의류)	1.9299	0.2407	0.5248	0.0582	0.0068
목재 / 종이 / 인쇄	2.0295	0.3103	0.7153	0.0490	0.0079
석탄 / 석유제품	1.2332	0.0516	0.4022	0.2010	0.0011
화학제품	1.8472	0.2127	0.6035	0.0413	0.0043
화장품	1.9847	0.2347	0.7877	0.0498	0.0056
비금속광물제품	2.1259	0.3018	0.7675	0.0453	0.0069
금속제품 / 가공품	1.9617	0.2625	0.6291	0.0282	0.0051
컴퓨터 / 전자 / 광학기기	1.7074	0.1974	0.6058	0.0251	0.0038
전기 / 기계 장비	2.0938	0.3019	0.6987	0.0321	0.0067
운송장비	2.4468	0.3057	0.6762	0.0624	0.0067
기타제조업제품	1.9695	0.4369	0.8200	0.0429	0.0084
전력 / 가스 / 증기 / 수도	1.4896	0.1566	0.5973	0.0422	0.0032
건설업	2.0212	0.4699	0.8177	0.0889	0.0093
쇼핑업	1.7474	0.4196	0.8925	0.0737	0.0115
관광교통업	1.4759	0.2715	0.5323	−0.0004*	0.0050
운송서비스	1.9645	0.3765	0.8136	0.0367	0.0123
음식업	2.1913	0.3539	0.8184	0.1236	0.0118
숙박업	1.7564	0.4177	0.8915	0.0593	0.0093
정보통신 / 방송서비스	1.8310	0.3272	0.8564	0.0610	0.0073
게임영상	1.4652	0.3666	0.8911	0.0406	0.0093
금융 / 보험 / 부동산	1.5004	0.2396	0.9478	0.1277	0.0051
과학기술 / 사업지원	1.7069	0.4905	0.8765	0.0401	0.0124
행정 / 국방 / 교육	1.4421	0.6140	0.9296	0.0198	0.0113
보건 / 사회복지서비스	1.6702	0.6304	0.8599	0.0276	0.0200
의료관광 / 의료미용	1.8128	0.3897	0.8147	0.0443	0.0119
문화서비스	1.7108	0.4382	0.8896	0.0433	0.0110
여행업	1.7927	0.4329	0.8902	0.0906	0.0121
스포츠	1.6943	0.3555	0.8943	0.1547	0.0079
카지노업	1.8565	0.2295	0.8769	0.2305	0.0086
기타 서비스	2.0242	0.4445	0.8270	0.0726	0.0137
기타	2.6394	0.4847	0.8539	0.0425	0.0098
전 산업 평균	1.8578	0.3383	0.7750	0.0656	0.0083

주: 한국은행(2019). 「2015 전국산업연관표」를 토대로 승수를 도출함.

a: 임금근로자를 기준으로 산출함.

*: 세금 납부액보다 정부 보조금이 더 많기 때문에 마이너스로 나타남.

생산승수가 1.8565이라 함은 카지노이용객이 1달러를 소비할 때마다 우리나라 전체 경제에 직간접효과를 통해 약 1달러 86센트의 생산효과를 발생시킨다는 것을 의미한다.

(2) 소득승수

최종 수요 1단위가 발생했을 때, 각 산업부문이 이를 충족시키기 위해 전체 산업부문에 파급시킨 직간접 소득효과를 나타낸다. 소득은 지역주민에게 직접 지출되는 개인소득을 나타내기 때문에 매우 중요한 의미를 갖는다. 카지노업의 소득승수는 0.2295로 나타났다. 카지노업의 소득승수가 0.2295라는 것은 카지노이용객이 1달러를 소비할 때마다 우리나라 전체 경제에 약 23센트의 소득파급효과를 발생시킨다는 것을 의미한다.

(3) 부가가치승수

최종 수요 1단위가 발생했을 때, 각 산업부문이 이를 충족시키기 위해 전체 산업부문에 파급시킨 직간접 부가가치효과를 나타낸다. 카지노업의 부가가치승수는 0.8769로 전체 산업부문 평균치(0.7750)를 웃돌고 있어 매우 높은 부가가치효과를 창출하고 있는 것으로 나타났다. 카지노업의 부가가치승수가 0.8769라는 것은 카지노이용객이 1달러를 소비할 때마다 우리나라 전체 경제에 약 88센트의 소득파급효과를 발생시킨다는 것을 의미한다.

(4) 간접세승수

최종 수요 1단위가 발생했을 때, 각 산업부문이 이를 충족시키기 위해 전체 산업부문에 파급시킨 직간접 간접세효과를 나타낸다. 재정수입은 중요한 이슈이므로 재정수입과 관련된 간접세승수는 중요한 의미를 갖는다. 카지노업의 간접세승수는 0.2305로 전체 산업부문 평균치(0.0656)를 크게 웃돌고 있어 매우 높은 재정수입을 창출하고 있음을 알 수 있다.

(5) 고용승수

최종 수요 1단위(100만 원당 고용자수로 나타냄)가 발생했을 때, 각 산업부문이 이를 충족시키기 위해 전체 산업부문에 파급시킨 직간접 고용효과를 나타낸다. 지역주민에 대한 고용창출은 중요한 정책과제이기 때문에 고용승수는 중요한 의미를 갖는다. 카지노업의 고용승수는 0.0086으로 나타났다.

2) 외화가득효과

외화가득효과는 각 산업부문의 수출액에서 수입유발액(수출액 × 직간접효과를 나타내는 수입승수)을 차감한 후, 이를 수출액으로 나누어 산출한다. 카지노업의 외화가득효과는 약 80%로 수출산업인 승용차(62%), 휴대폰(52%), 반도체(49%)에 비해 높은 것으로 나타났다. 한편 관광산업의 외화가득효과는 소매업(쇼핑업, 86%)이 가장 높게 나타났으며, 다음으로는 문화스포츠 서비스업(84%), 숙박업(83%), 음식업(76%)으로 나타났다.

[표 13-3] **카지노산업의 외화가득효과**

산업부문		외화가득효과	순위
수출산업	반도체	49.3%	9
	이동전화기(휴대폰)	52.2%	8
	TV	46.6%	10
	승용차	62.1%	6
관광산업	소매업(쇼핑업)	85.7%	1
	관광교통업	52.7%	7
	음식업	75.7%	5
	숙박업	83.4%	3
	문화스포츠 서비스업	83.8%	2
카지노산업	카지노(오락 서비스)	79.5%	4

3) 외국인전용 카지노산업의 총 경제적 파급효과 분석

지금까지는 승수효과, 즉 최종 수요 1단위가 발생했을 때 전체 산업부문에 파급시킨 직간접효과를 평가했다. 여기서는 2024년 외국인전용 카지노산업이 벌어들인 외화획득액인 약 1조 8,614억 원(13억 6,200만 달러)이 우리나라 전체 경제에 미친 총 경제적 파급효과를 평가하고자 한다.

카지노업의 총외화획득액이 우리나라 전체 경제에 발생시킨 생산파급액은 약 3조 4,558억 원(25억 2,900만 달러), 소득파급액은 약 4,271억 원(3억 1,300만 달러), 부가가치파급액은 약 1조 6,322억 원(11억 9,400만 달러), 간접세파급액은 약 4,291억 원(3억 1,400만 달러)으로 평가되었다. 또한 카지노업의 총외화획득액이 우리나라 전체 경제에 발생시킨 고용창출효과는 16,048명인 것으로 나타났다.

[표 13-4] **카지노산업의 총 경제적 파급효과**

구분	생산파급	소득파급	부가가치파급	간접세파급	고용파급(명)
백만 원	3,455,770	427,123	1,632,217	429,135	16,048
백만 달러	2,529	313	1,194	314	16,048

4) 카지노산업의 수출대체효과 분석

카지노산업의 외화획득에 대한 수출가치를 평가하기 위해 소형승용차와의 대체효과를 분석했다. 소형자동차 1대당 수출가격(약 25,000 달러 가정)을 고려할 때 2024년 카지노산업의 총외화획득(13억 6,200만 달러)은 자동차 54,484대를 수출한 것과 동일한 효과를 갖는다. 또한 카지노이용객 1인당 지출액(463 달러)을 고려할 때 카지노이용객 54명을 유치하면 자동차 1대를 수출한 것과 동일한 효과를 갖는다.

제2절 카지노산업의 사회적 영향

1. 카지노 개장 전후의 지역주민 인식변화

1) 지역주민 인식변화 연구

강원랜드 카지노 개장으로 인한 사회적 · 경제적 · 환경적 영향에 대해 지역주민이 어떻게 인식하고 있는지를 알아보기 위해 개장 전(2000. 7. 4~7)과 후(2000. 12. 21~24)로 나누어 설문조사를 실시했다(이충기, 2001). 모집단은 카지노의 직접적인 영향권이라고 생각되는 정선군민과 태백시민으로 선정했다. 설문조사를 실시한 결과 사전조사와 사후조사에 대한 동일표본은 404명으로 나타났다.

요인분석을 실시한 결과, 6개 요인(부정적 환경영향, 부정적 사회영향, 긍정적 사회영향, 긍정적 경제

영향, 도박폐해, 부정적 경제영향)으로 도출되었다. 카지노 개장 전후에 있어서 카지노영향에 대해 지역주민의 인식차이를 검증한 결과, 32개 항목 중 31개 항목에서 차이가 있는 나타났다. 즉 대체로 사전기대가 사후결과에 비해 높은 것으로 나타났으며, 반면에 도박중독증이나 고리대금업과 같은 도박폐해에 대해서는 사후결과가 사전기대에 비해 훨씬 높은(심각한) 것으로 나타났다. 구체적으로 살펴보면 다음과 같다.

① 부정적 환경영향 요인에 대해 지역주민들은 카지노 개장 전 조사에서 매우 심각할 것으로 예상했으나, 개장 후 조사에서는 이러한 심각성이 다소 낮아진 것으로 나타났다.

② 부정적 사회영향에 대해 지역주민들은 카지노 개장 전 조사에서 보통 이상으로 예상했으나, 개장 후 조사에서는 다소 낮아진 것으로 나타났다. 그러나 주민들은 범죄와 정치적 부패(뇌물고리 등)를 우려하는 것으로 나타났다.

③ 긍정적인 사회영향에 대해 지역주민들은 기대에 못 미치고 있다고 인식하는 것으로 나타났다. 가장 기대에 못 미치는 항목은 위락시설의 이용기회이며, 다음으로는 삶의 질 향상, 자부심, 교육환경 개선으로 나타났다.

④ 긍정적인 경제영향에 대해 지역주민들은 사전기대에 훨씬 못 미치는 것으로 나타났다. 가장 큰 기대차이를 보이는 항목은 개인소득, 생활수준 향상, 외부투자와 사업 활성화로 나타났다. 그러나 기반시설과 관광객 소비지출은 개장 후 다소 증가했다고 인식하는 것으로 나타났다.

⑤ 도박폐해에 대해 지역주민들은 사전에 기대했던 것보다 훨씬 심각하게 느끼고 있는 것으로 나타났다. 특히 카지노 개장 후 고리대금업과 도박중독자가 심각하게 증가했다고 인식하고 있으며, 다음으로 사행심과 가정파탄의 순으로 나타났다.

⑥ 부정적인 경제영향에 대해 주민들은 사전에 기대한 것보다 다소 낮아졌다고 느끼는 것으로 나타났다. 그러나 개장 후 카지노수입의 외부유출에 대해서는 여전히 부정적인 견해를 나타냈다.

2) 카지노 영향에 관한 구조관계 연구

본 연구는 강원랜드 지역주민을 대상으로 개장 전과 개장 후에 대한 종단연구를 실시했다(Lee & Back, 2006). Pre-survey는 2010년(개장전 6개월)에 실시하여 517부를 수집했고, Post 1-survey는 2011년(개장 후 6개월)에 실시하여 404부를 수집했으며, Post 2-survey는 2002년에 실시하여 415부를 수집했고, Post 3-survey는 2003년에 실시하여 567부를 수집했다. 종단연구에 참여한 지역

[표 13-5] 요인분석결과 및 사전 · 사후 동일표본 간 차이검증

요인명 및 측정항목	요인 적재량	고유값	분산 설명	신뢰 계수	평균값[a] 사전 조사	평균값[a] 사후 조사	평균차이[b]	t-값[c]
• F1: 부정적 환경영향		7.02	21.9%	0.88				
-소음	0.83				4.02	3.36	-0.66	-9.4**
-수질오염	0.83				4.01	3.22	-0.79	-10.9**
-쓰레기	0.82				4.16	3.51	-0.64	-9.1**
-교통체증	0.78				4.02	3.56	-0.46	-6.8**
-자연자원 파괴	0.77				4.06	3.39	-0.67	-8.9**
-방문객으로 인한 혼잡	0.57				3.89	3.13	-0.76	-11.6**
• F2: 부정적 사회영향		5.68	17.8	0.87				
-이혼	0.82				3.45	3.09	-0.36	-4.8**
-알코올 및 마약중독	0.81				3.51	3.11	-0.40	-4.8**
-매춘	0.78				3.62	3.21	-0.41	-5.2**
-정치적 부패(뇌물 등)	0.71				3.47	3.27	-0.20	-2.6*
-범죄	0.71				3.59	3.36	-0.23	-2.8**
• F3: 긍정적 사회영향		2.46	7.7	0.85				
-미풍양속 보존	0.75				2.56	2.34	-0.22	-3.6**
-지역주민 자부심	0.74				3.19	2.55	-0.64	-9.3**
-자녀의 교육환경 개선	0.73				2.38	1.99	-0.39	-6.0**
-위락시설 이용기회	0.70				3.66	2.39	-1.26	-18.8**
-공동체의식 · 단결심 강화	0.67				2.76	2.50	-0.26	-3.6**
-삶의 질 향상	0.66				3.11	2.34	-0.77	-11.9**
• F4: 긍정적 경제영향		1.69	5.3	0.80				
-외부투자 및 사업 활성화	0.75				3.96	2.89	-1.07	-15.7**
-고용기회	0.70				3.63	3.01	-0.62	-9.6**
-관광객 소비지출	0.70				3.94	3.17	-0.78	-12.0**
-지방세수 확대	0.69				3.73	3.01	-0.72	-11.3**
-생활수준 향상	0.61				3.42	2.32	-1.10	-19.3**
-개인소득	0.54				3.41	2.29	-1.12	-18.2**
-기반시설 확충	0.43				4.00	3.21	-0.79	-12.0**
• F5: 도박폐해		1.54	4.8	0.88				
-도박중독증	0.85				3.55	3.94	0.39	4.6**
- 재산탕진	0.85				3.51	3.79	0.28	3.4**
-사행심	0.83				3.54	3.86	0.32	3.7**
-가정파탄	0.65				3.47	3.52	0.04	0.5
-고리대금업	0.43				3.65	4.24	0.58	7.1**
• F6: 부정적 경제영향		1.41	4.4	0.59				
-생활비 부담	0.83				3.24	2.93	-0.32	-4.7**
-세금부담	0.80				3.35	3.09	-0.26	-4.0**
-카지노수입의 외부유출	0.43				3.78	3.54	-0.24	-3.1**
총분산			61.9					

주: a. 리커트 5점 척도; n=404, b. [사후조사-사전조사], c. 사전 · 사후조사의 동일표본(paired-samples)에 대한 차이검증.
*: $p < 0.05$, **: $p < 0.01$

자료: 이충기(2001). 폐광지역 내국인출입 카지노 개장에 따른 開場前後의 지역주민 인식변화와 부작용 저감방안. 『관광학연구』, 25(2), 135~154.

주민들은 대체로 동일한 표본이었으며, 이사 등으로 동일표본을 찾지 못한 경우는 다른 지역주민으로 대체했다.

본 연구모형은 사회교환이론(Social Exchange Theory)에 근거하여 개발되었으며, 구조모형을 통해 분석했다. 사회교환이론이란 카지노 개발이 비용(Cost)보다 혜택(Benefit)이 크다고 믿는 주민은 카지노 개발을 지지하는 반면, 혜택보다 비용이 크다고 믿는 주민은 카지노 개발을 반대할 것이다. 구조모형 분석결과 긍정적 사회영향, 환경영향, 경제영향은 혜택과 지지도에 긍정적인 영향을 미치는 것으로 나타났다. 또한 혜택은 지지도에 긍정적인 영향을 미치는 것으로 나타났다. 부정적 경제영향은 혜택에 부정적 영향을 미치고, 부정적 사회영향은 혜택과 지지도에 부정

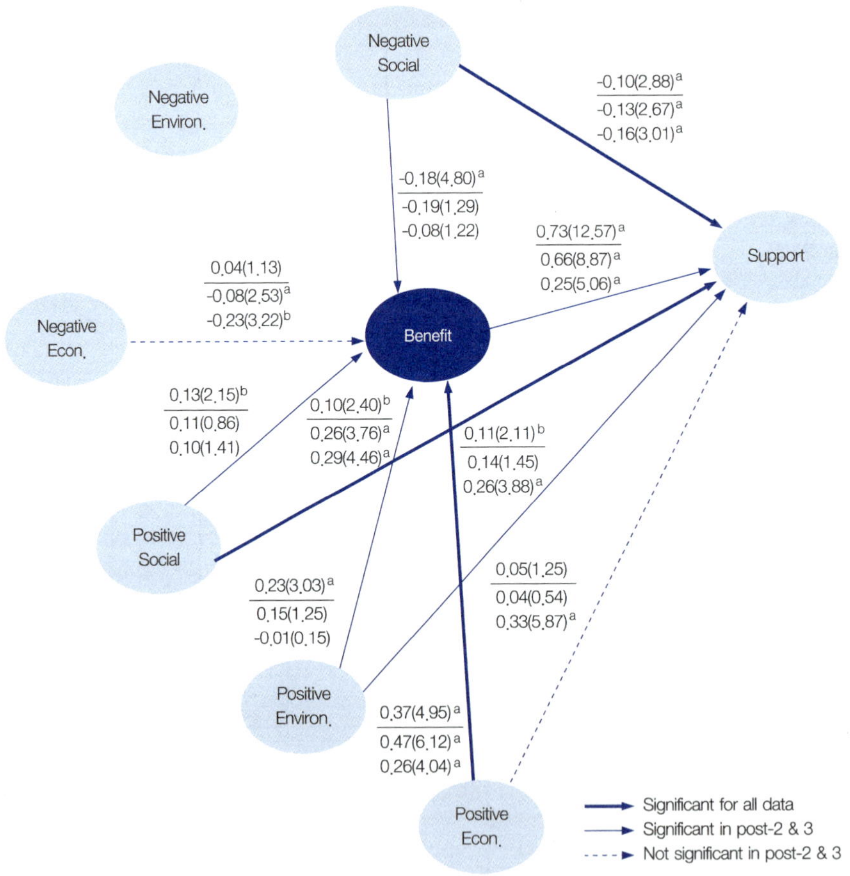

주: 첫 번째 수치(이텔릭체, 밑줄)는 Pre, 두 번째 진한 수치는 Post 1, 세 번째 이탤릭 수치는 Post 2 & 3 survey data.
( ): t값. a, b: $p<0.001$, $p<0.01$.

자료: Lee, C. K., & Back, K. J. (2006). Examining structural relationships among perceived impact, benefit, and support for casino development based on 4 year longitudinal data. *Tourism Management*, 26(7), 466-480.

[그림 13-2] 카지노 영향에 대한 종단연구

적인 영향을 미치는 것으로 나타났다. 특히 개장 전후 모두에서 긍정적 경제영향은 혜택에 긍정적 영향을, 긍정적 사회영향과 혜택은 지지도에 긍정적 영향을, 부정적 사회영향은 지지도에 부정적 영향을 미치는 것으로 나타났다. 요약하면 긍정적 사회영향과 경제영향은 혜택이나 지지도에 긍정적인 영향을 미치는 중요한 요인으로 나타났다. 이러한 분석결과는 사회교환이론을 지지한다는 것을 시사해준다.

2. 카지노 지역주민의 삶의 질 평가

삶의 질은 단순히 경제적 영향에 의해서만 결정되는 것은 아니며, 지역사회를 둘러싼 사회문화적 · 환경적 영향에 의해서도 결정된다(이봉구 · 이충기, 2004). 가령 카지노로 인하여 사회적 부작용이나 지역주민의 갈등이 심각해진 경우 삶의 질은 낮아질 수 있다.

1) 삶의 질 평가(2003년과 2008년 간 비교)

(1) 경제적 영향

삶의 질 내용 중 경제적 영향에 대해서는 2003년(이충기, 2003)에 비하여 2008년(이충기, 2008)에는 전반적으로 향상된 것으로 나타났다. 이러한 이유는 2003년에는 카지노시설이 주류를 이룬 반

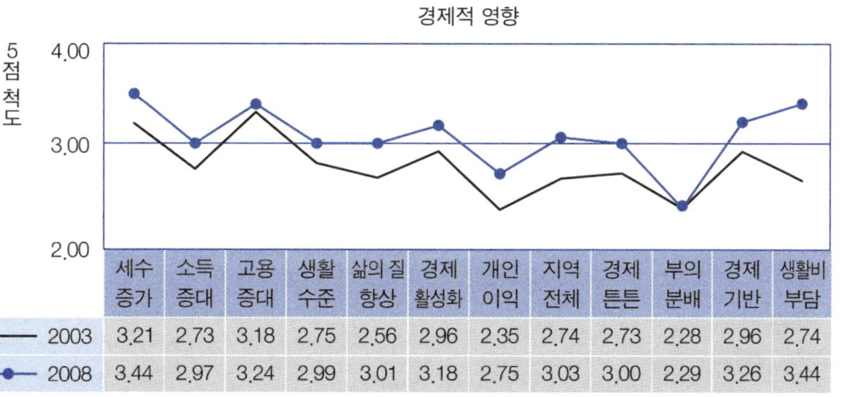

	세수 증가	소득 증대	고용 증대	생활 수준	삶의 질 향상	경제 활성화	개인 이익	지역 전체	경제 튼튼	부의 분배	경제 기반	생활비 부담
2003	3.21	2.73	3.18	2.75	2.56	2.96	2.35	2.74	2.73	2.28	2.96	2.74
2008	3.44	2.97	3.24	2.99	3.01	3.18	2.75	3.03	3.00	2.29	3.26	3.44

주: 5점 척도: 1=전혀 그렇지 않다, 3=그저 그렇다, 5=매우 그렇다.

[그림 13-3] 2003년과 2008년 간 경제적 영향 비교

면, 2008년에는 골프장・스키장 등 리조트로 발전했기 때문인 것으로 분석된다. 구체적으로는 소득 및 고용증대, 세수증가, 생활 및 삶의 질 향상, 개인 및 전체 주민 이익, 경제활성화, 경제기반 등이 2003년에 비하여 향상된 것으로 나타났다. 반면에 부의 분배는 여전히 실현되지 않고 있으며, 생활비 부담은 오히려 증가한 것으로 평가했다.

(2) 사회문화적 영향

삶의 질 내용 중 사회적 영향에 대해서는 2003년에 비하여 2008년에는 3가지 항목을 제외하고는 전반적으로 향상된 것으로 나타났다. 이는 앞서 설명했듯이 2008년에는 골프장・스키장 등 복합리조트로 발전했기 때문인 것으로 분석된다. 구체적으로는 지역주민들은 가족화합, 주민 간 신뢰, 이웃 간 왕래, 자긍심, 공동체의식, 교육환경, 여가기회, 외지인과의 교류, 문화적 영향에 대해서는 2003년에 비하여 다소 향상된 것으로 평가한 반면, 계층 및 지역 간 갈등완화 그리고 치안개선에 대해서는 2003년에 비하여 더 나빠졌다고 평가했다. 또한 비록 사회문화적 영향 중 2003년에 비하여 향상된 항목들 중에서도 주민자긍심 증대, 여가기회, 외지인과의 교류항목을 제외하고는 여전히 보통수준(5점 척도 중 3점)을 밑도는 것으로 나타났다.

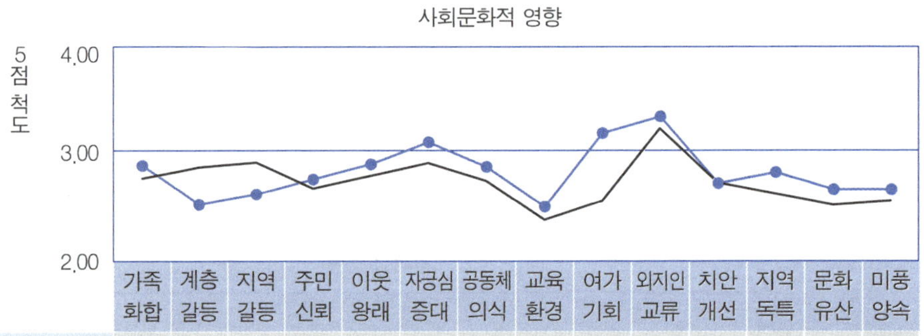

	가족화합	계층갈등	지역갈등	주민신뢰	이웃왕래	자긍심증대	공동체의식	교육환경	여가기회	외지인교류	치안개선	지역독특	문화유산	미풍양속
2003	2.60	2.78	2.78	2.55	2.73	2.91	2.71	2.26	2.49	3.31	2.82	2.67	2.46	2.46
2008	2.73	2.38	2.41	2.65	2.84	3.07	2.82	2.44	3.09	3.39	2.81	2.89	2.58	2.56

주: 5점 척도: 1=전혀 그렇지 않다, 3=그저 그렇다, 5=매우 그렇다.
주: '계층갈등'과 '지역갈등' 항목은 각각 계층갈등과 지역갈등이 완화되었다는 것을 의미함.

[그림 13-4] **2003년과 2008년 간 사회문화적 영향 비교**

(3) 환경적 영향

삶의 질 내용 중 환경적 영향에 대해서는 2003년에 비하여 2008년에는 모든 항목들이 향상된 것으로 나타났다. 이는 앞서 설명했듯이 2008년에는 골프장・스키장 등 복합리조트로 발전했

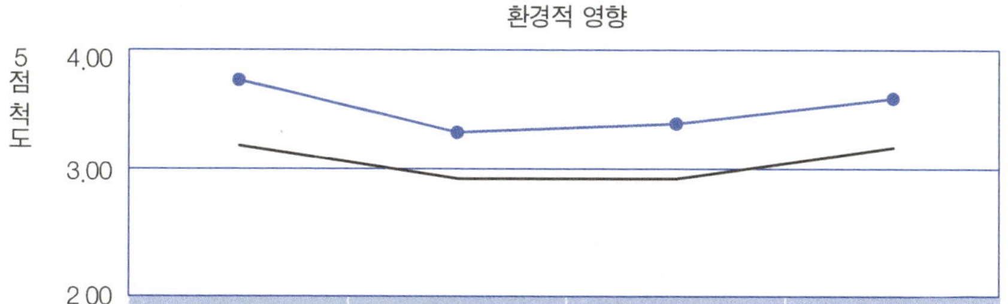

	교통망 편리	자연환경 개선	도시미관 개선	기반시설 확충
2003	3.20	2.95	2.96	3.24
2008	3.77	3.20	3.24	3.56

주: 5점 척도: 1=전혀 그렇지 않다, 3=그저 그렇다, 5=매우 그렇다.

[그림 13-5] **2003년과 2008년 간 환경적 영향 비교**

기 때문인 것으로 분석된다. 즉 지역주민들은 교통망의 편리성, 자연환경 및 도시미관, 기반시설 확충에 있어서 2003년에 비하여 향상된 것으로 평가했으며, 따라서 강원랜드는 환경적 영향항목을 향상시키는 데 기여한 것으로 판단된다.

2) 삶의 질 평가(지지도집단별 비교)

강원랜드 복합리조트 개장을 지지하느냐는 항목에 대해 5점 척도 중 1(전혀 그렇지 않다)이나 2(그렇지 않다)를 체크한 응답자를 저지지도집단, 3(그저 그렇다)을 체크한 응답자를 중지지도집단, 그리고 4(그렇다)나 5(매우 그렇다)를 체크한 응답자를 고지지도집단으로 분류한 후 삶의 질

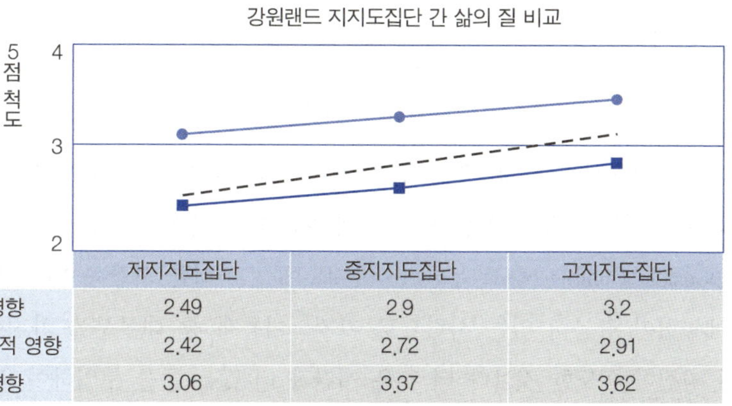

	저지지도집단	중지지도집단	고지지도집단
경제적 영향	2.49	2.9	3.2
사회문화적 영향	2.42	2.72	2.91
환경적 영향	3.06	3.37	3.62

주: 5점 척도: 1=전혀 그렇지 않다, 3=그저 그렇다, 5=매우 그렇다.

[그림 13-6] **지지도집단 간 삶의 질 비교**

에 대해 비교·분석했다. 삶의 질에 대해 강원랜드 지지도집단별로 차이가 있는 것으로 나타났는데, 고지지도집단은 가장 높게, 중지지도집단은 중간 정도, 저지지도집단은 가장 낮은 평가를 내렸다. 특히 고지지도집단은 경제적·사회문화적·환경적 영향으로 인한 삶의 질에 대해 보통 수준 이상의 만족도를 나타냈으나, 중·저지지도집단은 그렇지 않은 것으로 나타났다.

3. 카지노의 부작용[1]

오늘날 카지노는 지역경제 회생, 세수확보, 고용 및 소득 증대, 여가활동의 다양화를 목적으로 전 세계적으로 합법화되고 있는 추세이다. 그러나 이러한 카지노의 순기능과는 달리 도박중독증·재산탕진·가정파탄·범죄발생 등 여러 가지 사회적 부작용을 가져올 수 있다.

일리노이대학의 존 킨트(John Kindt) 교수는 사회적 부작용은 납세자의 재정적 부담을 가중시킨다고 주장하면서 도박에서 발생한 매 1달러를 위해 납세자는 적어도 3달러의 추가적인 재판·사회복지·법제정·인프라 비용들을 지출해야 한다고 역설한다. 대부분의 도박중독자들은 그들의 행동으로 6~12명의 다른 사람들에게 피해를 주는 것으로 나타났다(www.family.org/cforum/hotissues). 이들로 인한 사회적 비용은 사기, 횡령, 범죄, 은행사기, 크레딧카드빚, 도산, 보험료 증가, 경찰력 증가, 법원·교도소에 소요되는 비용 등을 포함한다. 여기서는 주로 외국 카지노를 중심으로 사회적 문제점을 살펴보기로 한다.

1) 도박중독

미국의 많은 사람에게 게임이란 여가나 레크리에이션의 일환으로 행하는 활동을 의미한다. 가령 몇 장의 복권을 산다든지, 몇천 원을 경마에 내기한다든지, 가볍게 슬롯머신을 즐긴다든지, 재미로 화투를 치는 활동을 말한다. 이렇게 여가의 일환으로 건전하게 게임하는 사람을 건전게임자(Responsible Gambler)라고 부른다. 카지노에서 이러한 사람은 베팅시간과 베팅액수에 대해 자기 통제능력이 충분히 있는 사람으로 카지노이용객 중 대부분을 차지한다.

그러나 자신이 의도한 것보다 더 많은 시간과 더 많은 돈을 투입하여 잃으면 알코올중독과 같은 현상이 나타나게 되고, 그 결과 정신적으로나 신체적으로 또는 사회적으로 심각한 문제에 직

1 이 내용은 이충기·고택운(1999). 「Small 카지노개장에 따른 운영방안 및 사회적 부작용 최소화방안」을 참조함.

면한다. 이러한 사람의 증상은 다음과 같다(www.gov.ab.ca/aadac/services).

① 점점 많은 시간을 도박에 소비한다.
② 베팅액수가 점점 커지고, 횟수가 늘어난다.
③ 도박빚이 점점 불어난다.
④ 잃은 돈을 만회하기 위해 돈을 따기를 기대하며 베팅액수는 더욱 커진다.
⑤ 도박을 줄이겠다고 약속하지만 헛수고다.
⑥ 자신의 행동에 대해 설명하기를 거부하며, 직장에서는 자주 자리를 비운다.
⑦ 도박의 스릴을 그리워하는 등 감정의 기복이 매우 심하다.
⑧ 당첨금에 대해 자랑을 늘어놓으며, 전화를 비정상적으로 많이 한다.
⑨ 집 가까이나 멀리서 도박할 수 있는 새로운 장소를 늘 찾는다.

도박증세는 정도에 따라 문제성 갬블러(Problem Gambler)와 병적 갬블러(Pathological Gambler)로 나뉜다. 문제성 갬블러는 도박행위가 개인생활에 극단적이 아닌 적당한 영향을 미칠 때 나타나는 초기의 도박증세이며, 병적 갬블러는 도박하고 싶은 충동을 통제할 수 없는 중독병으로 개인의 소중한 인생을 침범하여 해치고, 심지어는 망가지게 하는 말기의 도박증세이다. 이때는 도박빈도가 갈수록 늘어나고 금액은 갈수록 증가하기 때문에 개인이 감당하지 못하게 되어 개인은 물론, 가족과 직장생활에까지 치명적인 손실을 가져올 수 있다. 도박증세 중 가장 심각한 병적 갬블러는 미국정신의학회에 의해 충동조절질환으로 분류된 일종의 병이다. 하라(Harrah) 카지노에서는 병적 갬블링을 "중독성 증세가 있고 개인의 사업이나 종업원의 성과를 교란시키는 행동"으로 정의하고 있다. 어떠한 개념이든 간에 도박중독은 개인의 성격과 가족관계 및 직장생활에 치명적인 손상을 가져올 수 있다.

도박중독이 심해지면 자신이 감당할 수 없을 정도의 시간과 돈을 지출하게 되고, 친구나 친척에게서 돈을 꾸게 된다. 도박빚을 갚기 위해 심지어는 회사의 공금을 횡령하거나 돈을 훔치는 등 범죄행위로까지 이어진다. 또한 가정에서는 자녀를 자주 학대하고 아내와 심하게 싸워 이혼에 이르기도 한다. 이것이 심해지면 가정파탄과 재산탕진으로 자살을 시도하게 되는데, 이러한 지경에 처해 있는 사람이 바로 도박중독자이다.

[표 13-6]은 레크리에이션 갬블러, 문제성 갬블러, 병적 갬블러 간 레크리에이션 활동에 대한 선호도에 있어서 차이가 있다는 것을 보여준다. 전반적으로 도박중독이 없는 레크리에이션 갬블러는 문제성 및 병적 갬블러에 비해 실내외 레크리에이션 활동에 있어서 선호도가 높다. 구체

[표 13-6] 레크리에이션 갬블러, 문제성 갬블러, 병적 갬블러 간 레크리에이션 활동 선호도 차이

레크리에이션 활동	레크리에이션 갬블러 (n=200)	문제성 갬블러 (n=200)	병적 갬블러 (n=200)	F-값	유의성 (Sig.)
골프	3.74A[a]	3.36B	3.14B	5.84	0.003
스키	4.57A	4.23A	3.78B	9.52	0.000
가족활동	4.80A	4.20B	3.83B	13.40	0.000
패키지관광	4.60A	4.17B	3.84B	8.50	0.000
테마파크	4.75A	4.29B	3.86C	12.10	0.000
실내스포츠	4.75A	4.16B	4.04B	8.63	0.000
영화	4.40	4.25	4.20	0.64	0.529

주: 7점 척도(1=전혀 선호하지 않음, 7=매우 선호함).
[a]Duncan's multiple-range tests: 같은 알파벳 글자는 5% 유의수준에서 차이가 없음을 나타냄.
자료: Lee, C. K., Bernhard, B. J., Kim, J. S., Fong, T., & Lee, T. K.(2015). Differential gambling motivations and recreational activity preferences among casino gamblers. *Journal of Gambling Studies*, 31(4), 1833~1847.

적으로 골프·가족활동·패키지관광·실내스포츠에 대한 선호도에 있어서 레크리에이션 갬블러는 문제성 및 병적 갬블러와 차이가 있는 반면, 문제성 및 병적 갬블러는 유사한 선호도를 나타낸다. 반면 영화에 대한 선호도는 세 집단 모두 차이가 없는 것으로 나타난다. 또한 스키는 레크리에이션 갬블러와 문제성 갬블러 간 유사한 선호도를 나타내지만, 병적 갬블러는 낮은 선호도를 나타낸다. 특이한 것은 병적 갬블러는 영화를 제외한 나머지 활동들에 대한 선호도에 있어서 보통수준을 밑도는 것으로 나타난다.

도박중독에 관한 몇 가지 사례를 살펴보자. 미국 뉴저지주 도박중독위원회(Council on Compulsive Gambling of New Jersey)는 1996년 시민들에게서 2만 6,000건의 전화를 받았다. 이 중 약 70%는 문제성 도박자였으며, 이들의 도박빚은 평균 3만 1,000달러를 넘는 것으로 나타났다(www.family.org/cforum/hotissues). 또한 이 중에서 9%는 21세 미만이었으며, 13%는 55세 이상인 것으로 나타났다. 또한 2년간 6만 5,000명의 사람들이 도박위원회의 웹사이트를 이용했으며, 한 달 평균 3,000~7,000명이 이용하고 있는 것으로 나타났다.

정확한 숫자를 파악하기는 힘들지만, 도박중독자를 치료하는 전문가들은 카지노종사원 중 도박중독증에 걸린 사람의 비율이 일반인들의 2배에 이르는 것으로 추정하고 있다. 미네소타주에서 심각한 도박문제를 겪고 있는 인구는 1990년 2.5%에서 1994년에는 4.4%로 증가했다(www.family.org/cforum/research). 또한 아이오와주 인구 중 도박중독자의 비율은 1989년 1.7%에서 1995년에는 3배가 넘는 5.4%로 증가했다.

네바다주립대학교의 연구결과에 따르면, 문제성 도박의 발병률은 네바다주가 약 8~9%로 미국에서 가장 높은 것으로 나타났다. 라스베이거스의 '차터'(Charter)병원 도박치유센터의 설립자이자 병원장인 롭 헌터(Rob Hunter) 박사는 카지노종사원 중 15%가 도박중독증에 걸려 있다고 말한다.

미국에서 '단(斷)도박친목모임'(GA: Gamlblers Anonymous)[2]의 지부 수는 최근 8년간 2배로 증가했으며, 현재는 1,200개 이상이나 된다. 특히 오리건주의 단도박친목모임은 3곳에서 비디오포커머신이 소개된 후 5년간에 무려 30곳 이상이나 증가했다. 도박문제연구소장인 헨리 레저(Henry Lesieur)의 연구결과에 따르면, 북미 7개 주의 경우 게임수입(복권, 카지노, 경마 베팅, 스포츠 베팅)의 30.4%는 도박중독자에게서 나온 것이라고 한다.

실제로 카지노와 인접한 지역에 거주하는 주민들이 카지노 열풍이 불어 처음에는 호기심으로 카지노를 출입하면서 점차 도박성향이 강해지고, 나아가 생업에 지장을 줄 정도로 시간을 많이 낭비하거나 재산을 탕진하게 되어 문제시되는 경우가 있다. 미국 동부의 애틀랜틱시티와 인접한 뉴욕 · 워싱턴 · 필라델피아 등지에 거주하는 일부 한인들 중에도 카지노로 인한 도박중독증세를 겪거나 재산을 탕진한 경험들이 있다고 한다.

끊고 싶다! 단박에……, 단도박모임 어느덧 20돌

"세상이 온통 도리짓고땡과 고스톱판으로 보였어요. 아파트 2채를 날리고 아내가 폐결핵에 걸려 다 죽어가도 눈 하나 꿈쩍 안 했습니다"(황모씨, 60, 자영업).

"무아지경에 빠져 30시간씩 화투를 치다 실신하기도 했어요"(김모씨, 47, 주부).

"아버지가 경륜에 미쳐 보름씩 외박하고 들어오면 총으로 쏴 죽이고 싶었는데, 이제 제가 인터넷 게임중독자가 되었습니다"(권모씨, 27).

18일 오전 경기도 오산의 한 연수원에서는 평범한 주부에서부터 40~50대 직장인, 백발 성성한 노인들까지 도박중독자들의 '고해성사'가 계속되었다. 이들은 모두 단(斷)도박모임의 회원들. 창립 20돌을 맞은 이 모임의 기념행사에 430여 명의 회원들이 모인 것이다.

이 모임을 처음 만든 사람은 한 미국인 신부. 그 자신이 도박중독자였던 신부는 한국에 선교사로 온 후에도 카지노출입을 끊지 못했고, 결국에는 지난 1984년 다른 2명의 도박중독자와 함께 자조(自助) 그룹을 만들었다. 20년이 지난 지금 이 모임은 회원수만 1,000여 명에 이르며, 전국에 52개 지부가 있다. 미국 · 호주 등에 교민들을 위한 해외지부도 만들고, 가족들을 위한 모임도 따로 마련했다.

---

2 '단도박친목모임'은 도박을 끊고자 하는 사람들의 모임으로 미국에서 시작해 캐나다 · 호주 · 한국 등 전 세계에 지부가 있다.

중독자들의 사례를 묶어 만든 교재와 심리분석 프로그램을 이용해 지부별로 매주 한 차례씩 모임을 갖고, 자신의 지난 1주일을 반성하는 시간을 갖는다고 했다. 회원들끼리는 '커피 한 잔, 담배 한 개비도 내기하지 않는다'는 것이 철칙이다. 모임의 한 관계자는 "교수나 회계사, 유명 디자이너 등 전문직 종사자들도 도박을 끊기 위해 모임을 찾는다"며 "요즘은 '애가 인터넷 게임에 중독되었으니 좀 살려달라'는 부모들의 전화도 많다"고 말했다.

김모(47, 교사)씨는 지난 20년간 주식투자에 빠져 있다가 6억 원의 빚을 지고 6개월 전부터 단도박모임에 나오게 된 경우이다. 수업이 끝나면 바로 주식시장으로 달려가거나, 밤이 새도록 인터넷으로 시세를 따져본다. 집에 들어가도 가족들과 말 한마디 나누는 법이 없었고, 로또복권으로도 몇천만 원을 날렸다고 했다. 그는 "주식이나 복권은 스스로 도박이라는 생각을 안 하기 때문에 한번 빠져들면 극복하기 힘들다"고 말했다.

이 모임에 참여하고 싶은 사람은 홈페이지(www.dandobak.co.kr) 또는 전화(02-521-2141)로 문의하면 된다.

자료: 조선일보(2004. 4. 19). 끊고 싶다! 단박에……, 단도박모임 어느덧 20돌.

2) 가정파탄, 재산탕진, 자녀학대, 자살

도박과 이혼은 매우 밀접한 관계가 있는 것으로 나타난다. 카지노가 개장된 후 연간 이혼건수는 미시시피주 20여 건, 해리슨 카운티 650건, 사우스다코타주 200건 이상으로 나타났다. 자녀학대는 카지노 개장 이후 급증하고 있다. 콜로라도 센트럴시티의 경우 어린이 보호요청 건수는 6배, 사우스다코타주 데드우드의 경우는 50%로 증가했다.

미국 교포사회는 도박중독으로 인해 가정파탄에 이르는 사람들이 늘고 있다. 10년간 적립한 100만 달러를 카지노에서 날린 정비공장 사장 김모씨, 도박장에서 양수가 터지고 결국 이혼당한 김모 여인, 하룻밤에 12만 달러짜리 BMW를 도박으로 날리고 결국 말다툼 끝에 아내를 폭행해 가정폭력범으로 교도소에 복역 중인 유학생 박모군 등 교포들이 이처럼 카지노에서 패가망신하는 이유는 개인탓도 있지만, 카지노도박장이 자동차로 2~3시간 거리의 생활권에 있고, 한국연예인 초청쇼나 골프대회 스폰서를 자청하는 등의 갖가지 방법으로 교포를 유혹하며, 고리대금업자나 전문해결사조직들이 교민들의 파멸을 부추기고 있기 때문이다.

한 사회학자에 따르면, 라스베이거스는 미국에서 자살률이 가장 높으며, 애틀랜틱시티 또한 카지노가 개장된 이후 자살률이 비정상적으로 높아졌다(www.family.org/cforum/research). 미국도박중독위원회(NCPG: National Council on Problem gambing, www.ncpgambling.org)에 따르면, 도박중독자 5명 중 1명은 자살을 시도한 것으로 나타났다. 단도박친목모임의 멤버 200명 중 66%는 자살을 신중히 생각해본 적이 있으며, 79%는 죽고 싶었고, 45%는 자살계획을 세웠으며, 16%는 실제로 자살을 기도한 것으로 나타났다.

3) 카지노로 인한 과소비

카지노가 도입되면서 발생할 수 있는 사회적 문제 중의 하나는 과소비이다. 카지노게임을 단순히 오락이나 여가활동으로 인식하지 못하고 경제적 부를 획득하는 수단, 즉 '횡재'의 기회로 간주하여 도박화하는 경우가 여기에 해당된다.

미시시피주 주립대학의 연구결과에 따르면, 가난한 사람일수록 소득 중 도박에 지출하는 비중이 높은 것으로 나타났다. 카지노 부근에 사는 미시시피주민 중 연소득 1만 달러 이하인 사람의 경우 도박에 소비하는 비중은 소득의 10%, 1만~2만 달러인 사람의 경우는 4%, 4만 달러 이상인 경우에는 소득 중 1%만을 도박에 소비하는 것으로 나타났다. 뉴저지주 도박중독위원회의 전무이사인 에드워드 루니(Eward Looney)에 따르면, 1997년 1-800 Helpline을 통해서 전화한 도박중독자들의 평균도박빚은 3만 6,185달러로 나타났다. 어떤 고등학생의 경우는 2,800달러, 한 주부의 경우는 4만 5,000달러, 한 기업이사의 경우는 11만 7,000달러의 도박빚을 졌다고 보고한 것으로 나타났다.

카지노는 도박성향이 매우 강한 게임이기 때문에 아주 순식간에 많은 돈을 잃을 수 있으며, 잃은 돈을 만회하기 위해 더 많은 돈을 과다하게 지출하거나 자신이 경제적으로 감당할 수 없을 정도로 지출할 가능성이 높다. 이 같은 카지노에서의 과소비는 원만한 가정생활을 해칠 뿐만 아니라, 사회 전체적으로도 심각한 문제를 야기할 수 있다. 이러한 과소비로 인해 한탕주의는 물론, 근로자의 노동의욕을 저하시키는 문제점 등이 생길 수 있다.

4) 외화유출과 돈세탁

해외 카지노로 귀중한 외화가 유출되는 경우가 많다. 사행산업통합감독위원회(2011)에 따르면 해외원정도박으로 인한 국부유출은 연간 2조 2천억 원에 이르는 것으로 나타났다.

일본정부는 일본관광객들이 해외 카지노에서 낭비하는 외화가 엄청나다는 사실을 알고, 1990년대에 들어와 외화유출 방지차원에서 자국민이 출입할 수 있는 카지노 바를 허가했다. 1998년에는 출국 시 엔화지참 한도액을 500만 엔에서 100만 엔으로 하향조정하여 자국민의 외화유출을 방지하고 있다.

또한 카지노로 인한 부정적 영향 중의 하나는 탈세, 매출액 축소의혹, 카지노를 통한 돈세탁 등을 들 수 있다. 과거 미국의 경우 카지노가 부정한 자금의 세탁장소로 이용된 사례가 있었다. 카지노산업 발전 초기에 조직범죄집단이 당시 금주법으로 판매가 금지되었던 주류를 판매하고, 그 이익금을 합법적인 자금으로 세탁하기 위해 카지노를 이용한 적이 있다. 최근에는 마약판매 자금·정치자금·뇌물 등 출처가 불분명하거나 부정한 자금이 카지노를 돈세탁 장소로 이용하는 경우도 있다.

5) 범죄

대부분의 미국인들은 도박과 범죄증가 간에는 서로 관련이 있다고 말한다. 카지노산업에서는 이를 반박하고 있지만, 카지노지역의 자료를 살펴보면 도박이 범죄증가를 촉진하고 있다는 사실을 입증한다(www.family.org/cforum/research). 『*US News & World Report*』에 따르면 카지노지역의 범죄율은 그렇지 않은 지역에 비하여 84%나 높은 것으로 나타났다.

1970년대에 카지노를 허가한 애틀랜틱시티의 1인당 범죄율은 50개 주 중에서 제일 높았다. 1989년 제한된 카지노를 합법화한 사우스다코타주는 3년 후 범죄율이 60%나 증가했으며, 그 결과 경찰인력은 2배로 증가했다. 콜로라도 센트럴시티는 카지노가 소개된 후 2년 사이에 살인과 도둑이 400%나 증가했다(www.family.org/cforum/research). 또한 카지노가 소개된 이후 9년간 애틀랜틱시티의 반경 30마일에서 발생한 총범죄건수는 107%나 증가했다.

캘리포니아 산호세 경찰청에 따르면, 카드룸의 개장 이후 그 주변지역의 범죄가 현저히 증가한 것으로 나타났다. 한 해에 마약(복용)범죄가 200%나 증가했고, 강도 및 절도가 83%, 좀도둑이 56%, 차량도둑이 21%, 교통사고가 55% 증가했다.

6) 갬블링오류(Gambling Fallacy)

Back, Lee, Ahn, Schmitt, and Kim(2019)에 따르면 갬블링 오류, 잘못된 신념, 인지 왜곡들이 문제성 도박행동(Problem Gambling Behavior)에 영향을 미친다고 한다. 이러한 잘못된 신념이나 인지 왜곡은 게임하는 사람들로 하여금 비합리적인 결정을 내리게 하고, 통제에 대한 환상(Illusion of Control)을 만들어낸다. Back et al.(2019)은 한국 갬블러를 대상으로 다음과 같은 3가지 갬블링오류 요인을 밝혀냈는데 여기에는 승리시스템, 미신, 복종과 비난을 포함한다.

[표 13-7] **갬블링오류**(Gambling Fallacy) **요인**

요인명	항목
승리시스템 (System to Win)	• 나는 장기적으로 게임을 통해 잃는 돈보다 더 많은 돈을 벌 수 있을 것이라고 믿는다. • 어떤 게임이든, 승리하는 데 도움이 되는 베팅 전략이 있다. • 복권 번호를 고르는 특별한 시스템이 있다.
미신 (Superstition)	• 나는 게임할 때 사용하는 '행운' 기술을 가지고 있다. • 내가 행운이 조금 필요할 때는 행운이 따르는 옷이나 보석을 착용한다. • 나는 게임하는 방식에 미신을 믿는다. • 나는 특별한 의식을 치르면 당첨 확률이 높아질 수 있다고 생각한다.
복종과 비난 (Follow and Blame)	• 나는 다수의 베팅 결정을 따른다. • 나는 항상 그룹리더의 베팅 결정을 따른다. • 게임을 할 때, 나는 승자의 결정을 따르곤 한다. • 한 사람이 다른 사람의 결정에 반대하는 베팅을 하면 나는 게임에서 질 확률이 높다.

자료: Back, K. J., Lee, C. K., Ahn, J. S., Schmitt, A., & Kim, H. S. (2019). A mixed method approach to developing a multidimensional scale for gambling fallacy in the Korean context. *International Gambling Studies*, 19(2), 220-240.

제3절 사회적 부작용 최소화 방안

카지노는 양면성이 있다. 하나는 긍정적인 측면으로 지역경제 활성화와 세수증대 및 고용창출 등 경제적 효과를 발생시키고, 폐광지역과 같은 낙후된 지역을 재건하는 데 기여한다. 다른 하나는 부정적 측면으로 사회적 부작용을 들 수 있다. 카지노 도입을 통해 긍정적인 효과를 최대한 이끌어 내면서 부정적인 사회적 부작용을 최소화하기 위해서는 무엇보다도 일반인들의 건전한 카지노 이용을 위한 프로그램과 공공정책이 필요하다.

1. 도박중독자에 대한 공공정책

도박이 불법이던 시기에는 도박을 하는 사람들은 사회적으로 낙인이 찍히거나, 심하면 범법자로 처리되었다. 그러나 복권 · 경마 · 카지노에 대한 합법화가 추진되면서 이들 게임을 즐기는 사람들에 대한 부정적인 시각이 점차 사라지고 있다. 대부분의 미국인들은 갬블링(복권·경마·카지노 등을 포함)을 흥미롭고 사회적으로 인정된 여가활동으로 간주한다. 물론 갬블링에 대한 자기의 행동을 통제할 수 있는 사람들에게는 즐거운 여가활동으로 인식될 수 있으나, 그렇지 않은 사람들에게는 소위 '도박중독증'과 같은 심각한 사회적 문제를 야기할 수도 있다.

갬블링관련 단체 및 위원회에서는 도박증세를 하나의 질병으로 보고 정부와 보험회사가 적어도 도박중독자를 치료하고 재활시키는 데 소요되는 비용만큼은 지원하도록 의무화해야 한다고 주장한다. 알코올이나 약물의 중독자들을 치료해온 병원이라면 도박중독자를 치료하기 위해 새로운 병원을 짓지 않아도 된다. 기존에 고용된 정신병 전문의를 통해 도박증세에 관한 치유 프로그램을 개발하고, 부분적으로 간호사와 정신건강치료기를 다룰 수 있는 기술자만 고용하면 되기 때문이다. 이들을 치료하는 전문가들은 "갬블링 수입의 작은 일부만을 할당해도 도박증세의 희생양들을 치료할 수 있다"고 주장한다(Abt & McGurrin, 1991).

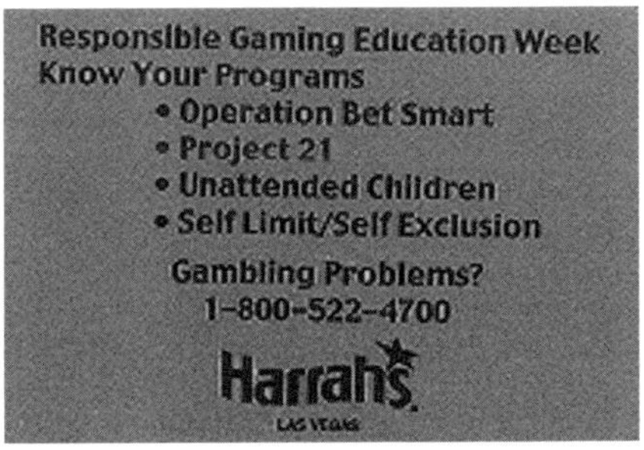

▲하라 카지노의 종업원에 대한 도박중독 교육

'단도박친목모임'은 카톨릭교회에서 운영하는 순수민간단체로서 전 세계에 지부를 두고 도박중독자들을 치료하고 있다. 민간기업으로서 도박중독에 처음 관심을 갖고 프로그램을 개발한 카지노업체는 하라이다. 1987년 애틀랜틱시티의 하라 카지노는 도박중독증세가 있는 종업원과 고객을 위해 안내프로그램을 개발했다. 이 카지노 호텔의 객실과 전화번호부에 '뉴저지의 도박중독증위원회'의 직통 무료전화번호를 게시함으로써 도박중독자들이 스스로 도움을 받을 수 있도록 했다. 또한 하라 카지노는 도박중독에 관한 종업원자문위원회를 설립하여 도박증세가 있는 종업원과 고객을 도울 수 있는 추가적인 프로그램을 개발하여 실행하고 있다. 하라 카지노에서는 도박중독증을 줄이는 것은 카지노업체에게도 이익이라고 생각한다. 왜냐하면 카지노업체는 도박중독증이 있는 고객에게서 신용대출을 환수하지 못할 가능성이 높으며, 도박중독종업원의 이직률이 높기 때문이다. 그 외에도 하라 카지노는 미성년자의 도박에 관한 일반대중의 경각심을 불러일으키는 프로그램을 처음으로 실시했으며, 이를 통해 연간 30만 명에 이르는 미성년자들의 카지노 입장을 막고 있다.

캐나다의 앨버타게임·알코올위원회(AADAC)는 앨버타 주정부 산하기관으로 알코올·약물·도박중독을 치료하는 공공기관이다. 또한 AADAC는 본 위원회에 기금을 제공하는 다른 25개 기관과 연합하여 39개 지역에서 중독 예방·치유 프로그램 등 폭넓은 서비스를 제공한다.

NGC(Nevada Gaming Commission) 규정 제5장 제2항에 따른 홍보물 작성 시 포함되어야 할 내용

네바다주 게임위원회(NGC: Nevada Gaming Commission)에서는 도박중독에 관한 홍보물 작성에 대해서도 다음과 같이 규정하고 있다.

- 수신자부담(네바다도박중독위원회)의 전화번호 추가
- 또는 NGC에서 지정한 도박중독치유센터의 전화번호 추가
- 도박중독의 증상에 관한 내용 설명

카지노 내부에서의 홍보위치는 다음과 같다.

- 카지노영업장 내 현금인출기
- 환전소
- 카지노장 근처

영국에서는 도박중독증을 방지하기 위해 카지노 허가와 이용객을 엄격히 제한하고 있다. 즉 카지노 허가 시 엄격한 심사를 거치며, 게임수요가 실제로 존재한다고 확신할 때 허가해준다. 또한 카지노는 회원제에 의한 클럽형태로 운영되는데, 회원이 되기 위해서는 심사과정을 거쳐야 한다.

필리핀에서는 도박중독자와 그 가족을 보호하기 위해 사진을 활용하고 있다. 즉 도박중독자가 있을 경우, 그 가족구성원의 누구든지 PAGCOR에 신고하면 전체 카지노에 그 사진을 부착하여 출입을 금지시킨다. 도박중독은 개인의 가정파탄을 일으킬 뿐만 아니라, 사회 전체에 미치는 부정적 파급효과가 매우 크다는 점에서 미국과 같은 선진카지노대국에서는 도박중독치료 및 예방 프로그램을 개발하여 교육하고 있다.

호주의 심리학자인 미첼 브라운(Mitchell Brown)은 카지노로 인한 사회적 비용을 강조하면서 "정부는 카지노가 해롭지 않은 세수확보 수단이라는 태도를 보이지만, 도박은 알코올과 같이 중독성이 있다는 사실을 알 수 있도록 교육을 시켜야 한다"고 주장한다.

도박중독증 치유기관인 캐나다의 AADAC와 도박중독증 문제해결을 위한 단체인 미국의 도박중독위원회에서는 도박중독자 치유프로그램과 도박중독 청소년 선도프로그램 등을 비디오와 책자로 발간하여 배포하거나 이러한 프로그램을 직접 운영하면서 관련된 정부기관과 협조하여 교육을 시킨다.

이제 우리나라도 내국인출입 카지노시대가 개막되었다. 도박으로 인해 가산을 탕진하고 가정을 파탄시킨 사례들은 매스컴을 통해 종종 접할 수 있다. 도박중독을 예방하고 도박벽에서 우리

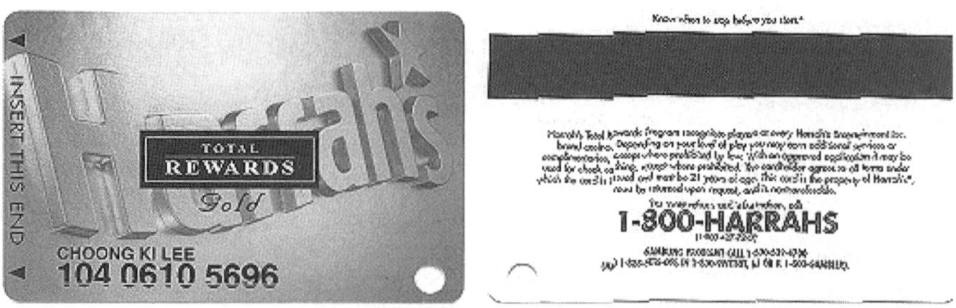

▲보너스카드 뒷면의 도박중독 안내문

사회를 지키기 위해서는 카지노를 건전하게 선용할 수 있도록 리조트 카지노의 건설이 바람직하다. 또한 한번 도박중독에 빠지면 회복하는 데 많은 시간과 노력이 필요하고, 재발가능성도 매우 높다. 따라서 도박중독에 빠지지 않도록 예방하는 것이 더욱 중요하고, 이를 위한 도박중독 예방프로그램의 개발이 필요하며, 도박중독자들을 치유할 수 있는 치유센터 및 상담소의 설립이 요구된다. 최근 강원랜드의 지원 아래 도박중독 예방프로그램의 개발 및 치유센터의 설립을 위한 실무위원회가 발족되어 운영 중에 있다. 또한 강원랜드에서는 지역주민에게는 월 1회만 카지노출입을 허용하며, 일반인 중 지나친 출입을 막기 위해 한 달에 개인당 15일까지만 카지노를 출입할 수 있도록 규정하고 있다.

2. 책임도박(Responsible Gambling)(이충기, 2011b)

윤리성을 강조하는 카지노업체들은 도박중독 등 사회적 부작용을 최소화하기 위해 책임도박(Responsible Gambling) 전략을 실천하고 있다. 책임도박은 갬블링활동으로 인하여 발생하는 부작용을 최소화하여 이용객을 보호하는 전략들을 말한다(Song, Lee, Norman & Han, 2012). 책임도박 전략은 감독기관, 카지노업체, 그리고 이용자 모두가 건전하게 운영 및 이용할 수 있도록 제정한 규정이나 지침들을 말한다.

이러한 책임도박 전략들은 국가나 업체마다 다양한데, 여기에는 자기출입금지(Self-exclusion), 미성년자 출입금지, 출입제한(지역주민 등), 신분증 검사, 높은 입장료 부과, 게임방법 및 승률에 대한 교육, 도박중독 예방 및 치유 프로그램 등을 포함한다. Self-exclusion 프로그램은 도박으로부터 자신을 통제할 수 없는 사람이 카지노업체에게 자신의 출입을 일정 기간 동안 금지시켜달라고 요청하는 프로그램이다. 가족출입금지 프로그램도 있는데, 이는 도박중독에 빠질 위험이 있는 특정인에 대해 가족구성원이 출입금지를 요청할 수 있는 프로그램이다. 또한 3자(Third Party) 출입금지 프로그램은 채무불이행 중인 파산자나 정부의 보조금을 받는 자에게 카지노출입을 금지하도록 하는 프로그램이다.

강원랜드는 스스로 카지노출입을 금지하고 싶은 사람들을 위해 Self-exclusion 프로그램을 운영하고 있으며, 미성년자 출입금지 및 지역주민 출입제한 등을 위해 신분증을 검사하고 있다. 또한 지역주민에게는 월 1회, 지역 외 일반인에게는 월 15회까지만 출입할 수 있도록 제한하고 있고, 2개월 연속 15일, 2분기 연속 30일 초과입장 시 일정기간 카지노 입장을 거절하는 제도를 시행하고 있으며, 1일 6시간 휴장시간(04 : 00~10 : 00)을 갖는다. 저소득층의 출입을 막는다는 차원에서 입장세 9,000원을 부과하고 있는데, 이 징수금액은 전액 국고로 귀속된다. 강원랜드 부설 도박중독관리센터에서는 도박중독 예방 및 치유캠프를 제공하고, 출입일수 자기조절제도를 실시하며, 전문병원과의 연계 프로그램을 제공하고 있다.

싱가포르 정부는 저소득층에 대한 카지노출입을 제한할 목적으로 내국인에 대해 1일 입장료 S$150(한화 약 15만 원)를 부과하고 있으며, 이러한 징수액은 도박중독 예방 및 치유 프로그램을 운영하는 자선단체에게 제공된다. 싱가포르에서는 자기한도(Self-limit) 프로그램을 실시하고 있는데, 이는 도박으로부터 통제할 수 없는 사람이 사전에 게임한도액을 설정해 놓으면 그 한도 이상을 게임할 수 없도록 하는 프로그램이다. 도박중독에 걸리는 이유 중 하나는 자신이 계획한 것보다 더 많은 시간과 금액을 베팅하는 경우이므로 이 프로그램은 효과적일 것으로 판단된다. 싱가포르 마리나베이 샌즈 카지노에서는 직원과 고객에 대한 도박중독문제를 예방하기 위해 하버드 의과대학과 함께 건전게임 프로그램을 개발하여 운영하고 있다. 도박중독과 같은 부정적 측면을 최소화하기 위해서는 무엇보다도 교육이 필요한데, 가령 게임을 통해 일확천금을 벌 수 있다는 환상(Illusion of Control)을 깨어주는 게임승률에 대한 교육이 필요하며, 이를 통해 소액으로 즐기는 방법을 알려주어야 한다. 마지막으로 감독기관(사행산업통합감독위원회)에서는 도박중독을 예방하고 치유할 수 있는 제도나 효과적인 프로그램들을 개발하고, 카지노업체에서는 이러한 제도나 프로그램들을 실행하여 건전한 게임문화를 선도해 나가야 할 것이다.

각국의 책임도박(RG)에 관한 규정들을 소개하면 다음과 같다.

1) 호주의 책임도박

(1) 빅토리아주의 Pre-commitment Policy[3]

Pre-commitment란 게임머신 이용자가 도박폐해를 최소화하기 위해 게임시간과 금액한도를 설정할 수 있도록 한 제도이다. 이용자는 웹사이트의 온라인, 게임장의 Kiosk나 캐셔를 통해 설정할 수 있다. 이때 이용자는 시간한도(Time Limit)와 순손실금액한도(net loss limit) 또는 이 둘 중 하나를 설정할 수 있다.

(2) 멜버른 크라운 카지노의 책임도박(Play Safe Limits)[4]

크라운 카지노는 Play Safe Limits이라는 책임도박 프로그램을 운영하고 있는데, 이 제도는 멤버십카드 이용자에게 머신게임과 전자테이블게임에 한해 게임시간과 금액한도를 설정하도록 허락하는 시스템이다. 설정한 한도를 넘으면 경고사인이 나타난다. 만일 한도를 높이려면 24시간이 지나야 가능하다.

2) 영국의 책임도박[5]

영국은 갬블링법(Gambling Act 2005)[6]에 따라 머신게임을 사용하는 환경을 개선하고, 동시에 책임도박을 실현하기 위한 정책의 일환으로 전자카드시스템(Card-based Systems)을 도입하여 운영하고 있다. 전자카드시스템은 사전제한(Pre-commitment), 계좌정보투명성(Account Information and Transparency), 자기출입금지(Self-exclusion) 등의 기능을 한다.

사전제한(Pre-commitment)은 전자머신게임에서 일정 기간 동안 게임시간이나 금액을 설정하도록 하는 제도이다. 계좌정보투명성(Account Information and Transparency)은 전자머신게임에서 이용자가 게임에 사용한 금액과 잔액을 알려준다. 또한 게임이용자는 이 전자카드시스템을 통해 Self-exclusion Option에서 자신의 출입기간을 일일, 주간, 월 단위로 지정할 수 있다.

---

3 The Victoria Department of Justice(2013). *Pre-commitment Implementation Project News*. Issue 1. December 2013.

4 크라운멜버른사의 play safe limits: www.crownmelbourne.com.au/responsible-gaming/1890/play-safe-limits-program-pre-commitment

5 Parke, J., Rigbye, J., & Parke, A.(2008). *Cashless and Card-based Technologies in Gambling: A Review of the Literature*. Gambling Commission, Birmingham.

6 www.legislation.gov.uk/ukpga/2005/19/contents

3) 네바다주의 책임도박

(1) 손실액 및 예치금 설정[7]

Interactive Game 운영자는 게임이용자가 자신의 계정을 통해 책임도박 옵션(순손실액 및 예치금)을 설정할 수 있는 능력이 있는지를 확인해야 한다. 또한 운영자는 Self-exclusion 리스트에 있는 사람들의 계정을 폐지하고, 어떠한 홍보자료도 보내서는 안 된다.

4) Caesars Casino[8]

(1) 책임도박

시저스 카지노는 책임도박 문제를 연구하기 위해 종업원들이 Task Force Team을 구성했다. 또한 책임도박에 대한 이해를 높이기 위해 National Council on Problem Gambling과 공조를 하고 있는데, 가령 도박중독위원회의 24시간 무료전화 서비스를 제공하기 위해 기금을 지원하고, National Center for Responsible Gaming에 재정지원을 하며, 책임도박에 관한 광고를 하고 있다. 시저스 카지노에서는 2가지 주요한 책임도박을 수행하고 있는데, 하나는 Operation Bet Smart®, 다른 하나는 Project 21®이다.

(2) Operation Bet Smart®

Operation Bet Smart®(Know When To Stop Before You Start® is)는 책임도박의 중요성과 시저스 책임도박 프로그램의 정책과 절차들에 관해 종업들을 교육시키도록 고안된 공식 프로그램이다. 종업원들이 사회서비스 전문가는 아니지만, 종업원들로 하여금 책임도박에 관한 회사의 입장을 이해하고, 잠재고객들을 도울 수 있는 귀중한 정보를 제공한다. 시저스 카지노에서는 고객들이 도움을 청할 때 종업원들이 어느 곳에 안내해 주어야 할지에 대해 카지노장 내외에 책임도박 안내정보를 제공하고 있다. 또한 브로슈어, 미디어 캠페인, 무료전화(Help-line), Player Card, 호텔 디렉터리에도 책임도박에 관한 정보를 제공하고 있다.

---

7 Nevada Gaiming Control Board. Interactive Gaming Accounts. http://gaming.nv.gov/modules/showdocument.aspx?documentid=2957

8 www.caesars.com/corporate/about-us-responsible-gaming.html?_ga=1.40189920.337454605.1414710571

(3) Project 21® – We Care. We Card.®

이 프로그램은 카지노 종업원, 미성년자, 부모 등으로 하여금 청소년 도박으로 인한 문제점을 설명하고, 궁극적으로는 청소년들이 카지노를 출입하지 못하도록 하는 데 있다. 모든 시저스 종업원들은 미성년자를 확인하고, 가짜 신분증을 탐지할 수 있도록 교육을 받으며, 만일 가짜 신분증임이 확인되면 안전요원이 출입을 중단시키고 경찰에 넘길 수 있도록 하고 있다.

5) 책임도박에 관한 학술적 연구

(1) ESG 척도 개발(Scale Development)

Park, Hahn, Lee, Kim, and Back(2024)은 복합리조트(IR)에 적합한 ESG 척도를 개발했다. ESG는 Environmental(환경), Social(사회), Governance(지배구조)란 뜻으로 복합리조트(IR)의 지속가능성(Sustainability)을 측정하기 위해서는 ESG의 척도 개발이 필요하다. 분석결과 복합리조트(IR)의 ESG 척도는 6개 요인으로 도출되었는데, 여기에는 환경, 내부 이해관계자, 외부 이해관계자, 책임도박, 안전 · 건강, 기업 지배구조를 포함한다.

[표 13-8] **ESG 척도**

요인명		항목
환경 (E)	환경 (Environmental)	부정적인 환경영향을 최소화하기 위한 경영활동
사회 (S)	내부 이해관계자 (Internal Stakeholder)	직원 복지에 대한 긍정적 영향을 극대화하기 위한 경영활동
	외부 이해관계자 (External Stakeholder)	지역사회에 긍정적인 영향을 극대화하기 위한 경영활동
	책임도박 (Responsible Gambling)	도박활동으로 인한 사회적 부작용을 최소화하고, 고객을 보호하기 위한 경영활동
	안전 · 건강 (Safety and Health)	고객과 직원 모두의 안전을 위해 질병, 재난 및 안전사고 예방에 기여하는 경영활동
지배구조 (G)	기업 지배구조 (Corporate governance)	이해관계자들의 이익을 고려하면서 장기적인 주주 가치 실현을 목표로 하는 경영활동

자료: Park, Y. N., Hahn, S. H., Lee, C. K., Kim, J. W., & Back, K. J. (2024). Developing an integrated resort's (IR) environmental, social, and corporate governance (ESG) measurement scale. *International Journal of Hospitality Management*, 123, 103924.

(2) 카지노방문객 대상 책임도박과 행동의도 간의 관계(이충기, 2014)

다음은 내국인출입 방문객을 대상으로 한 분석결과로, 책임도박(RG)이 행동의도에 긍정적인 영향을 미친다는 것을 보여준다. 구체적으로 의무적 책임도박(RG)은 출입횟수 제한, 출입일수 통제, 게임한도 설정 등 비교적 강한 책임도박 규정을 의미하며, 보완적 책임도박(RG)은 도박중독 예방 및 치유 프로그램과 같이 비교적 자발적 참여활동을 의미한다. 다시 말하면, 의무적 책임도박과 보완적 책임도박을 실행한다면 방문행동에 긍정적 영향을 미친다는 것을 시사해준다.

책임도박 외에 오늘날 중요시 여기는 기업의 사회적 책임(CSR: Corporate Social Responsibility)

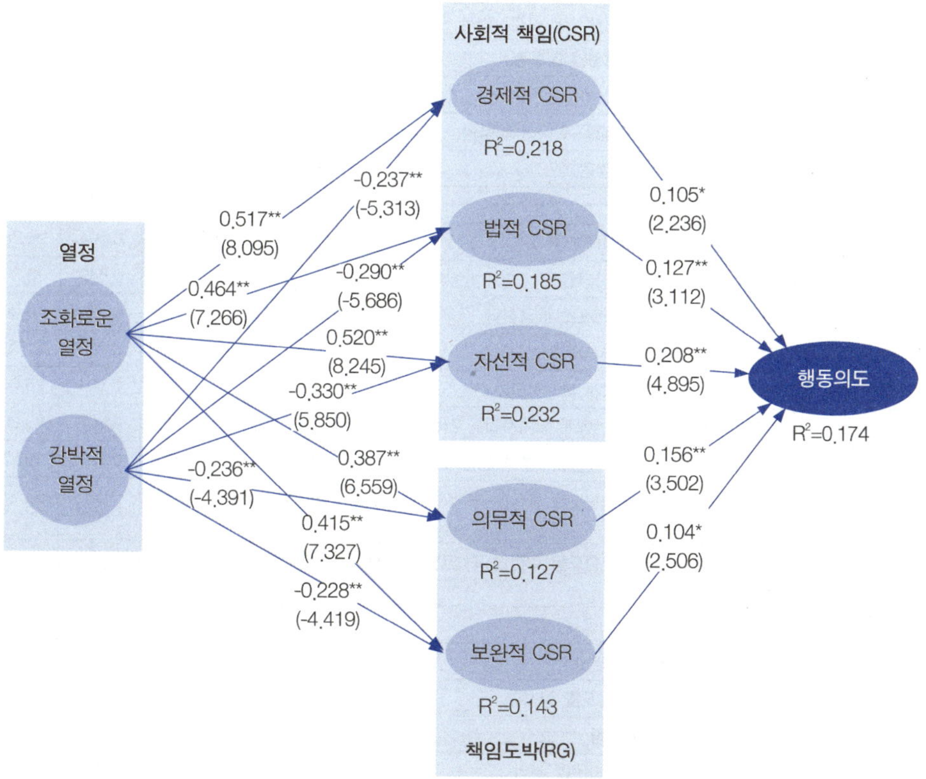

주: • S-Bx^2=1402.491, df=479, normed S-Bx^2=2.928.
• NFI=0.875, NNFI=0.905, CFI=0.914, RMSEA=0.057.
• 괄호 안의 값은 t값을 의미함.
• $^*p < 0.05$, $^{**}p < 0.01$.

자료: 이충기(2014). 카지노산업의 갬블링 열정, 사회적 책임 및 책임도박, 그리고 행동의도 간 영향관계 연구. 『관광학연구』, 38(4), 205~226.

[그림 13-7] 사회적 책임 및 책임도박과 행동의도 간의 관계

[표 13-9] 측정모형에 대한 확인적 요인분석과 모형적합도 분석

요인	변수명	요인 적재값	t-값	신뢰 계수
조화로운 게임열정 (HP)	카지노게임은 나에게 잊을 수 없는 경험을 제공함.	0.629	16.023	0.874
	카지노게임은 내 삶의 다른 활동들과 조화를 이룸.	0.776	23.297	
	카지노게임은 새로운 경험을 주기 때문에 나는 카지노를 좋아함.	0.815	26.215	
	카지노게임은 내가 좋아하는 나의 모습을 반영함.	0.802	23.590	
	카지노게임은 나로 하여금 다양한 경험 속에 살게 해줌.	0.794	25.373	
강박적 게임열정 (OP)	나는 카지노게임 없이는 살 수 없음.	0.814	19.492	0.936
	나는 정서적으로 카지노게임에 매달려 있음.	0.815	24.714	
	나는 카지노게임을 하고 싶은 욕구를 통제하기 어려움.	0.882	26.836	
	나는 카지노게임을 하지 않으면 안 될 것 같은 강박관념이 있음.	0.915	27.276	
	나는 게임충동이 강하여 카지노게임을 하지 않을 수 없음.	0.891	25.284	
경제적 사회책임 활동	강원랜드(하이원리조트)는 스키장, 컨벤션센터 등 관광사업을 발전시키고 있음.	0.757	19.701	0.897
	강원랜드(하이원리조트) 운영을 통하여 고용을 창출함.	0.828	22.935	
	강원랜드(하이원리조트)는 지역경제를 활성화하기 위하여 노력함.	0.888	27.426	
	강원랜드(하이원리조트)는 지속가능한 성장을 위하여 노력함.	0.845	24.156	
법적 사회책임 활동	강원랜드는 합리적인 게임규정을 설정해놓음.	0.738	22.113	0.884
	강원랜드는 게임 룰(규칙)을 잘 실행함.	0.790	20.923	
	강원랜드는 적절한 고객 준수사항을 설정해놓음.	0.864	26.780	
	강원랜드는 고객관련 규정들을 지키려고 노력함.	0.849	23.397	
자선적 사회책임 활동	강원랜드는 하이원스포츠단을 창설하여 스포츠에 공헌함.	0.759	18.045	0.905
	강원랜드는 하이원봉사단을 발족하여 봉사활동을 실시함.	0.863	21.792	
	강원랜드(하이원리조트)는 지역소외계층에게 복지사업을 지원함.	0.884	25.643	
	강원랜드(하이원리조트)는 폐광지역 청소년에게 교육사업을 지원함.	0.863	23.092	
의무적 책임도박 전략	강원랜드는 도박중독을 예방하기 위하여 출입횟수를 제한함(예: 일반인 월 15회, 지역주민 월 1회).	0.793	19.275	0.823
	강원랜드는 이용객 스스로가 카지노 출입일수를 통제할 수 있는 제도를 운영함(예: 출입일수 자기통제제도).	0.922	25.021	
	강원랜드는 이용객이 스스로 게임금액의 한도를 조절할 수 있는 제도를 운영함(예: 게임금액 자기통제제도).	0.665	15.016	
보완적 책임도박 전략	강원랜드는 도박중독 예방을 위한 캠페인을 실시함.	0.898	25.545	0.936
	강원랜드는 도박중독 예방프로그램을 운영함.	0.917	25.360	
	강원랜드는 중독자와 가족을 위한 치유캠프를 실시함.	0.885	23.856	
	강원랜드는 도박중독자들의 재활을 지원함.	0.849	22.917	
행동의도	기회가 된다면 강원랜드 카지노를 다시 방문할 것임.	0.754	18.582	0.886
	나는 향후 강원랜드에서 카지노게임을 할 계획이 있음.	0.898	29.611	
	나는 향후 강원랜드에서 카지노게임을 하기 위하여 노력할 것임.	0.762	20.451	
	나는 향후 강원랜드에서 카지노게임을 할 의도가 있음.	0.845	24.140	
적합도	S-Bx^2=799.475, df=467, S-Bx^2/df=1.712, p=0.000 NFI=0.929; NNFI=0.965; CFI=0.969, RMSEA=0.035			

자료: 이충기(2014). 카지노산업의 갬블링 열정, 사회적 책임 및 책임도박, 그리고 행동의도 간 영향관계 연구. 『관광학연구』, 38(4), 205~226.

활동도 카지노방문객의 행동의도에 긍정적인 영향을 미치는 것으로 나타났다. 다시 말하면, 카지노기업에서 경제적 · 법적 · 자선적 CSR을 실행할 경우 방문객들에게 긍정적인 행동의도를 유도할 수 있다는 것을 의미한다. 한편 사회적 책임활동 중 윤리적 CSR은 카지노분야에서 책임도박(RG)으로 대체되어 연구되고 있다.

참고로 다음 연구 모델에서 조화로운 열정(Harmonious Passion)은 사회적 책임과 책임도박에 긍정적인 영향을 미치지만, 강박적 열정(Obsessive Passion)은 사회적 책임과 책임도박에 부정적인 영향을 미친다는 것을 보여주고 있다. 여기서 조화로운 열정이란 카지노게임을 통해 즐거움을 경험하거나 일상생활의 활동과 조화를 이루는 것을 의미하며, 강박적 열정이란 카지노게임 없이는 살 수 없거나 여기에 몰입한다는 것을 의미한다. 따라서 조화로운 열정은 긍정적 결과를 가져오지만, 강박적 열정은 부정적 결과를 초래한다.

(3) 카지노종사원 대상 책임도박과 고객지향성과의 관계(Song et al., 2015)

다음은 카지노종사원을 대상으로 한 분석결과로, 책임도박(RG)이 고객지향성(Customer Orientation)에 긍정적인 영향을 미친다는 것을 보여준다. 다시 말하면, 외국인전용 카지노에서 외국인

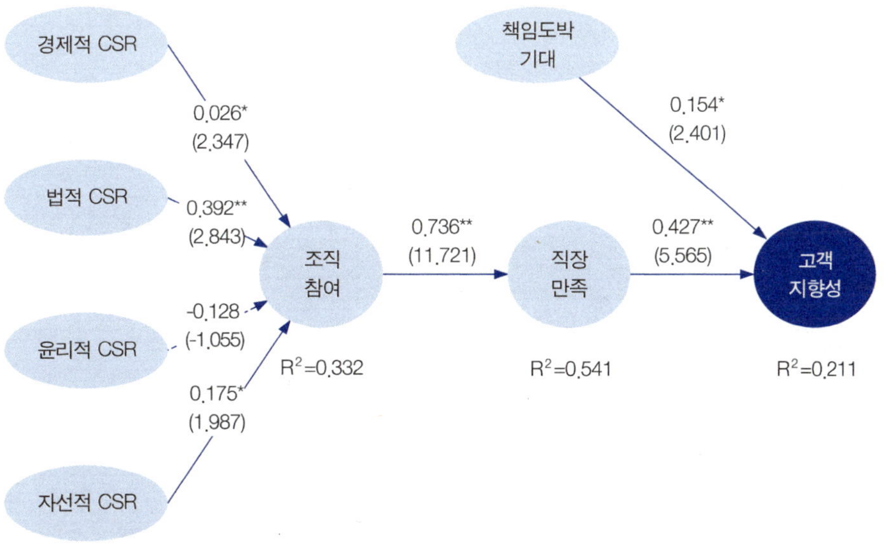

주: $^{*}p < 0.05$, $^{**}p < 0.01$, 표준화계수(t값).
자료: Song, H. J., Lee, H. M., Lee, C. K., & Song, S. J.(2015). The role of CSR and responsible gambling in casino employees' organizational commitment, job satisfaction, and customer orientation. *Asia Pacific Journal of Tourism Research*, 20(4), 455~471.

[그림 13-8] **사회적 책임 및 책임도박과 고객지향성 간의 관계**

고객을 대상으로 책임도박 활동을 실행한다면 종사원들은 고객에게 더 좋은 서비스를 제공할 수 있다는 것을 의미한다.

그 밖에 사회적 책임활동인 경제적 · 법적 · 자선적 CSR은 종사원의 조직참여에 긍정적인 영향을 미치고, 이는 다시 직장에 대한 만족과 고객지향성에 긍정적인 영향을 미친다는 것을 의미한다. 다시 말하면, 카지노기업에서 사회적 책임활동을 실행할 경우 종사원에게 긍정적인 효과를 가져올 수 있다는 것을 시사해준다.

(4) 지역주민 대상 책임도박 – 신뢰 – 지지도 간의 관계(이충기, 2016)

다음은 강원랜드 지역주민을 대상으로 한 분석결과로, 책임도박(RG) 중 보완적 책임도박(RG)이 카지노기업에 대한 신뢰에 긍정적인 영향을 미치고, 이러한 신뢰는 강원랜드에 대한 지지도에 긍정적인 영향을 미친다는 것을 보여준다. 다시 말하면, 도박중독 예방 및 치유 프로그램 제공과 같은 보완적 RG의 실행은 강원랜드를 신뢰하고 지지하는 데 기여한다는 것을 시사해준다. 반면에 의무적 RG는 신뢰에 영향을 미치지 않는 것으로 나타났는데, 이는 지역주민들은 출입횟

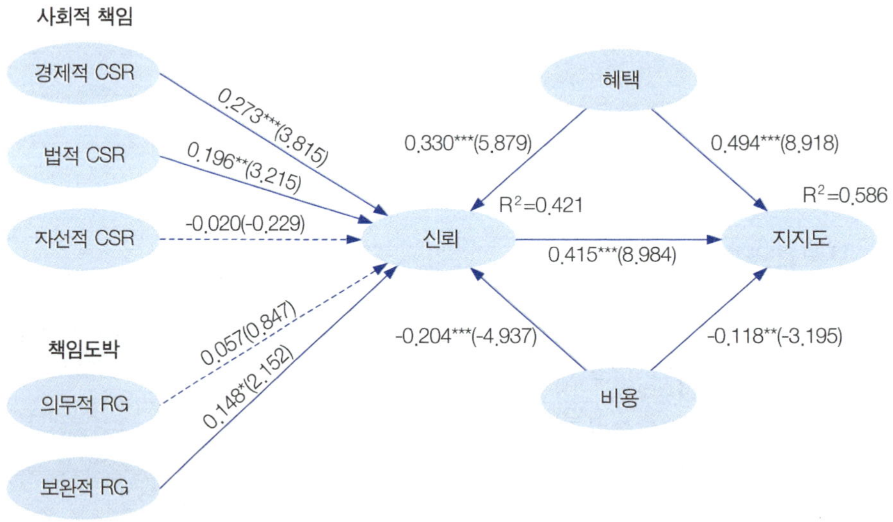

주: • CMIN=782.057, DF=344, CMIN/DF=2.273, GFI=0.902, NFI=0.912, NNFI(TLI)=0.939, CFI=0.948, RMSEA=0.052.
• $^{*}p<0.05$, $^{**}p<0.01$, $^{***}p<0.001$, 괄호 안의 값은 t-값.
• 실선은 유의함을, 점선은 유의하지 않음을 나타냄.

자료: 이충기(2016). 카지노기업의 사회적 책임(CSR)과 책임도박(RG)이 지역주민의 신뢰와 지지도에 미치는 구조관계 연구. 『관광학연구』, 40(3), 71~87.

[그림 13-9] 사회적 책임 및 책임도박과 신뢰 및 지지도 간의 관계

수 제한과 출입일수 통제와 같은 비교적 강력한 RG는 지역경제에 도움이 되지 않는다고 생각하기 때문인 것으로 해석된다.

그 밖에 사회적 책임활동 중 경제적 · 법적 CSR은 강원랜드에 대한 신뢰에 긍정적인 영향을 미치고, 이러한 신뢰는 지지도에 긍정적인 영향을 미치는 것으로 나타났다. 또한 강원랜드 개발로 인한 혜택은 신뢰와 지지도 모두 긍정적인 영향을 미치지만, 카지노로 인한 사회적 비용은 신뢰와 지지도에 부정적인 영향을 미치는 것으로 나타났다. 그러나 자선적 CSR은 신뢰에 영향을 주지 않는 것으로 나타났는데, 이는 강원랜드가 자선활동을 펼치고 있다 할지라도, 지역주민이 기대하는 만큼 자선활동을 충분히 실천하지 않고 있다고 느끼기 때문인 것으로 분석된다. 따라서 카지노 개발로부터 혜택을 받지 못하는 계층(저소득층 · 광부 · 진폐증환자 등)에게 자선적 CSR을 보다 적극적으로 실행하는 것이 바람직하다.

3. 카지노 허가 및 감독기관의 설치

한 나라의 카지노가 건전하게 육성되기 위해서는 정부의 제도도 중요한 몫을 차지한다. 미국 라스베이거스의 경우, 외국인의 카지노투자가 자유로우면서도 카지노 허가를 받기까지는 매우 엄격한 절차와 오랜 시간을 거쳐야 한다. 카지노에 대한 심사기간은 길게는 1년 이상이나 걸리며, 그것도 적격한 경우에 한하여 허가한다. 가령 투자자가 과거에 범법사실이 있는지, 투자자금이 투명한 돈인지, 카지노 운영 및 관리에 풍부한 경험이 있는지, 게임산업관련 법규를 준수할 능력과 의지가 있는지 등을 심사한다. 우리나라도 2006년 바다이야기 등으로 인한 불법도박의 만연으로 이를 규제하고 합법사행산업을 건전하게 육성하고자 하는 차원에서 '사행산업통합감독위원회'(이하 사감위)가 2007년 정식으로 발족되었다. 사감위는 위원장 1인과 10명의 위원으로 구성되어 있고, 사무처장 아래 5개 과(기획총괄과, 예방치유과, 감독지도과, 조사홍보과, 불법사행산업감시신고센터)를 두고 있으며, 국가차원에서 별도의 한국도박문제관리센터를 운영하고 있다.

미국 네바다주의 경우, 앞서 설명했듯이 게임감독위원회와 게임위원회가 있다. 전자는 조사과 · 회계감사과 등 5개 부서와 2개의 병설부서로 구성되어 있으며, 직원은 500명에 이른다. 예를 들면, 조사과에서는 신청자의 배경 · 재정상태 · 자금투명성 등을 조사하고, 특수조사과에서는 신청자의 과거부정행위 여부를 조사한다. 게임위원회에서는 이러한 철저한 조사결과를 바탕으로 카지노 허가 여부를 결정한다. 또한 호주의 경우 카지노를 허가하기 전에 카지노감독위원회를 먼저 설립하여 신청자에 대한 철저한 배경조사를 바탕으로 인・허가를 결정하고, 카지노업체가 준수해야 할 지침서를 만들어 부작용을 최소화하고 있다. 각국의 카지노감독위원회는 불건전한 업체를 사전에 배제하고 인・허가의 공정성과 자금흐름의 투명성을 확보함으로써 건전한 카지노산업을 육성하자는 데 그 목적을 두고 있다.

4. 공익적 기능 및 사회복지활동의 강화

카지노가 일반대중에게 긍정적인 이미지를 심어주기 위해서는 우선 다음과 같은 공익적 기능의 중요성을 강화해야 한다.

① 지역주민의 소득증대와 고용창출

② 지역경제 활성화

③ 외래관광객 유치와 외화획득 증대에 기여

④ 사회사업활동의 지원 및 기금 제공

필리핀의 경우 카지노매출액은 국영기업체 중 3위를 차지할 정도로 국가재정에 막대하게 기여하고 있으며, 총매출액 중 카지노운영에 필요한 비용(전체 매출액의 25~30%)을 제외한 나머지는 모두 국가재정 및 공공사업에 쓰인다. 즉 사회사업의 일환으로 카지노수입의 일부를 사회간접자본시설(도로・상하수도・에너지개발・병원 등), 시공무원 급여, 지방학교의 교과서 구입, 지방병원의 약품 구입, 문화발전기금에 사용하고 있다.

말레이시아에서는 사회환원 차원에서 카지노수입의 일부를 여러 가지 사회사업을 위해 쓰고 있다. 예를 들면, 축구협회・하키연맹・배구협회와 같은 스포츠단체를 협찬해주고 있으며, 에이즈재단・여성위원회 등 자선기관에 기금을 전달하고 있다. 정규적으로 신체불구 및 불우한 어린이들을 리조트월드겐팅에 초청하여 무료로 숙식을 제공하고 시설을 이용할 수 있게 한다.

카지노의 공익적 기능을 강화하기 위해서는 수익금의 일부를 사회사업으로 사용하는 것이 바람직하며, 이를 통해 일반대중의 우호적인 이미지를 창출할 수 있다. 가령 청소년가장돕기・불우이웃돕기・결식아동돕기 등 사회적으로 소외된 계층을 지원함으로써 공공부문으로서의 역할을 담당하면서 카지노에 대한 부정적인 인식을 불식시킬 수 있다.

5. 도박중독 치유기관 및 단체

1) 캐나다 앨버타알코올 · 약물중독위원회

(AADAC: Alberta Alcohol and Drug Abuse Commission)

1951년 알코올중독을 다루기 위해 Alcoholism Foundation of Alberta가 설립되었고, 1970년에는 약물중독을 포함시켜 AADAC로 개칭했으며, 1994년에는 도박중독 치유프로그램까지 담당하게 되었다(www.gov.ab.ca/aadac). 그러나 최근에는 Alberta Health Services(AHS)(www.albertahealthservices.ca)로 통합되었다. AHS의 전신인 AADAC는 캐나다의 앨버타주정부 산하기관으로 알코올 · 약물 · 도박문제에서 앨버타 지역주민이 자유로운 삶을 누릴 수 있도록 도와주기 위해 설립되었으며, 주정부에서 기금지원을 받고 있다. AADAC는 본 위원회에서 기금을 제공하는 다른 25개 기관과 연합하여 39개 지역에 걸쳐 중독예방과 치유프로그램 등 광범위한 서비스를 제공하고 있다.

▲ AADAC 담당자들과의 세미나 장면

AADAC의 역할은 사회적 · 감정적 · 정신적 · 물리적 자원들을 이용하여 도박중독자들에게 독립심과 복지를 증진시키며, 병원과 의료서비스에 대해 가장 비용절감적인 방법과 총체적 대안을 제공하는 데 있다. AADAC의 이사회는 AADAC의 정책방향과 사업 우선순위를 결정한다. 이사진은 최고 12명까지로 부지사에 의하여 임명되고, 본 위원장은 국회의원 중 한 사람으로 주지사에 의하여 임명된다.

(1) 서비스의 종류

AADAC에서 제공하는 프로그램 및 홍보 · 정보 서비스는 다음과 같다.

가) 지역 외래환자 및 예방 서비스(Community Outpatient and Prevention Services)

교육서비스, 외래환자 상담서비스, 1일 치유프로그램, 훈련서비스가 AADAC 지구별 사무소와 42군데에 있는 지역기금 중심 프로그램을 통해 제공된다. 예방프로그램은 알코올 · 약물 · 도박과 관련된 유해한 것들을 제거하거나 감소시키는 것이 주목적이다.

나) 위기관리 서비스(Crisis Services)

알코올 해독이 필요하고 알코올과 약물의 치명적인 영향에서 안정이 필요한 경우, 전문가상담을 통해 응급처치와 같은 위기 서비스가 제공된다. AADAC는 앨버타 7개 지역에 9개소의 해독프로그램 운영을 지원하고 있으며, 이 지역 중 5개 지역에서 주거서비스가 제공된다. 또한 수신자부담 'Gambling Help-line'이 앨버타 전역에서 이용 가능하다.

▲치유센터: 객실 80실, 체육시설, 미술치료실, GA모임

다) 주거치유 서비스(Residential Treatment Service)

주거치유 서비스는 중독증에서 회복하는 데 절대적으로 필요한 환자를 돕기 위한 조직적인 치유환경을 제공한다. AADAC는 앨버타의 8개 지역에 12개의 주거프로그램 운영을 지원하고 있다. 여기서는 단기는 물론, 장기주거지원 서비스까지도 제공된다.

라) 연구 · 정보 · 모니터링 서비스(Research, Information and Monitoring Services)

이 서비스는 중독증에 관한 성과 모니터링, 평가, 이슈, 추세, 리서치의 정확한 최신정보를 제공한다. 알코올 · 약물 · 도박에 관한 책자 · 비디오 · 포스터도 AADAC의 교육 · 예방 · 치유 프로그램을 지원하기 위해 제작된다. 그 밖에 AADAC에서는 책자와 비디오테이프를 배포할 뿐만 아니라, 병원에 문제성 도박에 관한 포스터를 붙이도록 한다. 또한 TV · 라디오 · 웹사이트를 통해 문제성 도박의 내용 및 치유서비스를 알리며, 일반대중에게는 도박에 대한 경각심을 일깨우는 프로그램을 운영하고 있다.

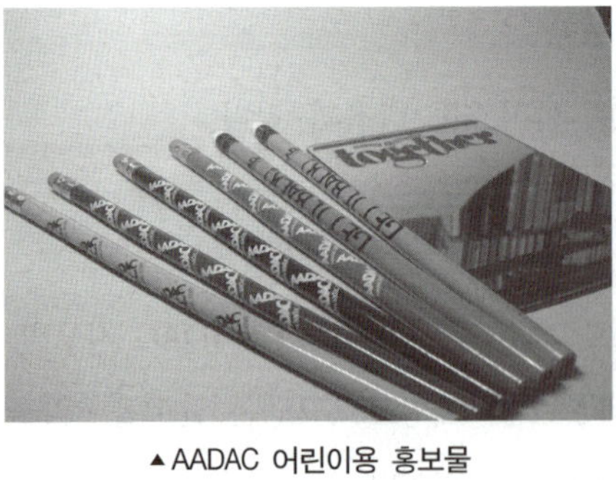

▲AADAC 어린이용 홍보물

▲AADAC 홍보자료실

(2) 서비스의 특징

AADAC의 서비스는 포괄적이다. 앨버타 사람들에게는 매년 3만 명 이상의 치유프로그램, 7만 명의 주거프로그램, 12만 명의 예방 및 교육프로그램이 제공되고 있다. 치유프로그램은 효과적이다. 치유결과를 모니터링한 결과를 살펴보면, 어른 1일 치유프로그램의 75%, 단기주거치유프로그램 참가자의 66%가 3개월의 치유기간 동안 알코올이나 약물복용을 자제했다고 보고했다. 이러한 치유율은 다른 문헌에서 나타난 결과보다 높은 편이다. 참가자당 투자비는 주거서비스를 받은 경우 13달러, 예방 및 교육 서비스는 33달러, 단기주거 프로그램은 1,880달러로 나타났다. 이는 병원에서 치유하는 경우보다 훨씬 저렴한 것으로 나타났다.

(3) 기금현황

1994년 1월 앨버타주정부는 AADAC에게 다년간 기금을 의무적으로 할당했으며, 그 목적은 문제성 도박을 알리기 위해 다른 정부부처와 민간단체와의 협조체제를 갖추는 데 선두적 역할을 담당하기 위함이었다. AADAC는 교육 · 훈련, 예방, 치유, 리서치분야에서 프로그램을 개발하고 실행하는 비용을 'Alberta Gaming and Liquor Commission Funding'으로 매년 지원받고 있다.

(4) 도박중독 예방법

삶의 균형을 잃지 마라. 시간과 돈과 에너지를 얼마나 사용할 것인지를 신중히 결정하라. 다음은 도움이 될 수 있는 사항들이다.

① 도박에 소비할 시간과 베팅액에 관한 한계를 설정하라. 그 한계를 넘어서면 도움을 청하라.

② 'Problem Gambler'는 주로 혼자 도박하기 때문에 다른 사람과 함께 어울려서 활동하는 것이 필요하다. 그리고 저녁수업을 듣거나, 클럽이나 스포츠활동에 참여하거나, 자원봉사를 지원하는 것이 바람직하다.

③ 도박돈을 다른 곳에 사용하라. 취미생활에 쓰거나, 휴가를 위해 저금하거나, 자녀와 함께 즐길 수 있는 곳에 사용하라.

④ 도박에 관한 모든 것을 이해하라. 책을 읽거나 비디오를 빌려서 도박과 'Problem Gambling'의 모든 측면을 이해하라.

2) 미국도박중독위원회(National Council on Problem Gambling)

▲Nevada Council on Problem Gambling 답방

미국도박중독위원회는 1972년 설립되었으며, 비영리 보건기관으로 주요 임무는 도박중독(Problem and Pathological Gambling)에 관한 정보를 배포하고, 도박중독증으로 정신장애를 입은 사람들을 위한 서비스의 개발을 촉진하는 데 있다. 현재 주(州)별로 35개의 'State Council on Problem Gambling'이 있다. 예를 들면, 네바다 도박중독위원회(Nevada Council on Problem Gambling)의 경우 1984년 9월 자발적인 비영리기관으로 조직되었다. 본 위원회는 합법적인 갬블링문제에 관해서는 중간입장이며, 단지 문제성도박(Problem Gambling)의 문제에 관해서만 노력을 집중하고 있다. 그 이유는 도박이 네바다주의 시민과 사업 그리고 지역사회에 영향을 미치기 때문이다.

본 위원회는 비영리기관으로 개인이나 사업체의 자원봉사로 지원되기 때문에 모든 기여금에 대해서는 세금을 공제받는다. 본 위원회의 임무는 네바다주에서 도박에 관한 대중의 경각심을 일깨우고, 도박에 관한 교육을 촉진하며, 양질의 도박중독증 치유활동을 지원하는 데 있다.

(1) 목표

① 초기 위기중재를 지원하고, 도박중독자와 가족에게 치유와 지역자원을 활용할 수 있도록 정보를 제공한다.

② 도박중독의 발병과 진행을 막을 수 있는 대중경각심을 일깨운다.

③ 공공 및 전문 공개토론회를 통해 도박중독에 관한 교육을 촉진한다.

④ 도박중독의 질환을 효과적으로 확인하고 치유할 수 있는 치유전문가를 훈련시킨다.

⑤ 어린이와 청소년의 도박중독을 줄이고 예방한다.

(2) 주요 프로그램 및 서비스

① 강사 서비스로 일반대중을 교육시키는 데 자신의 시간과 전문성을 자발적으로 제공한다.

② 도박중독에 관한 정확하고 적합한 정보・비평・문제점들을 알리기 위해 방송 및 인쇄매체와 협조체제를 유지한다.

③ 종사원 보건박람회와 대중 세미나에 책자를 배포함으로써 도박중독관련 정보를 제공한다.
④ 도박중독에 관한 정보와 자원을 제공하고 작업장에서 도박중독증을 알릴 수 있는 정책과 프로그램의 개발을 장려하기 위해 전문가훈련 프로그램에 참여한다.
⑤ 도박중독이 개인문제인 경우 이에 관련된 정보와 조언을 제공하는 데 우선순위를 둔다. 이러한 서비스는 24시간 동안 'Problem Gamblers Help-line'을 통해 제공한다.
⑥ 도박중독자를 평가하고 치유할 치유전문가를 훈련시키기 위해 미국에서 공인된 21시간 교육과정을 개발해왔다.

3) 한국도박문제관리센터

한국도박문제관리센터는 「사행산업통합감독위원회법」 제14조 제1항에 근거하여 도박중독 및 도박문제와 관련한 다음 내용들을 수행하기 위해 2013년 8월 28일 설립되었다(https://www.kcgp.or.kr).

- 예방 · 치유를 위한 상담 · 교육 · 홍보 및 관련 프로그램의 개발 · 보급
- 조사 · 연구 · 분석 및 평가
- 예방 · 치유를 위한 전문인력 양성
- 전문 의료기관 등과의 연계 · 협력

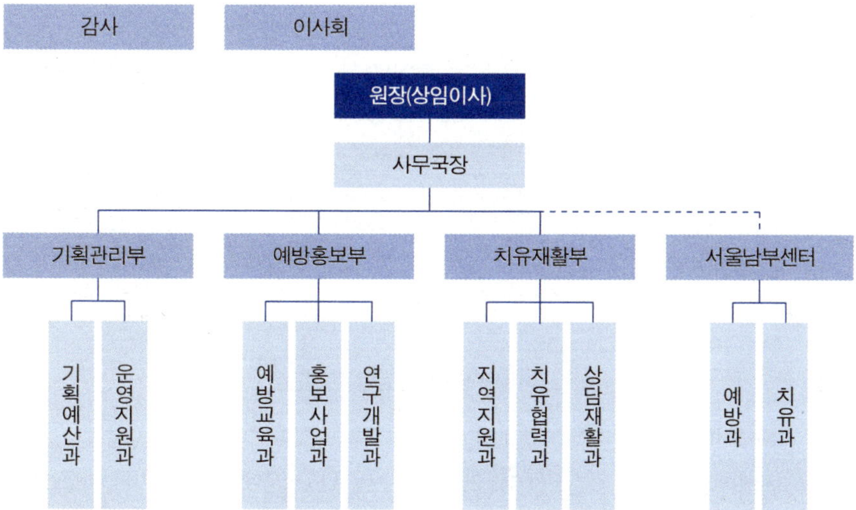

자료: https://www.kcgp.or.kr/ii/cnterSumry/2/orgnzNdOrgnzt.do

[그림 13-10] 한국도박문제관리센터의 조직

- 예방사업 및 중독자 치유・재활 사업 지원
- 예방・치유관련 국제 교류 및 협력

한국도박문제관리센터의 재원은 「사행산업통합감독위원회법」 제14조 제2항에 규정된 '중독예방치유부담금'으로 사행산업 순매출액의 '1000분의 3.5'(0.35%)에 해당된다(사행산업사업자의 전년도 순매출액 × 0.35%).

한국도박문제관리센터의 주요 조직을 살펴보면, 이사회 밑에 원장과 사무국장이 있으며, 3개 부서(기획관리부・예방홍보부・치유재활부)와 서울남부센터가 있다. 한국도박문제관리센터에서는 표준화된 치유 매뉴얼 및 프로그램을 개발・보급하여 최적화된 전문 치유서비스를 제공하고, 도박문제 수준 및 대상유형별로 도박문제 평가, 심리검사, 개인 및 집단상담 등 전문 치유프로그램을 제공한다. 또한 지역사회에 중독예방, 치유, 재활 서비스를 제공하기 위해 서울・경기・인천・강원・대전・대구・경남・광주・부산에 지역센터를 운영하고 있다. Help-line 서비스를 통해 24시간 365일 전화 및 온라인상담 서비스를 제공한다.

4) 강원랜드 중독관리센터

강원랜드 중독관리센터는 카지노 운영에 따르는 사회적 부작용을 최소화하고, 공적 기업으로서의 역할과 책임을 인식하여 도박중독의 예방 및 치유사업을 실시하고자 2001년 9월 25일 개설했다.

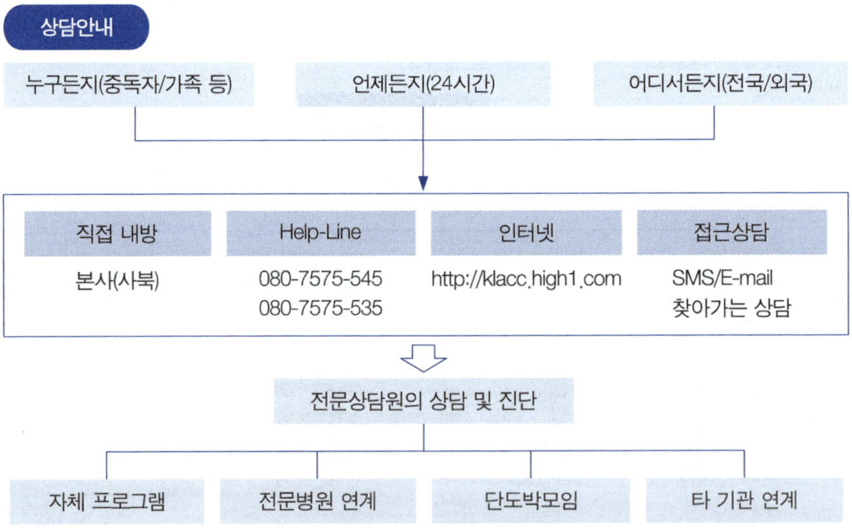

자료: 강원랜드중독관리센터(2014). KL중독관리센터 상담내용.

[그림 13-11] 강원랜드 중독관리센터의 상담안내

▲미국 · 캐나다 등 카지노전문 학자들과의 국제세미나 개최

주요 활동으로는 전화(Help-line) · 내방 · 현장 · 인터넷 상담을 실시하고 있으며, 최근에는 카지노 현장에서 직접 상담을 실시하고 있다. 또한 일부 상담자에 대해 협력병원 및 상담기관에서 치료를 받을 경우 치료비의 100%를 지원하고 있다. 도박중독 예방 및 홍보를 위한 현상공모를 실시하고, 도박중독 예방 및 홍보 비디오를 제작하여 배포하고 있다(방송매체: 기독교라디오방송, 주간지 등). 또한 지역주민 · 청소년 · 직원 등을 대상으로 도박중독 예방교육을 실시하고 있다.

5) 단도박모임(Gamblers Anonymous)

'단(斷)도박모임'(GA: Gamblers Anonymous, www.dandobak.co.kr)은 1957년 1월 두 남자의 우연한 만남으로 시작되었다. 그들은 도박중독으로 인한 근심과 고통의 괴로운 과거가 있었다. 그들은 정기적으로 만나기 시작했고, 시간이 지남에 따라 도박도 하지 않게 되었다. 그들은 서로의 토론을 통해 다시는 도박에 빠지지 않기 위해 자신들의 내면에 어떤 성격변화를 일으켜야 한다고 결론지었다. 이러한 목적을 달성하기 위해 그들은 다른 중독성 질환에 빠졌다가 회복한 많은 사람이 활용해왔던 영적인 지침들을 채택했다.

영적이란 말은 친절 · 관대함 · 정직 · 겸손 등과 같은 지고하고 훌륭한 자질을 나타내는 인간 심성들의 특성을 말한다. 그들은 자신의 절제력을 계속 유지하기 위해 다른 도박중독자들에게도 이러한 희망의 메시지를 전달하는 것이 매우 중요하다고 생각했다. 저명한 신문 칼럼니스트와 TV 해설가들이 호의적으로 홍보해준 결과, 최초의 '단도박친목모임'이 1957년 미국 캘리포니아 로스앤젤레스에서 시작되었다. 그 후 이 친목모임은 꾸준히 성장하여 세계 도처로 확산되었다. 한국의 '단도박친목모임'은 도박중독자인 한 외국인 신부에 의하여 1984년 6월 13일 경기도 부천시 심곡동에서 최초로 시작되었으며, 전국적으로 확산되어 현재 많은 도박중독자가 새로운 삶을 되찾고 있다.

단도박친목모임은 도박중독에 걸린 사람들이 자신들의 경험과 희망을 토론하여 자신은 물론, 다른 구성원들의 도박에 관한 문제점을 해결하고자 하는 모임이다. '단도박친목모임'의 구성원이 되기 위한 조건은 도박을 끊고자 하는 욕망만 있으면 된다. 구성원이 되기 위한 가입비 및 회비는 없으며, 구성원 스스로 자립하는 모임이다. 본 모임은 어느 종파 · 계급 · 정치 · 단체들과 연합하지 않으며, 어떠한 논쟁에도 가담하지 않는다. 또한 어떠한 사회문제에 대해서도 찬반을 표명하지 않는다. 본 모임의 주목적은 구성원 자신이 도박을 중단하고 다른 구성원에게도 도박을 중단할 수 있도록 도와주는 데 있다. 많은 사람이 자신이 가지고 있는 도박중독증을 인정하려

단도박모임의 도박중독증 자가판별법

1. 일이나 공부를 하지 않고 도박으로 시간을 보낸 적이 있다.
2. 도박 때문에 인생이 불행해졌다고 느낀 적이 있다.
3. 도박 때문에 사회적 평판이 나빠진 적이 있다.
4. 도박하고 양심의 가책을 느낀 적이 있다.
5. 빚을 갚기 위해 도박한 적이 있다.
6. 도박 때문에 인생의 꿈이 좌절됐다고 느낀다.
7. 도박으로 잃은 돈을 도박으로 되찾겠다고 느낀 적이 있다.
8. 빈털터리가 될 때까지 도박하는 편이다.
9. 물건을 팔아서 도박한 적이 있다.
10. 생활비가 도박 밑천보다 아깝다고 생각한 적이 있다.
11. 도박 때문에 가족에게 소홀한 적이 있다.
12. 계획했던 시간보다 더 오래 도박한 적이 있다.
13. 도박 밑천을 마련하기 위해 나쁜 일을 하겠다고 생각한 적이 있다.
14. 도박하기 위해 돈을 빌린 적이 있다.
15. 돈을 딴 뒤 또 판을 벌여 더 많은 돈을 따야겠다고 생각한 적이 있다.
16. 걱정거리를 덜기 위해 도박한 적이 있다.
17. 도박 때문에 불면증에 시달린 적이 있다.
18. 부부싸움, 의견대립, 실망, 그리고 좌절 때문에 도박을 하고 싶은 적이 있다.
19. 짧은 시간에 도박으로 한 밑천 잡아 보겠다고 생각한 적이 있다
20. 도박 때문에 자살이나 자해를 생각해본 적이 있다.

※ 7개 이상이 해당되면 도박중독증이다(국제단도박모임이 정한 판별법).

자료: www.dandobak.co.kr/gambling2.php

하지 않는다. 또한 아무도 자신이 일반 사람들과 다르다는 생각을 하지 않는다. 그러므로 자신의 도박경력이 일반 사람들이 즐기는 수준의 도박이라는 것을 입증하기 위해 헛된 노력을 하는 것도 놀라운 일은 아니다. 언젠가 어떤 방법으로든 도박중독증이 치유될 수 있다고 믿는 생각은 도박중독자들이 공통적으로 갖고 있는 망상이다. 이러한 망상이 지속되면 그 파급효과는 엄청나 결국은 감옥에 가거나 미치게 되며, 심지어는 자살로 이어지기도 한다.

도박중독증을 치유하기 위한 첫 번째 길은 중독자 자신의 깊은 곳에서 도박중독자라는 사실을 인정해야 한다는 것을 알아야 한다. 또한 자기 자신이 일반 사람들과 같다는 착각을 버려야 한다는 사실도 알아야 한다. 도박중독에 빠지면 다시는 통제능력을 회복할 수 없고, 도박중독이 점진적으로 발전하는 일종의 병이라는 사실도 깨달아야 한다. 이것은 시간이 지날수록 절대로 좋아지지 않는다. 그러므로 행복한 삶을 영위하기 위해서는 최선을 다해 치유하도록 노력해야 한다.

참고문헌

1. 국내문헌

강원랜드 사보(2000 송년호). 잭팟의 확률은 얼마일까.

____________(2001 3・4월호). 잭팟통계실.

____________(2001 3・4월호). 카지노게임 징크스.

강원랜드 중독관리센터(2014). KL 중독관리센터 상담내용.

문화체육부(1997). 카지노전산시설 운영검증 및 효율화방안.

문화체육관광부(2014). 보도자료: 인천 영종도 복합리조트 사전심사 결과 적합통보: 투자계획의 성실한 이행 담보 위한 조건 전제. 3월 18일자 기사.

____________(2016). 보도자료: '복합리조트 개발 사업계획 공모' 심사결과 발표: 인천 영종도 IBC-Ⅱ 지역, '(주)Inspire Integrated Resort' 선정. 2월 26일자 기사.

사행산업통합감독위원회(2011). 국외 원정도박 실태 및 대책 연구.

스포츠조선(2001. 2. 8). http://sports.chosun.com/

엄서호(1998). 레저산업론. 학현사.

이봉구・이충기(2004). 강원랜드 카지노개발이 지역주민의 삶의 질에 미친 영향에 관한 연구. 『관광학연구』, 27(4): 289~309.

이충기(1995). 「카지노산업의 육성방안」. 한국카지노업관광협회.

______(2001). 폐광지역 내국인출입 카지노 개장에 따른 開場前後의 지역주민 인식변화와 부작용 저감방안. 『관광학연구』, 25(2): 135~154.

______(2003). 「강원랜드 개장으로 인한 강원남부 폐광지역 경제활성화 평가」. (주) 강원랜드.

______(2008). 「강원랜드 개장으로 인한 강원남부 폐광지역 경제활성화 평가: 복합리조트 카지노 발전단계를 중심으로」. (주) 강원랜드.

______(2017). 관광응용경제학. 대왕사.

______(2011). 우리나라 카지노산업의 역사. 『관광학연구』, 35(10): 451~464.

______(2014). 카지노산업의 갬블링 열정, 사회적 책임 및 책임도박, 그리고 행동의도 간 영향관계 연구. 『관광학연구』, 38(4): 205~226.

______(2016). 카지노기업의 사회적 책임(CSR)과 책임도박(RG)이 지역주민의 신뢰와 지지도에 미치는 구조관계 연구. 『관광학연구』, 40(3): 71~87.

______・고택운(1999). 「Small 카지노 개장에 따른 운영방안 및 사회적 부작용 최소화 방안」. (주)강원랜드.

______・김남현(2015). AHP를 활용한 복합리조트 카지노의 개발전략 요인과 우선순위 분석. 『관광학연구』, 39(2): 69~84.

______・이봉구(2009). 인터넷 갬블러에 대한 갬블링열정척도(GPS)의 적용. 『관광학연구』, 33(2): 53~72.

______・황일도(2010). 세계의 카지노리조트산업. 신동아 10월호.

조선일보(2000. 6. 19). 단돈 6달러로 160만배 횡재.

________(2004. 4. 19). 끊고 싶다! 단박에……, 단도박모임 어느 덧 20돌.

________(2004. 5. 22). 미래 간호사의 편지.

중앙일보(2000. 11. 21). http://joongang.joinsmsn.com/

한국은행(2019). 2019년 산업연관표.

한국첨단게임산업협회(1999). 한국 게임산업의 현황과 전망.

한국카지노업관광협회(2018). 일본 복합리조트 카지노 도입에 따른 국내 카지노산업 및 관광산업에 미치는 영향 분석. 한국카지노업관광협회.

__________________(2023). 세계 주요 국가 카지노산업 정책방향과 국내 카지노시장 경쟁력 확보방안 마련 연구.

한국카지노업관광협회(2025a). 국적별 입장객 현황.

__________________(2025b). 카지노업체 및 게임시설 현황.

__________________(2025c). 카지노 입장객 및 매출액 현황.

2. 국외문헌

Abt, V., & McGurrin, M. C.(1991). The politics of problem gambling: issues in the professionalization of addiction counseling, gambling and public policy: international perspectives," edited by W. R. Eadington and J. A. Cornelius, *Institute for the study of gambling and commercial gaming*. University of Nevada: Reno.

Albrecht, K.(1988). *At America's service*. Illinois: Dow Jones-Irwin.

Back, K. J., Lee, C. K., Ahn, J. S., Schmitt, A., & Kim, H. S. (2019). A mixed method approach to developing a multidimensional scale for gambling fallacy in the Korean context. *International Gambling Studies*, 19(2), 220-240.

Boger, C. A.(1994). The effects of native American gaming on other tourist business. *Gaming Research & Review Journal*, 1(2), 25~35.

Clark, T. L.(1987). *The Dictionary of Gambling & Gaming.* New York: Lexik House.

Division of Continuing Education(1995). *Gaming Management.* University of Nevada, Reno.

Gaming Inspection and Coordination Bureau Macao SAR(2016). Statistics. Retrieved from http://www.dicj.gov.mo/web/en/information/DadosEstat_mensal/.

Genting Berhad(2006). *Genting Group.* Kuala Lumpur.

Hall, C. M., & Hamon, C.(1996). Casinos and urban redevelopment in Australia. *Journal of Travel Research*, 34(3), 30~36.

Ho, H. W., & Phillips, J. (2023). MACAU 2.0: new gaming law and its implications for casino market. *Gaming Law Review*, 27(3), 106~116.

Hyundai(2019). Our vehicles. Retrieved from https://www.hyundaiusa.com/(accessed on January 30, 2020).

International Gaming Institute(1995). *Casino Course Listings*, University of Nevada Las Vegas.

Lee, C. K., & Back, K. J.(2006). Examining structural relationships among perceived impact, benefit, and support for casino development based on 4 year longitudinal data. *Tourism Management*, 26(7), 466~480.

________, Bernhard, B. J., Kim, J. S., Fong, T., & Lee, T. K.(2015). Differential gambling motivations and recreational activity preferences among casino gamblers. *Journal of Gambling Studies*, 31(4), 1833~1847.

________, Lee, Y. K., Bernhard, B. J., & Yoon, Y. S.(2006). Segmenting casino gamblers by motivation: a dluster analysis of Korean gamblers. *Tourism Management*, 27(5), 856~866.

Leontif, W.(1966), *Input-Output Economics.* New York: Oxford University.

National Academy for Casino Dealers(1995). *1995~1997 Course.*

Park, Y. N., Hahn, S. H., Lee, C. K., Kim, J. W., & Back, K. J. (2024). Developing an integrated resort's (IR) environmental, social, and corporate governance (ESG) measurement scale. *International Journal of Hospitality Management*, 123, 103924.

Parke, J., Rigbye, J., & Parke, A.(2008). *Cashless and Card-based Technologies in Gambling: A Review of the Literature.* Gambling Commission, Birmingham.

Song, H. J., Lee, C. K., Norman, W. C., & Han, H. S.(2012). The role of responsible gambling strategy in forming behavioral intention: an application of a model of goal-directed behavior. *Journal of Travel Research*, 51(4), 512~523.

________, Lee, H. M., Lee, C. K., & Song, S. J.(2015). The role of CSR and responsible gambling in casino employees' organizational commitment, job satisfaction, and customer orientation. *Asia Pacific Journal of Tourism Research*, 20(4), 455~471.

The Victoria Department of Justice(2013). *Pre-commitment Implementation Project News.* Issue 1, December 2013.

찾아보기

[ㅁ]

[ㅂ]

[ㅅ]

[ㅇ]

[ㅈ]

[ㅊ]

[ㅋ]

[ㅌ]

[ㅍ]

[ㅎ]

[ABC...]

저자소개

[이충기(李忠基)]

- 세종대학교 관광경영학과 졸업
- Florida International University 호텔경영학 석사
- Texas A&M University 관광학 박사
- 국무총리산하 사행산업통합감독위원회 위원 역임
- 기획재정부 재정사업평가 민간위원 역임
- 국립중앙도서관 외국자료 선정위원 역임
- 경희대학교 호텔관광대학 관광학과 교수 역임(현, 고황명예교수)
- 세계 상위 2% 우수연구자(Standford 대학과 Elsevier 출판사 발표)
- 세계 인명사전 등재(Marquis Who's Who in the World; American Biographical Institute)
- 저서: 『카지노산업의 이해』, 『관광응용경제학』, 『관광조사통계분석』, 『세계화시대의 관광산업』(공저), 『관광학총론: 카지노산업』(공저), 『*Casino Industry in Asia Pacific*』(공저)
- 주요 학술연구 및 보고서: 〈카지노산업 육성방안〉, 〈카지노 제도발전 및 활성화방안〉, 〈한국 카지노산업의 경제적 효과분석〉, 〈스몰카지노 개장에 따른 운영방안 및 사회적 부작용 최소화방안〉, 〈지역주민에 대한 카지노출입제한 방안에 관한 연구〉, 〈폐광지역 내국인출입 카지노 개장에 따른 開場前後의 지역주민 인식변화와 부작용 저감방안〉, 〈강원랜드 개장으로 인한 강원 남부 폐광지역 경제활성화 평가〉, 〈유희적 갬블러와 문제성 갬블러 간 게임 동기 · 열정 · 감정상태 · 행동의도 간 구조관계 분석〉, 〈카지노산업의 사회적 책임과 책임도박이 갬블링 열정과 행동의도에 미치는 영향관계 규명〉, 〈카지노기업의 사회적 책임(CSR)과 책임도박(RG)이 지역주민의 신뢰와 지지도에 미치는 구조관계 연구〉, 〈갬블링 오류에 대한 척도개발 및 갬블링 오류가 문제성 도박행동에 미치는 효과〉
- e-mail: cklee@khu.ac.kr

[권경상(權慶相)]

- 한국외국어대학교 무역학과 졸업
- 서울대학교 환경대학원 도시계획학 석사
- 한양대학교 대학원 관광학 박사
- Texas A&M University 관광학 박사과정 수료
- 국립중앙도서관장 역임
- 문화체육관광부 기획조정실장 및 종무실장 역임
- 한국체육진흥(주) 대표이사 역임
- 2014인천아시아경기대회 조직위원회 사무총장 겸 부위원장 역임
- 서초문화재단 이사장 역임
- 현, APIEC(아태국제E-스포츠협회) 위원장
- e-mail: happy-kwon@nate.com

[김기엽(金紀燁)]

- University of Nevada, Las Vegas 호텔경영학과 졸업
- University of Nevada, Las Vegas 호텔경영학 석사
- 라스베이거스 MGM 그랜드 호텔 카지노 인사부 및 크레딧부 근무
- 워커힐 카지노 기획심사부 · 영업기획부 근무
- (주)강원랜드 머신영업팀장, 카지노관리팀장 및 레저게임산업연구소장 역임
- 현, Bet Twice, Inc 대표이사
- e-mail: bettwicegaming@gmail.com

저자와의
협의에 의하여
인지를
생략합니다.

제10판 카지노산업의 이해
— 원리와 실제 —

초 판 1쇄 발행 2009년 3월 5일
제 2 판 2쇄 발행 2014년 3월 20일
제10판 1쇄 발행 2025년 9월 10일

저자 이충기 · 권경상 · 김기엽 | **발행인** 박성진 | **발행처** 대 왕 사
등록 1976년 11월 30일 제5~54호
주소 서울시 동대문구 외대역동로 133-1
물류 경기도 파주시 소라지로 176-25(송촌동 414-12)
전화 (031)947-5471(代) | **팩스** (031)947-5470
홈페이지 http://www.daewangsa.net | **이메일** dws74@hanmail.net
값 20,000원

ISBN 978-89-456-9321-1 93320